그리스도인의 성화 :
두번째 만남

자기중심에서 하나님 중심으로의 변화

김 완 섭 지음

기독교신앙회복연구소

그리스도인의 성화 : 두 번째 만남

초판 1쇄 인쇄 : 2019.1.20.
초판 1쇄 발행 : 2019.1.30.
펴 낸 곳 : 기독교신앙회복연구소
지 은 이 : 김완섭
펴 낸 이 : 오복희
디 자 인 : 이준구
등록번호 : 제2018-000044호
등록일자 : 2018년 4월 12일
서울특별시 송파구 마천로 100 C동 402호(오금동)
편 집 부 : 010-6214-1361
관 리 부 : 010-8339-1192
팩   스 : 02-3402-1112
이 메 일 : whdkfk9312@naver.com

ISBN 979-11-89787-01-1 03230
CIP   2019001777

한 권 값 18,000원

무단전제와 복제를 금합니다.

추천의 글들

"신앙이란 무엇인가? 무엇이 진정한 영성인가? 그리스도인으로서 스스로에게 물어야 하는 질문입니다. 신앙의 길에서 우리가 하나님을 찾아가는가? 아니면 하나님이 우리를 찾아오시는가? 이 책의 저자는 쌍방향으로 매우 흥미로운 대답을 제공합니다.

저자는 성경의 대표적 인물 14명을 뽑아 - 아쉽게도 여성은 한명도 없다! - 그들의 신앙 형성 과정을 면밀하게 살핀 후에 그들에겐 하나님과의 두 번째 만남이 있었다고 주장하면서, 그것이 그리스도인의 성화 과정이라고 이야기합니다. 먼저 그들의 삶의 주어는 언제나 하나님이시라는 것입니다. 그럼에도 그들은 하나님을 만나는 과정을 통해 신앙과 영성이 새롭게 형성되어 가고 있음을 자세하게 추적합니다.

이 책은 신앙 영성 에세이이며 성경인물 탐구이며 신앙 발달에 관해 고심한 흔적입니다. 14명의 삶의 이야기를 통해 우리 자신들을 면밀히 들여다 볼 수 있는 기회를 제공하는 책입니다. 설교자들과 목회자들에게 일독을 권합니다. 성경인물연구를 위한 스터디그룹 교재로도 유용하리라 생각합니다."

류호준 교수 | 백석대학교 신학대학원 구약학

종교개혁자 칼뱅은 칭의와 성화를 이중적 은혜(duplex gratia)라고 명명하고, 그리스도의 몸이 나뉠 수 없듯이 칭의와 성화도 나누어지지 않는다고 강조했었다. 그러나 최근 한국 교회는 열매 없는 종교로, 심지어는 사회악으로까지 비판 내지 비난을 받고 있는 상황이다. 물론 불신자들이 신앙의 세계를 알지 못해 곡해하고 잘못 비난하는 내용들도 있다. 하지만 신자들 스스로도 한국교회는 심각한 문제를 안고 있다는 것을 크고 작게 절감하고 있는 현실이다.

모든 문제의 근원에는 복음에 대한 바른 이해와 감격이 부재하거나 약화된 것이 지적될 수 있을 것이고, 좀 더 좁힌다면 칭의와 성화에 대한 바른 이해와 누림이 부족한 실상이 놓여있다고 할 수가 있다. 한 번 칭의를 받으면 남은 생애 어떻게 살든 천국 가는데 지장 없다고 생각하며 종교적인 엔터테인먼트를 추구하거나 세속적인 가치를 추구하며 사는 것도 문제이지만, 타종교처럼 인간적인 노력에 의해 그리스도인다움에 이를 수 있다고 생각하는 율법주의적인 경향도 문제일 것이다.

이러한 시점에서 본서는 우리 그리스도인들이 성화에 초점을 맞출 것을 요청한다. 인위적인 성화가 아니라 하나님과의 깊은 만남 속에서 성령의 거룩하게 하시는 역사로 말미암는 성화에 주목하도록 안내한다. 또한 자기실현이나 득도와 같은 경지에 이르는 것이 아니라 나 중심에서 하나님 중심으로 변화되어 가야 할 것을 역설해 준다.

그간에도 성화에 대한 신학적인 양서들이 여러 권 출간된 바 있지만, 이 책이 차별성을 가지는 것은 성경의 열 네 인물들을 선별하여 묵상하므로 그들을 모델로 삼아 성화에 대한 계시적 진리를 탐구하게 만든다는 것이다. 직설적인 교훈도 중요하지만, 훌륭한 본보기를 통해 큰 도전을 받곤 하는 우리 인간의 본성상 이러한 접근법은 독자들에게 유익할 것이라고 생각한다. 성경을 펴놓고 저자의 안내를 따라 각각의 인물들 가운데 역사하신 하나님의 솜씨를 잘 곱씹어 보면서 교훈을 얻을 뿐 아니라 각자 본인에게 적용하며 기도하는 시간들을 가지면 아는 일과 변화하는 일에 진보가 있을 것이라 생각한다.

오랜 기간 기독교 출판문화에 종사하고 현재는 목회와 집필에 힘쓰고 있는 김완섭 목사님의 성화론을 많은 독자들이 애독하고 유익을 얻기를 바라며 추천하는 바이다.

이상웅 교수 | 총신대학교 신학대학원 조직신학

본서는 성경에 나오는 참 믿음의 영웅들이 어떻게 실재적으로 성화되어 갔는가라는 질문에 답한다.

저자는 그들의 성화를 견인했던 것이 하나님과의 두 번째 만남 즉 하나님과의 더 깊은 만남에 있다고 진단한다. 이 두 번째 만남을 통해서 그들은 온전히 하나님 중심의 삶으로 나아가게 된 것이다.

철저히 성경에 근거한 논증을 펼치려는 지자의 노력이 인상적이다.

예수님의 제자로 살아가면서 성화의 과정 속에서 몸부림치고 있는 수많은 믿음의 사람들에게 큰 위로와 격려가 될 책이기에 적극적으로 추천한다.

정성욱 교수 | 덴버신학교 조직신학

머리말

　　신앙생활이나 사역에 열정적으로 임하시는 분들을 보면 하나님과의 인격적인 만남을 확실하게 경험했던 사람들입니다. 하나님과의 만남을 가졌던 분들은 누가 뭐라고 해도 하나님의 일에 열심히 충성하게 됩니다. 어떤 형태로든 하나님과 만난 경험이 없이 어떻게 신앙생활을 제대로 할 수 있겠습니까? 성도들도 마찬가지이고 사역자들도 마찬가지입니다. 하나님의 일을 하기 위해서가 아니라 그리스도인의 정체성을 품기 위해 어떤 형태로든지 하나님과 만나는 경험이 반드시 필요합니다. 그리고 대부분의 그리스도인들은 이런 분명한 만남의 체험을 가지고 있을 것입니다.

　　그런데 그런 만남의 경험을 전제로 하고 성경의 인물들의 삶을 살펴보면, 하나님과의 몇 번인가의 만남, 동행, 임재를 통하여 하나님의 일을 잘 감당하다가 어떤 시점에서 여태까지의 하나님과의 만남과는 차별되는 특정한 만남이 있음을 발견하게 됩니다. 지금까지 수 차례 하나님께서 나타나시고 만나주시고 사명 주시고 지시하셨지만 어떤 특별한 결정적인 만남을 주실 때가 있더라는 것입니다. 그런 결정적인 만남 이후의 그 사람의 삶을 보면 반드시 차별된 모습을 보여주게 됩니다. 그래서 저는 이 특별한 만남, 결정적인 만남을 '하나님과의 두 번째 만남'이라고 표현하는 것입니다.

그리고 이러한 하나님과의 두 번째 만남 곧 깊은 만남을 우리는 그리스도인의 성화라고 이야기할 수 있을 것입니다. 성화란 결국 무엇입니까? 그것은 자기중심적인 신앙에서 하나님 중심적인 신앙으로의 변화입니다. 자신의 문제가 먼저 보이면 아직 성화되지 못한 신앙입니다. 똑같은 문제를 앞에 놓고도 문제가 먼저 느껴지기보다는 하나님께서 이 문제를 어떻게 보실까를 먼저 생각할 수 있다면 성화된 그리스도인일 가능성이 큽니다.

이미 언급했지만 우리는 대부분 이미 하나님을 인격적으로 만난 사람들입니다. 그 하나님과의 만남이라는 것이 분명하고 극적인 체험이 될 수도 있고 서서히 경험을 통하여 깨달아 알면서 이루어진 경우도 있겠지만, 어느 경우에든지 그런 만남을 통하여 거듭나게 된 것만은 틀림이 없을 것입니다. 이런 거듭남의 만남의 체험을 저는 하나님과의 첫 번째 만남이라고 말하고자 합니다.

물론 이 첫 번째 만남 곧 거듭남의 만남만을 가지고도 신앙인은 충실하게 영적인 삶을 살 수 있고 하나님의 일을 충성스럽게 잘 감당할 수 있습니다. 그 첫 만남만을 가지고 사는 것이 아니라 신앙생활의 여러 가지 체험이나 훈련을 통하여 성장하기 때문입니다. 하지만 첫 만남과 이후에 받은 은혜만을 가지고 온전한 의미의 신앙생활을 하는 데에는 한계가 분명히 있습니다. 왜냐하면 육신을 가진 인간의 신앙은 아무리 하나님을 잘 믿는다고 해도 결국 자기중심적인 신앙이 될 수밖에 없기 때문입니다. 이기적이라거나 자기유익만을 추구한다는 의미는 아닙니다.

사람은 자신의 정확한 실체를 철저하게 깨닫기 전에는 자기중심적일 수밖에 없습니다. 물론 인간이란 누구나 자기중심적입니다. 엄밀하게 말해서 다른 사람의 눈이 되어 자신을 바라볼 수는 없기 때문입니다. 하나님 중심적이라는 말도 모순이 있을 수 있습니다. 하나님께서 우리의 입장이 되실 수는 있지만 어떻게 우리가 하나님의 입장이 될 수 있겠습니까? 그럼에도 불구하고 우리가 하나님의 입장에 설 수 있는 그런 상황이 가능합니다. 철저한 자기 인식과 하나님 지식이 그렇게 만들 수 있습니다.

자기인식이란 자기존재까지도 하나님 앞에서는 무익한 것임을 깨닫고 생명까지도 내려놓을 수 있는 것을 뜻하고, 하나님 지식이란 하나님의 마음, 하나님의 계획을 깊이 이해하는 것을 말합니다. 자기중심적일 때의 자기인식은 자신이 주도적이 되어 어떤 일을 자신이 진행하려고 합니다. 순수한 마음과 충성스러운 자세로 임하지만 하나님의 마음을 느끼지 못한 채 자기 확신으로 추진하게 됩니다. 자기중심적일 때에는 하나님의 마음을 정확하게 깨닫지 못하기 때문에 자기 식으로 해석해서, 곧 하나님 지식이 결여된 채 자신이 하는 일이 하나님 마음이라고 확신하면서 모든 사물을 해석하게 됩니다.

자신이 하는 사역이 바로 하나님의 계획, 하나님의 마음이라고 확신하는 것은 때로 참 위험할 수 있습니다. 그런데 이런 확신을 가지고 있는 사람들이 많이 있습니다. 심하면 율법주의가 되거나 교조주의가 되기 쉽습니다. 또 때로는 그렇게 굳어진 확신으로 다른 세력과 싸우거나 사람들을 정죄할 수 있습니다. 모자라는 것도 문제이지만 넘치는 것도 문제가 될 때가 많습니다. 이런 한계를 극복하기 위해서는 하나님과의 두 번째 만남이 반드시 필요한 것입니다.

하나님과의 첫 만남에서도 가치관과 인격의 변화가 일어납니다. 회개가 일어나고 삶이 바뀌고 인생의 목적이 달라집니다. 그것은 참다운 거듭남의 결과입니다. 이 땅에서의 삶에 머무는 것이 아니라 영원한 삶의 의미를 깨닫게 됩니다. 부활과 천국의 소망이 생깁니다. 그리고 신앙경험을 통하여 성장하고 성숙한 신앙인이 되어 갑니다. 하지만 여전히 하나님 앞에서는 어린아이입니다. 물론 우리의 심령은 어린아이와 같이 되어야 합니다만, 신앙적인 자기 인식이 어른으로 성숙하지 못하면 사물과 세상과 이웃들을 바라보는 시각이 변화될 수가 없습니다.

모든 신앙인들이 그리스도의 장성한 분량에까지 자라가야 하는데 그 장성한 분량이라는 것이 무엇을 뜻하는지 실체를 알기 어렵습니다. 그런 분량에까지 자란 사람을 찾기도 어렵고 거기에까지 자란 사람은 자신을 드러내지 않는 것이 보통입니다. 우리들이 그처럼 살기는 힘들지만 우리 삶의 목표가 그런 사람이 되려는 방향을 가지고 있어야 하는데 그런 모델들을 찾기가 어렵습니다. 그래서 우리는 성경 인물들 중에서 그 사례를 찾아보고자 하는 것입니다. 기독교 역사를 통하여 순교자 등 마치 전설처럼 알려진 비현실적인 모델들이 많이 있지만 사람들은 그들의 내적인 변화보다는 외적인 말이나 행동만을 지표로 삼기 때문에 신앙인의 목표로 제시하기에는 무리가 있을 수 있습니다.

물론 성경 속의 인물이라고 하여 우리가 속속들이 알 수 있는 것은 아닙니다. 하지만 다양한 시대와 다양한 환경 가운데에서 하나님의 주도 아래 결정적인 만남을 통하여 그렇게 성숙해진 모델들을 객관적으로 살펴볼 수 있는 방법은 성경으로 들어가는 수밖에는 없습니다. 성경 속의 모든 인물들에 초점을 맞출 수는 없지만, 대표적으로 살펴볼 수 있는 모델들을 선택하여 이분들이 하나님을 두 번째로 만난 이야기를 깊이 상고하고자 하는 것입니다.

이 책은 성경 속의 인물 열네 분을 통하여 신앙적인 어른으로 성장한 과정을 살펴보는 책입니다. 똑같을 수는 없지만 어떻게 그 사람의 내적인 변화와 하나님 인식의 변화가 올 수 있었는가를 살펴보고, 어떻게 하나님 중심적으로 승리할 수 있었는가를 느껴보고자 하는 것입니다. 영성 혹은 경건이 하나님의 뜻을 가감 없이 이해하고 받아들이고 자신을 그 뜻에 기꺼이 복종시키는 것이라고 한다면 하나님과의 두 번째 만남이야말로 진정한 영성으로 이끌어주는 유일한 통로가 될 수 있을 것입니다.

제가 이 책에서 모두 유사한 의미로 사용하는 용어들이 있습니다. 표현이나 어의가 약간씩 다르게 느껴질 수 있지만, 결국 전부 같은 의미입니다.
두 번째 만남, 결정적인 만남, 민낯으로 만남, 벌거벗고 만남, 전인격적인 만남, 본질적 만남, 깊은 만남.

신앙인은 누구나 지속적으로 자라야 합니다. 성장을 멈춘 그리스도인은 무서운 존재가 됩니다. 성장을 멈춘 채 자기 혼자 가만히 있으면서 변화되기를 기다린다면 다행이지만, 성장이 멈춘 자기 시각으로 세상과 하나님을 해석하기 때문에 때로는 교회의 훼방꾼이 될 수도 있습니다. 문제를 일으키거나 복음의 흐름에 걸림돌이 될 수도 있습니다. 지나치게 부정적이라고 할 수도 있겠으나 그렇기 때문에 하나님과의 두 번째 만남에까지 자라갈 수 있도록 힘써야 한다는 이야기를 하고 싶은 것입니다.

또한 하나님과의 두 번째 만남은 반드시 신앙지도자들에게 국한되는 것은 결코 아니라는 사실을 알아야 합니다. 말씀을 많이 알고 있다든가 기도를 많이 쌓았다든가 신학공부를 많이 했다든가 하는 점들이 도움은 될 수 있겠지만 그것으로 하나님과의 두 번째 만남이 바로 이루어지는 것은 아닙니다. 그것보다는 말씀과 삶을 통하여 얼마만큼 하나님의 마음을 알려고 애를 쓰느냐, 얼마만큼 예수님을 사랑하는가 하는 점이 더 큰 효력을 미칠 수 있습니다. 말씀을 많이 아는 것보다는 말씀 속에 숨겨진 하나님의 본질적인 뜻을 깨닫는 일이 훨씬 중요합니다. 순종이란 그 의미를 알 때 더욱 빛날 수 있는 것입니다.

이제 성경 속의 위인들의 세계로 들어가 봅니다. 그분들의 삶에서 신앙의 원리를 발견하기 위한 목적도 있겠으나 이 책에서는 그분들이 하나님과의 두 번째 만남을 경험하는 과정에 초점을 맞추고자 합니다. 분명하고 명확한 이론이나 논리를 제시하기보다는 오히려 그분들의 삶 속으로 들어가 보는 것이 지름길이 될 수 있을 것 같습니다. 하나님과의 두 번째 만남. 너무 먼 이야기라고 느끼는 분들도 있겠지만, 가슴 두근거리며 기대감을 가지고 성경 속으로 들어가겠습니다. 먼 나라 이야기, 다른 사람 이야기가 아니라 우리들의 이야기, 나의 이야기로 읽으시기 바랍니다.

차례

추천의 글들 ·· 3

머 리 말 ··· 7

1. 출발점으로 삼으시는 하나님 : 아브라함 ················ 21
   - 아브라함과 하나님
   - 아브라함이 만난 하나님
   - 아브라함이 아는 하나님
   - 이삭 중심의 세계관
   - 마지막 관문
   - 출발점이 되는 아브라함

2. 의지를 꺾으시는 하나님 : 야곱 ······························ 45
   - 야곱과 에서
   - 하나님을 처음 만난 야곱
   - 다시 세상 속으로
   - 진짜 위기를 만났을 때
   - 의지를 꺾이는 야곱
   - 야곱에서 이스라엘로
   - 하나님 뜻의 성취

3. 치유하시는 하나님 : 요셉 ······································ 71
   - 형통한 요셉
   - 세 번의 간구
   - 세 번의 배신
   - 하나님과의 두 번째 만남
   - 내적 상처를 치유하는 요셉

4. 설득하시는 하나님 : 모세 ················· 91
- 하나님과 대면하는 모세
- 완전한 양치기 노인
- 두 번째 만남의 과정
- 하나님과의 두 번째 만남
- 결단하게 하시는 하나님
- 모세의 위기대처방법
- 두 번째 만남과 성숙

5. 담대함을 주시는 하나님 : 여호수아 ················· 113
- 모세의 실패?
- 화려한 이력
- 충성스러운 여호수아
- 모세가 사라졌을 때
- 네 발에서 신을 벗으라!
- 실패 앞에서의 하나님 만남
- 두 번째 만남이 만드는 차이

6. 큰 용사로 만드시는 하나님 : 기드온 ················· 137
- 민족적 상황
- 큰 용사여!
- 모세와 기드온의 차이
- 하나님과의 두 번째 만남 이후
- 기드온의 탈선
- 훈련과 연단 없는 기드온

7. 죽을 때 찾아오시는 하나님 : 삼손 ················· 157
- 나실인으로 태어나서
- 마노아의 믿음으로
- 아버지의 믿음을 떠나서
- 삼손의 외도의 결말
- 모든 것을 잃었을 때

- 두 번째 만남의 의미

8. 들판에 찾아오시는 하나님 : 다윗 ·················· 179
   - 하나님 마음에 맞는 사람
   - 사울의 착각
   - 두 번째 만남이 없는 사람의 특징
   - 하나님과의 두 번째 만남
   - 두 번째 만남의 증거들
   - 다윗의 찬양
   - 만남 이후의 과정들

9. 세미한 음성의 하나님 : 엘리야 ·················· 205
   - 엘리야의 등장
   - 완벽한 믿음
   - 850 대 1
   - 이세벨의 협박
   - 두 번째 만남을 위하여
   - 하나님이 계신 곳

10. 자유로움을 주시는 하나님 : 요나 ·················· 229
    - 불순종과 뒤집기 한판
    - 물고기 뱃속에서 나온 이후
    - 이방인에게도 들리는 말씀
    - 요나의 심술
    - 신앙의 자유로움

11. 주의 길을 예비하시는 하나님 : 세례 요한 ·················· 247
    - 큰 자이면서 작은 자
    - 회개하라!
    - 세례 요한의 증거들
    - 세례 요한과 삼손
    - 세례 요한의 영성

15

- 철저한 하나님중심
- 먼저 세례 요한의 제자가 되라.

12. 양을 맡기시는 하나님 : 사도 베드로 ················· 267
    - 신앙인의 별명
    - 육신적인 대면
    - 신앙고백
    - 예수님을 진정 사랑한 베드로
    - 철저하게 실패한 베드로
    - 완벽한 실패 이후
    - 사명을 주시는 하나님

13. 어머니를 맡기시는 하나님 : 사도 요한 ················· 291
    - 예수님과의 첫 번째 만남
    - 첫 번째 만남 이후
    - 예수님의 십자가와의 만남
    - 새로 만나는 다른 예수님
    - 예수님과의 두 번째 만남
    - 사랑의 사도 요한

14. 기쁨을 부어주시는 하나님 : 사도 바울 ················· 311
    - 전형적인 유대인 바울
    - 바울의 회개
    - 볼 수 없는 하나님과의 만남
    - 바울의 실체와 하나님의 실체
    - 하나님과의 두 번째 만남
    - 직접 주신 사명
    - 바울의 기쁨
    - 두 번째 만남이 반드시 필요합니다.

15. 두 번째 만남을 위한 신앙법칙 ················· 337
    - 자신의 모자람을 바라보십시오.

- 누구의 탓으로 돌리지 마십시오.
- 자신의 기준을 절대화하지 마십시오.
- 고난을 피하려고 하지 마십시오.
- 목표가 아니라 과정에 집중하십시오.
- 과정이 영성입니다.
- 하나님과의 두 번째 만남을 위하여

맺는 말 : 아름다운 변화를 위하여 ·················· 363
- 누에와 신앙성장
- 신앙의 번데기가 되어야
- 날개를 활짝 펼치기 위해
- 그리스도의 장성한 분량에까지

하나님과의 두 번째 만남

기독교 신앙인의 목적은
그리스도의 장성한 분량에까지
지속적으로 자라는 것입니다.

하나님의 사명과는 별개로
얼마만큼 하나님과 친밀해지느냐가
영적 성장의 본질입니다.

마치 애벌레가 몇 번 탈피한 후에
화려하게 날아가는 것처럼
자기껍질을 자꾸 벗어야 합니다.

하나님과의 첫 만남 이후에
무수한 만남이 이루어지지만
결정적인 두 번째 만남이 필요합니다.

하나님과의 두 번째 만남은
자신을 철저하게 깨닫는 만남이며
하나님을 본질적으로 아는 만남입니다.

두 번째 만남을 통하여
자기중심주의를 벗어버리고
하나님중심의 신앙이 될 수 있습니다.

1. 출발점으로 삼으시는 하나님 : 아브라함

아브라함과 하나님

아브라함은 하나님과 여러 번 만난 사람이었습니다. 직접적인 성경의 첫 번째 언급은 하나님께서 하란에서 아브람에게 나타나셔서 고향과 친척과 아버지의 집을 떠나라는 지시를 하실 때였습니다. 그 후 가나인의 세겜 땅 모레 상수리나무 근처에서도 나타나셨으며, 가뭄을 피해 애굽에 내려가서 아내를 바로에게 빼앗겼을 때는 하나님께서 아브람에게 나타나신 것이 아니라 바로에게 나타나셔서 책망하기도 하셨습니다. 아브람이 롯과 헤어졌을 때에도 하나님께서 나타나셔서 그 모든 땅을 아브람의 자손들에게 주시겠다고 약속하셨습니다.

그 후 4개국 연합군에게 끌려갔던 조카 롯을 되찾아오기 위해 아브람이 318명의 군사들과 함께 기습하여 롯과 모든 재산들을 되찾아오게 되는데 그 직후에도 하나님께서 나타나셨습니다. 자식이 없어 실망하는 아브람에게 밖에 나가 밤하늘의 별을 보라고 하시고 그와 같은 많은 자손을 주시겠다고 약속하셨습니다. 그리고 바로 직후에 짐승들을 세로로 쪼개고 애굽에서 400년 동안 종노릇하게 될 것을 말씀하시면서 쪼갠 짐승 사이로 횃불을 지나가게 하셨습니다.

그런데 여기에서 한 가지 의문이 생길 수 있습니다. 그렇게 생명을 거는 언약을 체결했으면, 진정으로 하나님을 만나고 있는 것이 분명한 것 같은데, 그렇다면 아브람은 좀 더 성숙한 영성을 보일 필요가 있지 않겠느냐는 것입니다. 하지만 아브람은 별로 변화된 모습을 보이지 못했습니다. 그 일 후에 사래가 하나님의 약속을 기다리지 못하고 자기 몸종인 하갈에게서 자식을 보고자 했을 때 아브람은 거절하지 않았습니다. 그런데 하나님은 이스마엘을 낳은 하갈이 도망쳤을 때 하갈에게 나타나 보호해 주셨습니다. 아브람의 적자는 아니지만 아브람의 자손들을 보살피시는 하나님이셨습니다.

그렇게 처음 낳은 아들 이스마엘과 13년을 지낸 후에 하나님께서 다시 나타나셨습니다. 아브람이 99세 때였습니다. 모르기는 몰라도 아브람은 늦게 낳은 아들 이스마엘과 꿈같은 나날을 보내고 있었을 것입니다. 아마도 하나님은 가끔씩 생각날 정도였고, 마치 이스마엘을 약속의 아들인 것으로 짐짓 생각하면서 그렇게 세월을 보내고 있었던 것입니다. 그런데 그 때 하나님이 나타나신 것입니다. 그리고 하나님은 아브람의 이름을 아브라함으로 바꾸어주시고 모든 남자들에게 할례를 베풀라고 하셨습니다.

그토록 하나님을 여러 번 만난 것이 분명한데다가 짐승을 쪼개어 그 가운데로 지나가는 결코 잊지 못할 방법으로 언약까지 맺었었습니다. 하지만 그는 하나님을 잊고 있었습니다. 그런데 하필 행복하던 이 때 갑자기 하나님께서 나타나셨던 것입니다. 이름을 바꾸어 주셨다는 것은 아브람이나 사래에게 어떤 근본적인 변화가 있을 때라는 것을 말씀해주시는 것입니다. 할례라는 의식 때문에 그렇게 하신 것이지만 그럼에도 불구하고 이름이 바뀐 것만큼의 변화가 그들에게는 나타나지 않았습니다. 하나님은 사래의 이름도 사라로 바꾸어주시고 사라에게서 낳은 아들이 민족의 근원이 될 것이라고 말씀하셨지만 아브라함은 믿지 못하고 속으로 웃었습니다. 그리고 아무튼 집안의 모든 남자들에게 할례를 행하게 하셨습니다.

그 후 몹시 더운 어느 날 아브라함의 장막 근처에 하나님께서 또 나타나셨습니다. 내년 이맘 때에 아들을 낳게 될 것이라는 말씀도 주셨습니다. 이번에는 장막에서 듣고 있던 사라가 웃었습니다. 아직까지 두 사람 모두 하나님의 약속을 거의 믿지 못하는 상태였습니다. 하나님과 그토록 여러 번 만났음에도 불구하고 믿음이 없는 사람들이었습니다.

그런데 이 때 기록된 하나님과 아브라함의 대화가 유명합니다. 소돔 땅에 사는 조카 롯을 위하여 하나님께 중보기도를 하여 결국 하나님의 승낙을 받아내었기 때문입니다. 결과적으로는 의인 열 명이 없어서 소돔이 멸망했지만 롯은 구출하게 되었습니다. 아브라함이 하나님과 대화를 할 만큼 친밀감이 있었다는 해석도 가능합니다. 이 과정에서 하나님(의 천사들)은 실제로 소돔 성에 갔다가 봉변을 당하는 장면이 나오기도 합니다.

그런데 이제는 아브라함도 많이 변화되어서 성숙한 믿음을 나타내 보여야 함에도 그런 모습을 발견하기가 어렵습니다. 아브라함의 믿음의 상태를 정확하게 보여주는 사건이 그랄 지방에 갔을 때 일어납니다. 아브라함은 예전에 애굽의 바로에게 당한 것과 똑같은 일을 그랄

1. 출발점으로 삼으시는 하나님 : 아브라함 23

에서 당합니다. 아내 사라를 누이동생이라고 속였다가 그랄 왕 아비멜렉이 사라를 데려가 버린 사건이었습니다. 그런데 하나님은 이 때에도 아비멜렉에게 나타나서 막아주셨습니다. 이 때가 이삭을 낳기 일 년 전쯤이었습니다. 충분히 신앙이 성장해 있어야 할 때였음에도 불구하고 여전히 변화되지 못하고 세상에 이리저리 쫓겨 다니는 아브라함의 모습을 보면 그가 과연 진짜로 하나님을 만난 사람인가 의심이 드는 것이 당연할 정도입니다.

이런 여러 가지 과정 끝에 마침내 사라는 이삭을 출산하였고, 몇 해가 지난 후에 하갈과 이스마엘을 결국 쫓아내게 되는데 이 때에도 하나님은 하갈에게 나타나셔서 아브라함의 아들 이스마엘에게도 복을 주시겠다고 약속하십니다. 그리고 세월이 흘러 이삭이 청소년기까지 자랐을 때 갑자기 하나님께서 나타나십니다. 그리고 마침내 아브라함으로서는 도저히 이해할 수 없는 명령을 내리십니다. 그렇게 100세에 낳은 외아들 이삭을 죽여서 제물로 바치고 제사를 드리라는 것이었습니다.

아브라함이 만난 하나님

여기에서 한 가지 질문을 드리고 싶습니다. 아브라함이 75세에 하나님의 지시를 듣고 가나안 땅으로 떠난 이후에 하나님을 자주 만났는데, 아브라함은 왜 이렇게 변화되지 못했던 것일까요? 우리가 알고 있듯이 사람이 하나님을 인격적으로 만나면 당연히 변화되는 것이 아닙니까? 아브라함은 분명히 하나님과 인격적인 만남을 가졌고 여러 차례 하나님과 대화하는 장면을 볼 수 있습니다. 그럼에도 불구하고 아브라함이 믿음의 조상이 되기에는 아직은 너무나도 부족해 보입니다.

그러면 또 한 가지 질문을 드리고 싶습니다. 그 하나님과의 만남들 중에서 하나님과 가장 가까웠던 만남은 언제였을까요? 당연히 모든 경우에 하나님은 아브라함과 아주 가까이 하셨습니다. 그렇다면 아브라함을 믿음의 조상이 되게 만드는 결정적인 만남은 언제였을까요? 아브라함은 언제 모든 것을 벗어버린 채, 곧 아무 조건 없이 하나님과 결정적으로 대면했을까요? 물론 우리가 알다시피 이제 막 이삭을 제물로 바치는 그 때였습니다. 수많은 하나님과의 만남이 있었지만 아브라함을 아브라함 되게 하는 결정적인 만남은 바로 이삭을 제물로 드리려고 할 때였던 것입니다. 그러면 하나님과의 다른 만남들과 이삭을 제물로 바치려고 할 때의 만남의 차이점은 무엇입니까?

이미 이야기했듯이 아브라함이 하나님과의 깊은 만남을 경험한 것은 다 성장한 이삭을 제물로 바치려고 할 때였습니다. 이 때 비로소 아브라함은 진짜 자기의 모습과 하나님의 실체를 정확하게 깨달았던 것입니다.

> "여호와께서 이르시되 네 아들 네 사랑하는 독자 이삭을 데리고 모리아 땅으로 가서 내가 네게 일러 준 한 산 거기서 그를 번제로 드리라"(창 22:2)

왜냐하면 그것은 모든 것을 포기하라는 말씀이었기 때문이었습니다. 100세에 낳은 아들을 제물로 바치라는 것은 심지어 하나님께서 자신의 약속까지도 스스로 허물어버리는 말씀이었습니다. 짐승을 쪼개고 그 사이를 횃불로 지나가게 하시면서 언약을 맺으셨던 하나님께서 바로 그 약속을 깨버리는 것과 똑같은 요구였습니다.

1. 출발점으로 삼으시는 하나님 : 아브라함

"하나님이 이르시되 아니라 네 아내 사라가 네게 아들을 낳으리니 너는 그 이름을 이삭이라 하라 내가 그와 내 언약을 세우리니 그의 후손에게 영원한 언약이 되리라"(창 17:19)

앞서 이야기한 대로 사실 아브라함은 친밀하다고까지 말할 수는 없을지는 모르지만 이미 하나님의 섭리를 따라 하나님과 여러 번 만났었습니다. 그 하나님은 아브라함 자신을 무척이나 사랑하시고 아끼시고 아브라함이 실수를 해도 다 참아주실 뿐 아니라 보호해주기까지 하시는 그런 하나님이셨습니다. 아브라함의 입장에서는 하나님께서 약속을 자꾸 늦추시는 것이 불만이라면 불만이었습니다. 그러나 그런 불만도 결국 이삭을 주심으로써 다 해소된 상태였습니다.

우리는 사실 아브라함이 언제 하나님을 처음 만났는지는 알 수가 없습니다. 밑도 끝도 없이 어느 날 아브라함의 가족들이 가나안 땅을 향하여 길을 떠나게 되는 것으로 이야기가 시작됩니다. 아브라함의 아버지 데라가 가나안으로 떠나자고 했는지 아니면 아브라함이 주장하여 가나안 땅으로 가자고 했는지 명확하지는 않습니다. 아무튼 성경은 하란에서 아브라함에게 하나님께서 나타나신 것으로 기록하고 있습니다.

"여호와께서 아브람에게 이르시되 너는 너의 고향과 친척과 아버지의 집을 떠나 내가 네게 보여줄 땅으로 가라"(창 12:1)

그러니까 갈대아 우르에서 아브라함에 나타나셨다면 아브라함은 아버지 데라와 조카 롯을 대동하고 떠난 것이니 하나님께 불순종한 셈이 되는 것이고, 하란에서 나타나셨다고 해도 조카 롯을 데리고 떠났으니 그것 역시 불순종한 셈이 되는 것입니다. 하지만 그 이야기를 하려는 것은 아닙니다. 어찌 되었든지 아브라함이 하나님의 말씀을 따라 하란을 떠나 가나안으로 온 것은 높이 평가할만한 일이라고 생각합니다. 물론 당시 유목민들이 이리저리 움직이는 일은 오늘날의 직장을 따라 먼 지방으로 간다든가 외국에 이민을 간다든가 하는 일보다는 어쩌면 더 자주 일어나는 일일 수도 있겠지만, 그렇다고 해도 어딘지도 모르는 굉장히 먼 거리를 움직이려는 결단은 쉬운 일은 아니었을 것입니다.

초점은 아브라함이 언제 어떻게 하나님과 참다운 만남을 가졌느냐는 이야기입니다. 성경에 자세하게 나와 있지 않으니 알 길은 없습니다만, 그 이후의 아브라함의 행적을 따라가다 보면 하나님과의 관계를 유추해 볼 수는 있을 것입니다. 그러니까 아브라함의 첫 번째 만남 이후에 일어난 일들을 통해 하나님과의 결정적 만남(두 번째 만남)이 왜 필요한가를 이야기할 수 있다는 말입니다.

사실 아브라함은 그 당시에는 가장 믿음이 좋은 사람이었을 것입니다. 마치 홍수 이전에 노아 한 사람만이 믿음을 가지고 있었던 것처럼 말입니다. 노아 이전까지의 믿음의 형태를 지금의 기준으로 분별할 수는 없습니다. 그러나 아브라함부터는 다릅니다. 우리가 지금 가지고 있는 믿음의 잣대가 되기에 충분할 것입니다. 그래서 우리는 신앙인의 변화를 이야기할 때 아브라함부터 시작할 수 있는 것입니다.

아무튼 아브라함이 위대한 믿음을 가지고 있었던 것은 사실입니다. 물론 '믿음의 조상 아브라함'은 하나님과의 두 번째 만남 이후에 그에게 부여된 호칭입니다만, 그 이전의 그의 믿음조차도 굉장한 것이었음에는 틀림이 없습니다. 그렇지만 우리가 눈여겨 볼 수 있는 내용은 여기까지의 아브라함의 믿음은 사실상 철저하게 자기중심적인 믿음이었다는 사실입니다. 믿음의 조상 아브라함과 보통 아브라함의 차이는 결국 자기중심적이냐 하나님 중심적이냐 하는 데에서 판가름이 나는 것입니다.

아브라함이 아는 하나님

이전의 아브라함의 믿음을 살펴보겠습니다. 그는 가나안 땅에 들어가 세겜 땅에서 제단을 쌓았지만 그 땅에 기근이 들자 곧바로 애굽으로 피신합니다.

> "그 땅에 기근이 들었으므로 아브람이 애굽에 거류하려고 그리로 내려갔으니 이는 그 땅에 기근이 심하였음이라"(창 12:10)

애굽에서 바로가 사래 때문에 자기를 죽일지도 모른다는 불안감에 그는 자기 아내를 누이라고 속입니다. 믿음이 하나도 없습니다. 고민도 하지 않습니다. 오히려 계획적입니다.

> "애굽 사람이 그대를 볼 때에 이르기를 이는 그의 아내라 하여 나는 죽이고 그대는 살리리니 원하건대 그대는 나의 누이라 하라 그러면 내가 그대로 말미암아 안전하고 내 목숨이 그대로 말미암아 보존되리라 하니라"(창 12:12-13)

그런데도 하나님은 아브라함을 보호하시고 오히려 바로에게서 받은 재물들을 그대로 가지고 다시 가나안으로 돌아가게 하십니다.

> "이에 바로가 그로 말미암아 아브람을 후대하므로 아브람이 양과 소와 노비와 암수 나귀와 낙타를 얻었더라"(창 12:16)

"바로가 사람들에게 그의 일을 명하매 그들이 그와 함께 그의 아내와 그의 모든 소유를 보내었더라"(창 12:20)

우리는 이런 하나님만을 믿고 싶은 것이 아닌지는 모르겠습니다. 내가 무엇을 하든 보호하시고 오히려 복을 주시는 하나님 말입니다. 아브라함이 꼭 그랬습니다. 그 후로도 계속 이런 식입니다. 그리고 바로에게 자기 아내를 누이라고 속였던 일을 그랄에서 또다시 반복합니다. 문제는 믿음이 많이 장성했을 때였는데도 그랬다는 것입니다. 이 때에도 하나님은 무조건 아브라함의 편을 드십니다. 아비멜렉이 아브라함의 누이인 줄 알고 사라를 데려갔는데 하나님은 아비멜렉 집안 여자들의 모든 태를 닫으셨다고 기록되어 있습니다.

"여호와께서 이왕에 아브라함의 아내 사라의 일로 아비멜렉의 집의 모든 태를 닫으셨음이더라"(창 20:18)

너무나도 일방적인 하나님이십니다. 아브라함이 원래 알던 하나님은 바로 이런 하나님이었습니다. 그리고 사라에게서 자식을 얻는 일이 거의 불가능해져갈 때 쯤 사라가 자기 여종 하갈을 통하여 자식을 볼 것을 권유하자 아브라함은 그대로 그 말을 듣고 행하여 이스마엘을 낳게 됩니다.

"사래가 아브람에게 이르되 여호와께서 내 출산을 허락하지 아니하셨으니 원하건대 내 여종에게 들어가라 내가 혹 그로 말미암아 자녀를 얻을까 하노라 하매 아브람이 사래의 말을 들으니라"(창 16:2)

그런데 이 때가 가나안 땅에 정착한 지 겨우 10년 후의 일입니다. 아브라함과 사라로서는 급하겠지만 하나님을 온전히 믿고 기다리는 믿음이 아직 형성되어 있지 않습니다.

"아브람의 아내 사래가 그 여종 애굽 사람 하갈을 데려다가 그 남편 아브람에게 첩으로 준 때는 아브람이 가나안 땅에 거주한 지 십 년 후였더라"(창 16:3)

그런 불신의 행동을 아무 거리낌 없이 행한 아브라함을 지켜보실 뿐인 하나님은 오히려 한 술 더 떠서 하갈에게서 낳은 아이에게까지 복을 약속하십니다.

"이스마엘에 대하여는 내가 네 말을 들었나니 내가 그에게 복을 주어 그를 매우 크게 생육하고 번성하게 할지라 그가 열두 두령을 낳으리니 내가 그를 큰 나라가 되게 하려니와"(창 17:20)

이런 모습이 아브라함이 알고 있던 하나님의 모습이었습니다. 물론 그 와중에 몇 번이고 나타나셔서 아브라함의 후손들과 관련된 언약을 끊임없이 상기시키십니다. 아직 대를 이을 자식도 없는데 말입니다. 그리고 몇 차례 제단을 쌓습니다. 또한 몇 가지 믿음의 사건들도 있었습니다. 하지만 아브라함은 하나님께 대해서 아무 조건 없이 자기 편이 되어주시고 잘못해도 복을 주기만 하시는 하나님으로 생각하고 있었습니다.

오늘날 신앙인들이 상상하는 하나님의 모습, 교회에 다니는 사람들이 원하는 하나님의 모습이 바로 이런 것이 아닙니까? 자기 자신의 변화에는 관심이 적고 하나님께서 해 주시는 것에만 초점이 맞추어져 있습니다. 강도의 차이는 있겠지만 육신을 가진 인간이 자연스럽게 자신에게 맞추고 싶은 하나님의 모습입니다. 열심을 내고 충성하기는 하지만 자신이 하나님께로 다가가는 것이 아니라 하나님께서 자기에게 나타나주시기만을 기다리는 자기중심적인 신앙의 모습입니다. 우리의 신앙생활이 여기에 초점이 맞추어져 있다면 우리의 믿음은 과연 변화된 믿음이라고 할 수 있을까요? 아브라함의 믿음이 바로 이런 종류의 믿음이었던 것입니다. 그래서 하나님과의 결정적 만남이 반드시 필요한 것입니다.

이삭 중심의 세계관

이제 더 구체적으로 들어가서, 하나님께서 밑도 끝도 없이 이삭을 잡아 제사를 드리라고 하신 이야기를 해야 합니다. 왜냐하면 아브라함 자신의 변화와 직결되기 때문입니다. 아브라함이 결정적으로 하나님을 만나는 시간들이 다가오고 있기 때문입니다. 이삭을 낳기 이전에 아브라함은 이미 이스마엘을 유일한 후계자로 결정하고 있었습니다.

> "아브라함이 이에 하나님께 아뢰되 이스마엘이나 하나님 앞에 살기를 원하나이다"(창 17:18)

그런데 그 때 하나님께서 다시 찾아오셔서 1년 후에 아들을 낳을 것이라고 말씀하지 않으셨습니까? 그렇게 100살 때 겨우 약속의 아들이라고 주신 이삭을 낳았고, 그 아들이 이제 거의 다 자란 상태였습니다. 그 숱한 세월을 거슬러오는 동안 오로지 이삭을 통해서만 모든 복을 주시겠다는 거듭된 말씀이었는데 이제 와서 겨우 어른이 다 되어가고 있던 그 이삭을 죽여 바치라고 하시는 것은 그 약속의 말씀조차도 하나님 스스로 깨버리는 일이 아니겠습니까? 이삭은 아브라함에게 있어서 가장 귀중한, 대신 죽으라면 죽을 수도 있는 그런 보물이었습니다.

사실 아브라함의 일생의 초점은 바로 이삭이었습니다. 모든 이야기가 이삭을 중심으로 펼쳐집니다. 이삭을 낳기 훨씬 이전부터 하나님의 초점은 이삭에게 맞추어져 있었습니다. 아브라함이 심각한 흉년을 만나 애굽으로 내려갔다가 바로에게 사라를 빼앗길 뻔했을 때 바로의 꿈에 나타나신 것도 앞으로 이삭을 낳아야 하기 때문에 사라를 보호하신 것입니다. 바로는 하나님의 약속의 자손 이삭을 훼방하려고 했던 것이었습니다. 사라가 바로와 결혼하였다면 이삭은 존재 자체가 없어지는 것이었습니다.

아브라함이 조카 롯을 포로로 잡아간 4개국 연합군을 추격하여 모든 식솔들과 재산들을 다 찾아올 수 있었던 것도 하나님께서 아브라함의 생명을 살려주심으로써 앞으로 태어날 이삭을 보호하시기 위함이었습니다. 그래서 아브라함이 승리하고 돌아온 후에 하나님은 다시 나타나셨습니다.

> "이 후에 여호와의 말씀이 환상 중에 아브람에게 임하여 이르시되 아브람아 두려워하지 말라 나는 네 방패요 너의 지극히 큰 상급이니라"(창 15:1)

이 때는 자손에 대한 하나님의 약속도 거의 희미해져 비전을 거의 잃어버렸을 때입니다. 아직 이스마엘도 없었고 자신을 섬기던 종 엘리에셀 밖에 믿을 수 있는 사람이 없을 때였습니다. 그럼에도 하나님은 이삭을 생각하고 계셨습니다.

> "아브람이 이르되 주 여호와여 무엇을 내게 주시려 하나이까 나는 자식이 없사오니 나의 상속자는 이 다메섹 사람 엘리에셀이니이다"(창 15:2)

아브라함의 입장에서는 약속의 자손은 상상하기 힘들 때였습니다.

아직까지 구체적으로 사라에게서 낳을 아들에 관한 소망은 바라보기 어려운 때였지만 그래도 아브라함이 하나님을 만날 때 그의 자손이 전제되어 있었다는 사실을 알 수는 있습니다. 그러니까 이 때까지도 하나님을 만나기는 하였으되 자손이라는 조건, 복이라는 조건은 그대로 살아있었다는 것입니다. 이 때 하나님과 아브라함은 짐승을 쪼개고 그 사이를 지나가는 생명을 거는 횃불언약을 맺으셨습니다. 이 횃불언약이 무엇입니까? 바로 이삭 이야기가 아닙니까?

그리고 하나님은 아브라함이 99세 때에 또 나타나셨습니다. 이 때에 아브람을 아브라함으로, 사래를 사라로 이름을 바꾸어주시고 모든 남자에게 할례를 받게 하여 하나님과의 언약의 증거로 삼으라고 명하셨습니다. 이 할례라는 것도 사라가 아브라함의 씨를 임신하기 직전에 행하게 하신 것에 깊은 의미를 둘 수 있습니다. 왜 아브라함이 99세가 될 때까지, 심지어 하갈을 통하여 이스마엘을 낳을 때까지도 할례에 대해서는 아무 언급도 없다가 이삭을 잉태하기 직전에 할례를 받게 했겠습니까? 이것도 이삭에게 초점이 맞추어져 있었던 것입니다.

"너희는 포피를 베어라 이것이 나와 너희 사이의 언약의 표징이니라"(창 17:11)

또한 사라가 임신하기 직전에 아브라함이 그랄로 갔는데 오래 전에 애굽의 바로에게 당했던 일과 똑같은 일을 당하게 됩니다. 아비멜렉에게 사라를 빼앗겼는데 이 때에도 변함없이 하나님께서 아비멜렉의 손에서 사라를 구해주셨습니다. 왜 그러셨을까요? 이삭 때문입니다. 하나님은 아브라함의 모든 생애 동안 오로지 이삭에게 모든 초점을 맞추고 계셨던 것입니다. 이삭은 그렇게 얻어진 아들이었습니다. 아브라함 자신보다 더 귀한 아들입니다. 목숨이 열 개라면 다 주고 싶은 아들입니다. 하나님께서 언제나 아브라함의 편이 되어 주시고 복을 주시고 문제를 해결해주시고 거듭거듭 약속을 해 주시고 끝까지 소망을 버리지 않도록 지켜주신 것이 모두 이 이삭 때문이었던 것입니다.

당연히 아브라함도 모든 초점을 약속의 아들과 그 아들을 통한 축복에 맞추고 있었습니다. 하지만 아무리 귀한 보물이라도 그것은 전제하고 만나는 하나님은 아브라함의 생각, 아브라함의 소망에서 벗어날 수 없습니다. 이기주의까지는 아닐지라도 자기중심적인 생각에서 벗어날 수 없습니다. 자기중심적으로 바라보는 하나님은 시야가 비좁을 수밖에 없습니다. 자기 생각만큼만 하나님을 바라보게 되고 꼭 그만큼만 하나님을 알게 되는 것입니다. 그래서 경건한 신앙인이 되려면 자기중심적인 사고, 시각, 태도에서 탈피해야 합니다. 여기에서 하나님과의 두 번째 만남이 우리에게 반드시 필요해지는 것입니다.

우리는 아브라함에게 복을 주시는 하나님을 상상합니다. 성도들 자신이 그렇게 상상할 뿐 아니라 설교자도 그렇게 가르치고 기도합니다. 무엇을 하든지 잘 되기를 기도해줍니다. 복음성가도 자기중심적입니다. 언제나 자기 자신을 중심으로 치유가 이루어지고 기도응답이 이루어지고 문제가 해결되고 취직이나 진학도 잘 되고 운동경기를 해도 반드시 승리해야 합니다. 무엇엔가 성공하면 믿음이 좋아서 그런 것입니다.

물론 그런 부분들이 많이 있습니다. 그러나 하나님께서 아브라함을 일방적으로 보호하시는 이유가 약속의 자손 이삭에게 있듯이 하나님은 우리들 한 사람 한 사람에 대해서 분명한 목적과 목표를 가지고 움직이십니다. 그것을 이해하지 못하면 언제나 하나님은 자기만의 하나님이 되어 버립니다. 물론 아브라함에게 있어서도 그렇게 주신 아들 이삭으로 머물러서는 그것은 결국 아무것도 아닌 것이 되어버립니다.

하나님께서 숱하게 아브라함을 만나주시고 사라에게서 태어날 자식을 통하여 열국의 아비가 되게 하리라는 약속을 주셨지만, 그래서 정말 보석 같은 열매로 이삭이 아브라함에게 나타났지만, 그렇다고 그것 자체가 목적은 아닙니다. 열국의 아비라는 호칭에 맞는 아들을 주신 것은 맞지만 거기에만 환호하면 안 됩니다. 이 아브라함이 정말 믿음의 조상이 될 수 있는 믿음을 가졌는가에 대한 마지막 관문이 남아있었습니다. 아마 이 마지막 코스를 통과하지 못했다면 어쩌면 아브라함은 열국의 아비가 되지 못했을 수도 있었습니다.

하나님께서 우리에게 복을 주시는 것은 맞지만 그것을 자기중심적으로 생각하면 곧바로 세속주의, 기복주의, 번영주의에 빠지게 됩니다. 눈에 보이는 것이 성공이라고 생각하게 되면 온 우주를 자기중심 속에 가두어놓고 그 속에서 세상을 판단하게 됩니다. 결코 신앙이 자랄 수 없습니다. 지금 거의 모든 신앙인이 바로 여기에 빠져있습니다. 어쩌면 아브라함도 아직까지는 이런 수준에 머물러 있었는지도 모릅니다.

아브라함 자신도 이 마지막 관문의 중대성을 어쩌면 모르고 있었을 것이고, 하나님은 아브라함이 이 관문을 통과할 것이라는 사실을 너무나도 잘 알고 계셨을 것입니다. 하지만 이런 사실에 대해 하나님께서 알고 계신 것과 아브라함 자신이 알고 있는 것은 전혀 다른 이야기였습니다. 아브라함도 자신의 믿음에 관한 확신과 정체성을 철저하게 느낄 수가 있어야 하기 때문입니다.

마지막 관문

그렇게 아브라함을 지켜보시고 인도하시고 보호하시던 하나님께서는 마침내 너무나도 유명한 마지막 졸업시험을 아브라함에게 치르게 하기로 결정하셨습니다.

> "그 일 후에 하나님이 아브라함을 시험하시려고 그를 부르시되 아브라함아 하시니 그가 이르되 내가 여기 있나이다 여호와께서 이르시되 네 아들 네 사랑하는 독자 이삭을 데리고 모리아 땅으로 가서 내가 네게 일러준 한 산 거기서 그를 번제로 드리라"(창 22:1-2)

엄청난 명령이 여호와 하나님으로부터 아브라함에 떨어졌습니다. 도저히 있을 수 없는 명령입니다. 우상숭배자들이나 하는 일을 아브라함에게 행하라고 하시는 것이었습니다. 어떻게 자식을 잡아서 불에 태워 죽일 수가 있습니까? 그것도 하나님께 제사 드린다는 명목으로 말입니다. 그렇게 하나님은 아브라함에게 엄청난 갈등을 불러일으킬 문제를 가지고 또다시 나타나셨습니다. 이번에는 복이 아니었습니다.

하지만 아직도 아브라함은 하나님과 결정적으로 만나지 못했습니다. 단지 하나님께서 아무도 합격할 수 없는 시험 문제를 들고 나타나신 것일 뿐이었습니다. 결국 하나님과 벌거벗고 대면하는 것은 하나님의 문제가 아니라 아브라함의 문제였습니다. 처음 만남은 하나님께서 찾아오시는 만남입니다. 물론 두 번째 결정적인 만남도 하나님께서 찾아오시는 것은 맞습니다. 그러나 이 본질적인 만남은 아브라함의 문제입니다. 아브라함이 하나님의 문제를 풀기 위해서는 스스로 그 현장에 가야 했습니다. 물론 하나님은 정답을 이미 제시하셨습니다. 시험이라기보다는 도저히 감당할 수 없는 과제였습니다.

하지만 아직 아브라함은 하나님과의 두 번째 만남을 가진 것은 아니었습니다. 자신의 자아가 부서지고 생각이 깨어지지 않으면 아직 두 번째 만난 것이 아닙니다. 하나님께서 아브라함에게 나타나셔서 이삭을 제물로 바치라고 말씀하셨다고 해서 하나님을 결정적으로 만난 것은 아니라는 말입니다. 그것은 마침내 아브라함이 하나님의 과제를 훌륭하게 수행할 단계에 이르렀다는 사실을 말하고 있을 뿐입니다.

"하나님이 그에게 일러 주신 곳에 이른지라 이에 아브라함이 그 곳에 제단을 쌓고 나무를 벌여 놓고 그의 아들 이삭을 결박하여 제단 나무 위에 놓고 손을 내밀어 칼을 잡고 그 아들을 잡으려 하니"(창 22:9-10)

아브라함이 모든 사람의 예상을 깨고 하나님의 명령대로 그 소중한 이삭을 칼로 찌르려고 합니다. 바로 지금입니다. 바로 이 때 아브라함은 하나님과 본질적인 만남을 경험할 수 있었습니다. 마침내 하나님은 아브라함 앞에 그 얼굴을 나타내셨습니다. 아브라함의 모든 주권을 한 손에 쥐고 계신 하나님의 실체를 똑바로 쳐다볼 수 있게 된 것입니다.

"여호와의 사자가 하늘에서부터 그를 불러 이르시되 아브라함아 아브라함아 하시는지라 아브라함이 이르되 내가 여기 있나이다 하매"(창 22:11)

그리고 그렇게 나타나신 하나님은 아브라함과의 사이에 아무런 거리낌도 없이 말씀하셨습니다. 완전하신 하나님, 우주와 같은 크기의 하나님, 바다 속처럼 깊으신 하나님, 모든 것을 품으시는 사랑의 하나님을 발견하게 된 것입니다. 지금까지 인식하지 못했던 그런 하나님이셨습니다.

"사자가 이르시되 그 아이에게 네 손을 대지 말라 그에게 아무 일도 하지 말라 네가 네 아들 네 독자까지도 내게 아끼지 아니하였으니 내가 이제야 네가 하나님을 경외하는 줄을 아노라"(창 22:12)

아브라함이 경험한 하나님과의 전인격적인 두 번째 만남은 전혀 새로운 하나님과의 만남이었던 것입니다. 일방적으로 자기중심이 아니라 자기 목숨보다 소중한 아들 이삭을 포기할 줄 알게 된 것입니다. 비로소 하나님의 시각을 느끼기 시작한 것입니다. 살아계신 하나님, 능력의 하나님을 믿기 시작한 것입니다. 아브라함 자신을 위해 존재하시는 하나님이 아니라 하나님을 위하여 존재하는 자기 자신인 것을 깨닫게 된 것입니다.

물론 신앙인은 하나님과의 첫 번째 만남으로 충분하지 못한 것은 아닙니다. 성령님의 능력으로 죄를 깨닫고 예수님을 '구주'로 고백할 줄 알게 된 것만으로도 이미 구원의 조건은 충분히 채워졌습니다. 거듭남을 경험함으로써 인격적으로 하나님을 만난 것은 사실입니다. 물론 '구주'라는 의미 속에 생명까지를 포함한다는 깨우침이 있어야 하는 것이지만, 그렇게 깨달은 것만으로도 그리스도인이라는 호칭을 들을 수 있습니다. 구원받은 백성이 된 것이 틀림이 없습니다.

그러나 참다운 예수님, 진정한 하나님을 만나려면 그것만 가지고는 불충분합니다. 자기중심주의에서 벗어나야 합니다. 세속주의, 번영주의, 기복주의는 전부 물질주의입니다. 율법주의까지도 물질주의입니다. 심지어는 은사주의도 물질주의입니다. 신령한 능력을 품고도 이 땅의 보이는 것을 목표로 추구한다면 더욱 끔찍한 물질주의가 되어버립니다. 이것을 버려야 진정한 그리스도인이 되는 것입니다. 그렇게 되려면 하나님과 두 번째로 만나야 합니다. 생명조차도 포기하고 만나야 합니다. 그리고 그것은 전적으로 성도 자신의 몫입니다.

물론 아브라함이 그런 목표를 가지고 움직였던 것은 아닙니다. 그럼에도 아브라함은 벌거벗고 하나님을 만난 사람이 되었고, 하나님께서 약속하셨던 대로 열국의 아비가 되었습니다. 두 번째로 하나님과 만나는 이 마지막 단계가 없었다면 아브라함은 온 인류의 영적 아비가 되지 못했을지도 모릅니다. 하나님 앞에서 쓰고 있었던 가면들을 벗어던지고 민낯으로 하나님을 만나고 나서야 아브라함은 비로소 열국의 아비가 되었습니다. 모든 조건, 심지어 그 귀한 아들 이삭이나 자기 생명의 조건까지도 다 벗어버리고 벌거벗은 채 하나님과 만남을 가짐으로써 아브라함은 믿음의 조상이 될 수 있었던 것입니다.

출발점이 되는 아브라함

25년 동안의 기다림 끝에 하나님의 약속을 따라 난 이삭이 또 십 수 년 동안 자라났던 그 세월, 인간들에게 있어서는 아마도 가장 소중한 아들인 그 이삭을 바치라고 하셨습니다. 모든 조건, 기도제목, 소원, 사명까지도 다 원점으로 돌리라는 말씀이었습니다. 그것도 하나님께서 친히 약속하셨고 이루어주셨던 그 말씀까지도 다 취소하시겠다는 명령이었습니다. 결코 약속을 버리지 않으시는 하나님께서 하나님 자신의 언약조차도 취소하실 것 같은 상황이었습니다.

그런데 우리는 여기에서 하나님의 놀라운 계획을 생각할 수 있습니다. 하나님께서 약속의 아들 이삭을 통하여 민족의 근원이 되게 하시는 복을 주시는데, 아브라함과 하나님의 만남 가운데 지속적으로 흐르는 초점이 언제나 이삭이었지만, 그렇다고 이삭이 핵심인 것은 아니라는 사실입니다. 이삭이 미래의 주인공인 것은 분명하지만 그 이삭을 통하여 하나님은 아브라함을 크게 쓰시려고 계획하고 계십니다. 그것은 아브라함으로 하여금 어떤 출발점을 삼으신다는 것입니다. 아브라함이 출발점이 되고 그 다음에 이삭이 와야 하는데 그토록 소중한 이삭을 포기할 수 있어야 비로소 아브라함은 출발점이 될 수 있는 것입니다.

하나님과의 두 번째 만남의 큰 의미 중의 하나는 바로 출발점입니다. 두 번째 하나님을 만났던 사람들 중 많은 사람들이 무엇인가의 출발점들이 되었습니다. 야곱은 열두 지파의 출발점이 되었고, 요셉은 이스라엘 민족의 출발점이 되었고, 다윗은 이스라엘 왕국의 출발점이 되었습니다. 물론 꼭 출발점이 되어야 하나님께 소중하게 쓰임 받는 것은 아닙니다만, 하나님과의 결정적인 만남을 경험한 사람들이 출발점이 된 것은 분명합니다. 하나님은 작든 크든 신앙인들이 어떤 출발점이 되기를 원하십니다.

우리는 하나님과 두 번째로 만나야 합니다. 하나님과 두 번째로 만난 사람과 그렇지 못한 사람은 근본적으로 차이가 있습니다. 자기의 모든 것을 버리는 경험을 통해서만 진정으로 하나님을 만날 수가 있습니다. 물론 자주 일어날 수 있는 일은 아닙니다. 숱하게 하나님의 음성을 듣고 환상을 본 사람이라도 아직 하나님과 민낯으로 만나지 못한 사람일 수 있습니다. 아니, 어쩌면 바로 그것 때문에 오히려 하나님을 두 번째로 만나지 못할 수도 있습니다. 그것이 걸림돌이 될 수 있으니까요.

누구보다 사역을 크게 성공적으로 이루어낸 사람도 하나님과 아직 민낯으로 만나지 못한 사람일 수도 있습니다. 큰 교회, 높은 자리, 명성과 존경을 한 몸에 받는 사람이라도 하나님을 두 번째 만나지 못한 사람이 얼마든지 있습니다. 아마도 높은 자리에 있는데 사회적으로 물의를 일으키는 사람들은 대부분이 처음 받은 은혜만으로 자기 사명을 감당히려다가 그렇게 된 것이라고 생각합니다. 현재 큰일을 감당하고 있는 분들은 특히 하나님과의 두 번째 만남이 있었는지를 반드시 점검해보아야 합니다.

하나님을 진짜 만나려면 조건이 있어서는 안 됩니다. 상황을 떠나야 하며 모든 환경을 부인해야 합니다. 특별히 신앙지도자들은 반드시 하나님과 벌거벗고 만나야 합니다. 하나님과 민낯으로 만나지 못한 사람은 자기 자신이 힘들 뿐만 아니라 다른 사람들까지 힘들게 만들 수 있습니다. 하나님과 대면하려면 자기의 틀을 부인해야 합니다. 자랑과 명예와 업적을 다 부인해야 합니다. 심지어 자기 자신조차도 부인해야 합니다.

"또 무리에게 이르시되 아무든지 나를 따라오려거든 자기를 부인하고 날마다 제 십자가를 지고 나를 따를 것이니라"(눅 9:23)

하나님과의 두 번째 만남은 결코 순탄한 길이 아닙니다. 왜냐하면 눈에 보이는 것들을 다 버려야 하기 때문입니다. 하지만 우리 신앙인의 여정은 바로 이 조건을 버리는 연습과 훈련의 과정입니다. 없으면 죽을 것 같았는데 믿음으로 그 고비를 넘기고 나니까 하나님의 손길을 깨닫게 되는 것입니다. 도저히 포기가 되지 않았는데 주님만을 붙잡고 견디고 나니까 하나님의 사랑을 체험하게 되는 것입니다. 아브라함도 이런 과정을 거쳐서 마침내 하나님과 본질적인 만남을 가질 수 있게 된 것이라고 생각합니다. 하나님을 두 번째 만난 사람들이 출발점이 될 수 있는 이유는 전적으로 하나님께만 의지할 수 있는 상태가 되었기 때문입니다.

하나님을 두 번째로 만난 사람은 흔들리지 않습니다. 하나님 앞에 모든 조건을 다 버린 사람은 하나님의 큰 사명을 감당할 수 있게 됩니다. 하나님과 두 번째 만난 사람은 자기중심적이 아니라 하나님 중심적으로 생각할 줄 알게 됩니다. 그런 사람은 예수님의 눈으로 세상과 이웃들을 바라볼 줄 알게 됩니다. 버리는 연습, 포기하는 연습, 떠나는 연습을 통하여 두 번째 하나님과 만나는 그리스도인들이 다 되어야 합니다. 그래야 아무런 조건도 필요 없는 천국백성이 될 것입니다.

[생각해 보십시오]

1. 아브라함은 가나안 기근 때 어떻게 했습니까? (창 12:10)

2. 애굽에서는 어떤 실수를 하게 됩니까? (창 12:12-13)

3. 결국 어떤 일이 일어나게 됩니까? (창 12:15)

4. 하나님께서 아브라함을 어떻게 보호하십니까? (창 12:20)

5. 후처의 자식 이스마엘은 어떻게 보호하십니까? (창 17:20)

6. 하나님께서 이렇게 무조건 복을 주시는 이유는 무엇입니까? (창 17:19)

7. 결국 아브라함이 넘어야 할 것은 무엇입니까?

8. 이삭을 제물로 바친다는 것은 무슨 뜻입니까? (창 22:12)

9. 당신에게 있어서 이삭은 무엇입니까?

10. 당신은 어떤 출발점이 되고 있습니까?

2. 의지를 꺾으시는 하나님 : 야곱

야곱에 대해서는 수많은 사람들이 많은 이야기를 했습니다. 속이는 자, 빼앗는 자라고 알려져 있고, 성공을 위하여 모든 꾀를 다 부리는 자라는 인식이 있습니다. 한 마디로 지독하게 자기중심적인 사람입니다. 그런 것 때문에 야곱이 행한 만큼 당한다는 이야기도 가능합니다만, 그것보다는 야곱이 만난 하나님께 초점을 맞추는 것이 더 좋지 않을까 합니다. 특별히 야곱의 첫 번째 하나님 만남과 두 번째 만남을 모두 살펴보려고 합니다.

야곱과 에서

야곱은 일단 보이지 않는 가치를 알고 있었던 사람이었습니다. 물론 그가 품고 있던 믿음은 세속적인 욕심에 근거한 막연한 생각이었지만, 그의 형 에서와 비교해보면 야곱은 하나님께서 할아버지 아브라함에게 약속하신 말씀에 근거한 축복에 큰 관심을 가지고 있었습니다. 우선 야곱은 장자의 명분에 대하여 욕심을 내고 있었습니다.

> "야곱이 이르되 오늘 내게 맹세하라 에서가 맹세하고 장자의 명분을 야곱에게 판지라 야곱이 떡과 팥죽을 에서에게 주매 에서가 먹으며 마시고 일어나 갔으니 에서가 장자의 명분을 가볍게 여김이었더라"(창 25:33-34)

아버지의 축복기도에 대해서도 마찬가지였습니다. 비록 어머니 리브가를 통해 속임수로 빼앗은 축복기도였지만 야곱 자신도 어머니보다 더 큰 욕심을 가지고 있었음에 틀림이 없습니다. 다만 거짓으로 축복기도를 빼앗았을 때 하나님께서 내리실 형벌이 두려워서 시도하지 못했을 뿐입니다. 또 다른 측면으로 보자면 야곱은 현실상황을 뛰어넘고자 하는 의지가 무척 강한 사람이라고 할 수 있습니다. 둘째로 태어난 환경은 누구도 어쩔 수 없는 일임에도 불구하고 어떻게 하면 맏이가 가질 수 있는 복을 차지할 수 있을까를 늘 생각했었으니까요.

그런데 에서는 장자의 명분은 소홀히 생각했지만 축복기도에 대해서는 굉장히 민감했습니다. 장자의 명분에 대해서는 죽 한 그릇에 팔아먹을 정도로 가볍게 여기던 에서가 축복기도를 빼앗겼을 때에는 분노를 참지 못했습니다.

> "에서가 이르되 그의 이름을 야곱이라 함이 합당하지 아니하니이까 그가 나를 속임이 이것이 두 번째니이다 전에는 나의 장자의 명분을 빼앗고 이제는 내 복을 빼앗았나이다 또 이르되 아버지께서 나를 위하여 빌 복을 남기지 아니하셨나이까"(창 27:36)

에서의 이런 모습은 눈에 보이지 않고 만질 수 없는 장자권에 대해 무뎌 있으면서도 직접적인 이 땅의 복을 가져다 줄 것으로 기대되는 축복기도에 대해 적극성을 보이고 있는 것입니다. 에서는 불신자라고 할 수 있고 야곱은 그래도 믿음 안에 들어와 있는 사람이라고 볼 수 있겠지만, 사고방식과 삶의 형태에서는 형제간에 거의 똑같은 모습을 보여주고 있습니다. 그것은 보이지 않는 하나님의 관점에서의 복에 대해서는 관심을 가지지 않으면서도 이 땅의 복은 적극적으로 추구하는 신앙인의 모습과 같습니다. 야곱이 믿음 안에 들어와 있다고는 하지만 살아가는 모습은 에서와 똑같은 것처럼, 현대 신앙인들도 회개하고 구원받았다고 하면서도 세상 사람들의 가치관과 행동양식을 그대로 보여주는 모습과 같을 것입니다.

물론 그럼에도 불구하고 야곱과 에서는 분명히 차이가 있습니다. 전체적으로 볼 때 야곱은 영적인 사람이고 에서는 육적인 사람이라고 평가할 수 있습니다. 그것은 현재 그렇게 살고 있다는 뜻이 아니라 야곱은 영적인 기질이 강한 사람이고 에서는 육적인 기질이 강한 사람이라는 뜻입니다. 그렇다고 해서 야곱이 육적인 사람이 아니라는 이야기는 아닙니다. 다만 하나님을 향한 자세를 가지고 있었던 야곱이 결국 하나님과의 두 번째 만남이라는 본질적인 복을 받게 된다는 이야기인 것입니다.

변화되기 이전의 야곱과 에서의 모습이 동일했던 것처럼 오늘날 교회에 출석하면서도 세상과 똑같은 삶을 사는 신앙인들이 너무 많습니다. 교회에 출석하여 예배를 드리고 교회생활을 하고 있다는 것만으로 이미 구원받은 백성이라고 여기면서도 교회 밖에서는 여전히 세상적인 욕심을 따라 살아가는 너무나도 안타까운 모습들이 넘치고 있습니다. 물론 아직 야곱은 하나님과의 첫 번째 만남조차도 경험하지 못한 단계이지만, 야곱이 변화되어 가는 모습을 추적하면서 오늘날 한국 교회에 주는 도전을 생각해 보고자 합니다.

하나님을 처음 만난 야곱

야곱은 하나님의 섭리 가운데 변화되어 갑니다. 에서로부터 장자권과 축복기도를 다 빼앗아버렸지만 그것 때문에 엄청나게 큰 고난을 당하게 됩니다. 그리고 그 고난을 통하여 최초로 하나님을 만날 수 있게 됩니다. 발단은 어머니 리브가의 귀에 야곱을 향한 에서의 원한이 들리는 데에서부터 시작됩니다.

> "그의 아버지가 야곱에게 축복한 그 축복으로 말미암아 에서가 야곱을 미워하여 심중에 이르기를 아버지를 곡할 때가 가까웠은즉 내가 내 아우 야곱을 죽이리라 하였더니"(창 27:41)

야곱은 에서의 원한을 피하여 어머니 리브가의 권면대로 외삼촌의 집을 찾아 떠나게 됩니다. 어머니가 부추겨서 아버지를 속이고 축복기도를 받아내었지만 생명과 바꿀 수는 없습니다. 어머니 리브가의 권면을 따라 야곱은 생전 처음으로 바깥세상으로 도망을 치게 되는 것입니다.

> "내 아들아 내 말을 따라 일어나 하란으로 가서 내 오라버니 라반에게로 피신하여 네 형의 노가 풀리기까지 몇 날 동안 그와 함께 거주하라"(창 27:43-44)

그렇게 정처 없이 길을 떠난 야곱이 첫 날 밤을 들판에서 맞이하게 됩니다. 임시로 몇 달 있다가 돌아올 생각으로 떠났기 때문에 우리 식으로 하면 아마도 괴나리봇짐 하나만 지고 떠났을 것 같습니다. 며칠 먹을 양식과 밤에 덮을 이불 정도가 전부가 아니었을까 생각됩니다. 앞날을 전혀 예측할 수 없는 형편에 있었으며 누구도 의지할 수 없는 벌거벗은 것과 같은 상황이었을 것입니다. 영적인 기질이 있었다고는 하지만 아직까지 하나님을 만난 적이 없는 야곱이었습니다.

그런데 하나님께서 야곱에게 나타나셨습니다. 꿈속에서 하나님의 사자들이 하늘에 닿아있는 사다리를 오르락내리락 하고 있는 모습을 보았습니다. 아무 것도 없고 기댈 데도 전혀 없는 상태가 되자 비로소 하나님은 야곱에게 나타나주신 것입니다. 잠에서 깬 야곱은 이렇게 고백합니다.

> "야곱이 잠이 깨어 이르되 여호와께서 과연 여기 계시거늘 내가 알지 못하였도다 이에 두려워하여 이르되 두렵도다 이 곳이여 이것은 다름 아닌 하나님의 집이요 이는 하늘의 문이로다 하고"(창 28:16-17)

그렇게 야곱은 보이지 않으시는 하나님을 만나게 됩니다. 아니, 야곱이 하나님을 만난 것이 아니라 하나님께서 야곱에게 찾아오신 것입니다. 우리 신앙인들이 처음으로 하나님을 만난 것은 전부 하나님께서 찾아오신 것입니다. 대부분은 극도로 어려운 때 하나님께서 찾아오십니다. 사업에 실패했을 때나 육신에 질병이 들었을 때, 정신적으로 심한 갈등을 겪고 있거나 인간관계에 심각한 문제가 생겼을 때, 그럴 때 하나님께서 주로 오십니다. 왜냐하면 그 어떤 방법으로도 해결의 길이 전혀 보이지 않을 때이기 때문입니다.

야곱도 마찬가지였습니다. 그가 가는 앞길은 전혀 예측 불가능한 길입니다. 아무런 소망도 방법도 보이지 않았고, 눈앞까지도 불투명한 안개처럼 꽉 채워져 있었으니까요. 그러다가 야곱의 꿈속에 하나님께서 찾아오신 것이었습니다. 야곱은 하나님을 알기는 알았지만 전능하신 여호와 하나님이 아니라 자기가 살던 지역에만 계신 분으로 착각했었습니다. 야곱은 처음으로 하나님을 만나고 나서 감격합니다. 잠에서 깨고 나서 베개로 삼았던 돌을 세우고 기름을 부었습니다. 그리고 하나님께 서원을 드립니다.

"여호와께서 나의 하나님이 되실 것이요 내가 기둥으로 세운 이 돌이 하나님의 집이 될 것이요 하나님께서 내게 주신 모든 것에서 십분의 일을 내가 반드시 하나님께 드리겠나이다 하였더라"(창 28:21 下-22)

하지만 야곱의 신앙은 이제 시작일 뿐입니다. 야곱에게 하나님께서 나타나셨다고 해서 갑자기 야곱이 신앙의 사람이 되는 것은 아닙니다. 아직까지는 철저하게 자기중심적입니다. 야곱은 만물의 아버지 하나님 앞에서 '돌아오게 하시면'이라는 조건을 내세웠습니다. 하나님을 어디까지나 자기에게 복 주시는 하나님으로만 생각하고 있었습니다.

"야곱이 서원하여 이르되 하나님이 나와 함께 계셔서 내가 가는 이 길에서 나를 지키시고 먹을 떡과 입을 옷을 주시어 내가 평안히 아버지 집으로 돌아가게 하시오면 여호와께서 나의 하나님이 되실 것이요"(창 28:20-21)

하지만 아직은 야곱이 하나님을 결정적으로 만난 것이 아닙니다. 하나의 표적, 하나의 증거를 만난 것일 뿐이기 때문입니다. 하나님과의 첫 만남은 분명히 있었지만 그것은 하나님께서 살아계신다는 증거일 뿐입니다. 하나님께서 존재하시고 자신과 교제할 수 있으시지만 그저 자기를 위해 존재하시는 그런 하나님 정도로밖에 생각하지 않았습니다. 하나님의 뜻이나 계획 같은 것은 안중에도 없습니다. 하나님을 처음 만났지만 아직은 완전히 자기중심적인 야곱의 모습입니다.

우리가 기도원에서 방언을 받았거나 환상을 보았거나 기적을 체험했다고 해서 그 사람이 곧 구원받은 사람은 아닐 수도 있습니다. 신학적인 논란의 여지가 있는 이야기이기는 하지만, 표적이 곧 하나님은 아니며 이적을 체험했다고 해서 곧 하나님을 인격적으로 만난 것은 아닙니다.

> "예수께서 대답하여 이르시되 내가 진실로 진실로 너희에게 이르노니 너희가 나를 찾는 것은 표적을 본 까닭이 아니요 떡을 먹고 배부른 까닭이로다"(요 6:26)

다시 세상 속으로

아무튼 그렇게 하나님을 만난 야곱은 열심히 삶을 꾸려가기 시작합니다. 지혜롭고 열심이 있으며 성실한 야곱은 나중에 부자가 됩니다. 전적으로 하나님의 도우심 때문이기는 하지만 그래도 야곱은 충실하게 자기 삶을 성취해 나갔습니다. 믿음 안에서 행하는 것이라고는 하지만 아직은 세상에서의 성공을 지향하고 있는 것도 사실입니다. 많은 사람들이 하나님을 이런저런 모습으로 만나지만 그런 은혜를 통하여 세상에서의 성공을 지향하며 사는 세속적인 신앙인에 그치는 경우가 많습니다.

신앙인이란 그런 과정을 거치는 것은 틀림이 없지만 그것은 하나님을 알아가는 과정이라는 사실을 알아야 합니다. 신앙생활 수십 년을 해도 처음 신앙 그대로 세속적인 신앙인에 머물러 있다면 그 사람은 세상에서 소금과 빛의 사명을 감당하기 힘들며 예수님의 제자로서의 삶을 살 수 없습니다. 문제는 그것이 전부라고 생각한다는 것입니다. 더 이상의 영적 성숙은 알지도 못하고 필요도 없으며 알려고 하지도 않습니다. 왜냐하면 영적 성숙은 자신이 너무나도 부족하다는 깨우침이 전제되는 것이기 때문입니다.

야곱도 마찬가지였습니다. 결혼하고 아이들 낳고 양떼를 늘려가는 일에 모든 힘을 쏟아 붓는 생활이 지속되었습니다. 물론 그런 과정에서 하나님은 야곱을 도와주셨고 결단할 때를 지시해 주셨습니다. 우리가 복을 받기 위하여 생활할지라도 하나님께서 때로 은혜를 주십니다. 하나님을 조금씩이라도 알게 하시기 위함입니다. 그러나 세속적인 신앙인에게도 하나님을 만날 수 있는 기회는 찾아오게 마련입니다.

"꿈에 하나님의 사자가 내게 말씀하시기를 야곱아 하기로 내가 대답하기를 여기 있나이다 하매 이르시되 네 눈을 들어 보라 양 떼를 탄 숫양은 다 얼룩무늬 있는 것, 점 있는 것과 아롱진 것이니라 라반이 네게 행한 모든 것을 내가 보았노라 나는 벧엘의 하나님이라 네가 거기서 기둥에 기름을 붓고 거기서 내게 서원하였으니 지금 일어나 이 곳을 떠나서 네 출생지로 돌아가라 하셨느니라"(창 31:11-13)

그렇지만 그렇게 세상을 향하여 나가다가 보면 반드시 세상과 부딪칠 때가 오는 법입니다. 야곱과 외삼촌 라반의 사이에 금이 가기 시작합니다. 결국 세상에서의 문제는 물질이었습니다. 위협을 느낀 야곱은 외삼촌 라반에게 이야기도 하지 않고 몰래 떠나기로 결단하게 됩니다. 하지만 라반이 이 사실을 알고 자기 아들들 곧 야곱의 외사촌들과 함께 야곱을 추격해오게 됩니다. 애초에 야곱의 양떼가 라반의 양떼보다 많아진 것을 시기하고 문제를 제기했던 외사촌들이었습니다.

"야곱이 라반의 아들들이 하는 말을 들은즉 야곱이 우리 아버지의 소유를 다 빼앗고 우리 아버지의 소유로 말미암아 이 모든 재물을 모았다 하는지라"(창 31:1)

하지만 이 때에도 하나님은 야곱을 도와주십니다. 라반의 꿈에 나타나셨던 것입니다. 이미 아브라함에게 약속해 주신 것처럼, 야곱의 자손들을 통하여 애굽에서의 이스라엘 민족형성을 계획하셨기 때문에 야곱을 반드시 보호하셔야만 했던 것입니다. 야곱이 외삼촌을 설득합니다.

"우리 아버지의 하나님, 아브라함의 하나님 곧 이삭이 경외하는 이가 나와 함께 계시지 아니하셨더라면 외삼촌께서 이제 나를 빈손으로 돌려보내셨으리이다마는 하나님이 내 고난과 내 손의 수고를 보시고 어제 밤에 외삼촌을 책망하셨나이다"(창 31:42)

이렇게 야곱은 네 명의 아내와 자식들 열세 명과 하란에서 기르던 모든 짐승 떼를 거느리고 고향으로 향하게 됩니다. 말 그대로 아버지 이삭이 계시는 헤브론으로 금의환향하게 됩니다. 하지만 이것으로 야곱의 드라마가 마무리되는 것은 아닙니다. 여기에서 대단원의 막을 내려도 충분하지만 그것은 세상에서의 이야기이고, 하나님과 야곱 사이에는 아직 중대한 만남이 남아있습니다. 야곱이 하나님의 사람이라면 벧엘에서의 첫 만남만 가지고는 많이 부족합니다. 우리가 신앙인이라면 회개할 때의 만남만 가지고는 아직 갈 길이 남아 있는 것입니다.

물론 보통 간증은 이쯤에서 그치는 경우가 많습니다. 사실 오늘날의 신앙인의 모형도 이런 간증에서 멈추는 경우가 다반사입니다. 신앙인들이 닮고 싶은 사람이 누구입니까? 사역자들이 모델로 삼고 있는 대상이 누구입니까? 온갖 고난을 믿음을 이겨내고 모든 복을 받아 누리는 사람이 신앙인의 모델이 되었습니다. 신앙의 목표가 인간승리 드라마로 마치는 경우가 대부분입니다. 그것도 분명히 하나님의 축복이지만, 그렇게 복을 주시는 하나님의 목적은 따로 있습니다. 그런 축복에만 머문다면 그것이 깨어져야 할 때가 오는 법입니다.

야곱에게는 하나님과 진짜로 만나는 일이 남아있었고, 그 만남을 통과하지 않고는 야곱의 이야기는 완성될 수 없고 잊힐 수밖에 없습니다. 하나님과의 첫 번째 만남은 하나님께서 예고 없이 찾아오시지만 두 번째 만남에서는 신앙인 자신의 결단이 필요합니다. 하나님께서 찾아오시는 것은 동일하지만 그 하나님을 만나는 자세는 전혀 달라지는 것입니다. 야곱 자신은 아직 의식하지 못하고 있지만 하나님은 모든 준비를 마치시고 야곱을 기다리고 계십니다. 야곱이 통과해야 할 관문에서 말입니다.

우리 신앙인들도 마찬가지입니다. 아직 하나님을 민낯으로 만난 일이 없다면 하나님은 그 만남을 계속해서 기다리고 계십니다. 아직까지 완전한 자기포기 없이 하나님을 만나고 있다면 하나님은 지금도 그 때를 기다리고 계십니다. 왜냐하면 하나님과의 두 번째 만남이 일어나야 우리들의 이 땅에서의 드라마가 완성될 수 있기 때문입니다. 하나님을 만나야 참된 신앙인이 될 수 있다고 이야기할 때 사실은 구원 받았느냐에 초점을 맞추는 경우가 많이 있는데, 거기에서 그친다면 구원파의 교리와 별로 다를 것이 없습니다. 하나님과의 두 번째 만남의 개념을 제시하고 신앙생활의 목표가 하나님과의 두 번째 만남으로까지 나아가야 하는 것입니다.

하나님과의 두 번째 만남을 가질 때까지 야곱은 20년이 걸렸고 아브라함은 40년이 걸렸습니다. 처음 우리를 찾아오셔서 성령으로 믿게 하시고 회개하고 거듭나게 하신 하나님은 언제가 될지는 알 수 없지만 두 번째 만남을 기다리십니다. 거듭난 성도들은 환난과 인내를 통하여 신앙이 여러모로 성장해야 하지만, 그렇게 성장하고 있는 신앙의 목표는 하나님과의 두 번째 만남이 되어야 할 것입니다. 하나님과의 두 번째 만남은 민낯으로 만남, 벌거벗고 만남, 전인격적인 만남, 본질적인 만남이 되기 때문입니다.

진짜 위기를 만났을 때

그런데 그 두 번째 만남은 기쁨과 행복 가운데 만나지는 것이 아니라 엄청난 두려움 속에서 이루어지게 됩니다. 모든 것을 다 잃어버릴 위기에서 하나님을 만나게 되는 것입니다. 야곱에게 장자권과 축복기도를 다 빼앗긴 형 에서가 야곱을 죽이려고 400명의 군사들과 함께 기다린다는 소식이었습니다. 에서의 입장에서는 무려 20년 동안 다짐하고 또 다짐했던 순간이었을 것입니다.

> "사자들이 야곱에게 돌아와 이르되 우리가 주인의 형 에서에게 이른즉 그가 사백 명을 거느리고 주인을 만나려고 오더이다"(창 32:6)

야곱이 극심한 두려움과 위기를 만나게 된 것입니다. 야곱으로서는 자신이 노력해서 만들어낸 재산과 가족들을 모두 빼앗기는 것은 고사하고 자기 목숨부터 챙기지 않으면 안 될 지경에 처하게 된 것입니다. 인생 최대의 위기를 만났습니다.

> "야곱이 심히 두렵고 답답하여 자기와 함께 한 동행자와 양과 소와 낙타를 두 떼로 나누고 이르되 에서가 와서 한 떼를 치면 남은 한 떼는 피하리라 하고"(창 32:7-8)

사실 하나님은 야곱에게 이미 약속을 해 주셨습니다. 이어지는 야곱의 기도에 잘 나타나 있습니다.

> "야곱이 또 이르되 내 조부 아브라함의 하나님, 내 아버지 이삭의 하

나님 여호와여 주께서 전에 내게 명하시기를 네 고향, 네 족속에게로 돌아가라 내가 네게 은혜를 베풀리라 하셨나이다"(창 32:9)

물론 야곱이 일찍이 에서를 피해 도망쳤을 때부터 하나님은 나타나 주셨습니다. 그 동안 라반의 집에서 양떼를 칠 때에도 하나님은 만나 주셨습니다. 라반을 피해 야반도주하다가 추격당했을 때에도 하나님은 야곱을 보호해 주셨습니다. 하지만 아직은 야곱이지 이스라엘이 아닙니다. 야곱이 변하여 이스라엘이 되려면 하나님과 두 번째로 만나야 합니다. 모든 것 다 버릴 각오하고, 심지어 목숨까지 버릴 생각을 하고 하나님의 얼굴을 바라보아야 합니다.

화룡점정이라는 말처럼, 마지막으로 용의 눈동자를 그려 넣어야 생명이 시작되는 것입니다. 야곱에게도 이제 가장 중요한 신앙의 단계가 남아 있었습니다. 야곱 자신은 거의 깨닫지 못했겠지만 하나님은 끊임없이 제대로 만날 기회를 제시하고 계셨습니다. 하지만 그런 기회는 신앙인이 깨달아 알 때까지는 전혀 유효하지 않은 것은 물론입니다. 사람에게 성장과 성숙, 곧 변화가 일어나지 않으면 하나님과의 교제라는 숱한 기회도 별 소용이 없습니다. 하나님과의 교제가 변화를 전제하는 것인데도 말입니다.

야곱은 마침내 모든 것을 걸고 하나님과 일 대 일로 만날 수밖에 없는 상황이 되었습니다. 비록 자신이 의도하던 바는 아니었지만 어쩔 수 없는 상황을 앞에 놓고 모든 것을 버릴 각오를 하지 않으면 안 되는 일이었습니다. 야곱은 결단합니다.

"밤에 일어나 두 아내와 두 여종과 열한 아들을 인도하여 얍복 나루를 건널새 그들을 인도하여 시내를 건너가게 하며 그의 소유도 건

너가게 하고 야곱은 홀로 남았더니"(창 32:22-24上)

사실 야곱은 이 장면에서 지금이야말로 정식으로 하나님을 만날 때라는 사실을 강하게 느꼈던 것이 분명합니다. 결정적으로 하나님을 만나지 않으면 안 된다는 사실을 깨달았을 것입니다. 본능적으로 느꼈을 수도 있지만 얍복강을 건너기 전에 만난 하나님의 사자를 통하여 알게 되었을 것입니다.

"야곱이 길을 가는데 하나님의 사자들이 그를 만난지라 야곱이 그들을 볼 때에 이르기를 이는 하나님의 군대라 하고 그 땅 이름을 마하나임이라 하였더라"(창 32:1-2)

왜 갑자기 하나님의 사자들이 나타났고 야곱이 그들을 하나님이 군대로 보았고 땅 이름도 마하나임이라고 불렀는지에 대해서는 확실치 않으나, 중요한 것은 갑자기 야곱에게 영적 분별력 같은 것이 생겼다는 것입니다. 하나님의 사자를 야곱이 어떻게 보았으며, 어떤 형태로 나타났으며, 왜 나타났는지에 대해서는 명확하게 알려진 것은 없습니다. 그러나 야곱이 만난 하나님의 사자들은 일찍이 야곱이 고향을 떠나서 하란으로 가는 도중 벧엘에서 잠을 잘 때 꿈에서 나타났던 그 하나님의 사자들인 것은 맞는 것 같습니다.

"꿈에 본즉 사닥다리가 땅 위에 서 있는데 그 꼭대기가 하늘에 닿았고 또 본즉 하나님의 사자들이 그 위에서 오르락내리락 하고"(창 28:12)

야곱은 형 에서와 맞부딪쳐야 하는 상황, 곧 모든 것을 다 이루어놓고도 죽을지 모른다는 상황 앞에서 직감적으로 이것이 마지막일 수 있다는 절박함이 생겼을 것입니다. 그리고 그것은 영적인 경계선을 의미

하는 것입니다. 야곱은 영적인 영역으로 들어가는 경계선 가까이 다가 갔습니다. 마지막이라고 생각할 수밖에 없을 때, 바로 그 때가 하나님을 결정적으로 만날 때인 것입니다.

의지를 꺾이는 야곱

마침내 야곱은 정체불명의 사람과 만나게 되고 그 사람과 씨름판을 벌이게 됩니다. 야곱은 이 씨름에서 죽을 힘을 다해서 대항했습니다. 아마 속으로는 하나님의 사자라고 확신했을 것입니다. 아니, 그보다는 야곱은 지금 하나님과 씨름하고 있다고 확신했을 것입니다. 이미 앞에 이야기했지만 야곱은 후에 스스로 고백하기에 이릅니다.

> "그러므로 야곱이 그 곳 이름을 브니엘이라 하였으니 그가 이르기를 내가 하나님과 대면하여 보았으나 내 생명이 보전되었다 함이더라"(창 32:30)

이제 야곱은 자기의 모든 것을 걸고 하나님과 두 번째 만남을 펼칩니다. 하나님과의 결정적인 만남은 순간적일 때도 있습니다. 그러나 시간이 걸릴 때도 있습니다. 아니면 그런 과정이 여러 번 겹치면서 결정적인 만남으로 결론지어질 때도 있습니다. 아브라함은 단 한 번의 순종으로 마무리됩니다. 하지만 야곱은 모든 것을 걸고 싸우는 것과 같은 결단으로 하나님과의 두 번째 만남을 마무리해야 합니다. 그래서 야곱은 결코 하나님의 손길을 놓지 않으려는 강력한 의지로 끝까지 붙들게 됩니다. 오죽하면 하나님의 사자가 야곱의 허벅지를 쳐서 다리를 절게 만들어버렸을까요?

> "자기가 야곱을 이기지 못함을 보고 그가 야곱의 허벅지 관절을 치매 야곱의 허벅지 관절이 그 사람과 씨름할 때에 어긋났더라"(창

32:25)

하나님은 야곱의 결단에 맞추어 관절이 어긋나게 해 버리십니다. 살려고 버둥대는 야곱의 뼈가 어긋나게 함으로써 야곱이 육신으로 아무것도 하지 못하게 만드십니다. 이것은 참으로 기가 막힌 반전을 말하는 것으로, 살아보려는 야곱의 의지를 오히려 꺾어버리시는 것입니다. 야곱의 인간적인 지혜와 육신적인 수단방법이 세상에서 통하지 않게 만들어버리시는 것입니다. 왜냐하면 자기 의지가 남아있으면 하나님의 큰일을 감당할 수 없기 때문입니다. 하지만 이것도 야곱이 준비가 되어 있기 때문에 가능한 이야기입니다. 강 하나만 건너면 에서의 군사가 야곱을 죽이려고 잔뜩 벼르고 있는 상태에서 야곱의 마지막 결단이 하나님이 역사를 만들어낸 것입니다. 두 번째 만남이 준비된 것입니다.

놀라운 것은 씨름에서 이겼다고, 정확하게 말하면 관절이 어긋났는데도 끝까지 버텼다고 해서 야곱이 하나님과 두 번째로 만난 것은 아니라는 사실입니다. 아직 자기 의지만 꺾여버린 상태입니다. 야곱은 하나님께 자기 의지를 빼앗긴 것으로 그치지 않고 기어코 복을 받아내려고 합니다. 이대로 그냥 가버리시면 야곱이 지는 것입니다. 만약에 그 사람이 그냥 가버리면 어떻게 되겠습니까? 야곱은 장애인이 된 채 에서에게 나아가서 살려달라고 애걸복걸할 수밖에 없습니다. 그렇게 되면 하나님과의 두 번째 만남은 수포로 돌아갑니다. 그래서 죽기까지 붙잡았습니다.

"그가 이르되 날이 새려 하니 나로 가게 하라 야곱이 이르되 당신이 내게 축복하지 아니하면 가게 하지 아니하겠나이다"(창 32:26)

2. 의지를 꺾으시는 하나님 : 야곱

여기에서 축복이라고 하면 어떤 느낌이 들까요? 앞으로 잘 살게 되고 가족들의 안전과 목축의 번성을 뜻할까요? 그래서 그토록 붙잡은 것일까요? 그것보다는 당장 눈앞에 닥친 위기에서 구원해 달라는 성격이 더 강하지 않을까요? 구원과 안전을 보장받지 못한 만남이 무슨 소용인가요? 물론 야곱은 지금 자신의 생명과 앞서 보낸 가족들과 사람들과 가축들을 몽땅 걸고 아직도 하나님과 씨름하고 있습니다. 하나님을 붙잡지 않으면 차라리 죽는 것이 더 나은 상황입니다. 이런 절박함이 결국 하나님과의 두 번째 만남을 만들어내는 것입니다.

마침내 야곱의 두 번째 하나님 만남은 마침표를 찍게 됩니다. 자기의 육적인 욕심을 포기하게 됩니다. 자기의 의지를 완전히 버리게 됩니다. 자기 뜻을 완전히 버리고 나니까 마침내 여호와 하나님께서 할아버지 아브라함에게 주신 복의 근원에 대한 이해가 생깁니다. 철저하게 자기중심적이던 야곱이 이제 하나님 중심적인 사람으로 변화될 수 있는 기점에 서게 되는 것입니다. 그래서 하나님도 이 두 번째 만남을 인정하시게 된 것입니다.

"그가 이르되 네 이름을 다시는 야곱이라 부를 것이 아니요 이스라엘이라 부를 것이니 이는 네가 하나님과 및 사람들과 겨루어 이겼음이니라"(창 32:28)

결정적일 때 하나님은 져주십니다. 이제는 당장 다리조차 쓸 수 없는 야곱을 하나님께서 이기지 못하시겠습니까? 만약에 하나님께서 져주지 않으신다면 그 어떤 만남도 소용이 없습니다. 누구라도 하나님의 기준에는 절대 이를 수 없습니다. 다만 하나님께서 인정하실 정도가 되어야 하는데, 그 정도가 바로 자기를 완전히 포기할 수 있을 때인 것입니다. 하나님의 기준이 아니라 사람의 기준을 이해하시고 하나님 스스로 만족하게 여기십시오. 하나님이 기준을 낮추시고 거기에 만족하실 때 하나님은 져주시는 분이십니다.

그렇기 때문에 만약에 영적 수준이 다른 사람들보다 성숙해졌다고 해서, 아니면 야곱처럼 하나님과 결정적인 만남을 경험했다고 해서 우월의식을 가진다면 그 사람은 절대로 하나님을 두 번째로 만난 사람이 아닙니다. 야곱이 만약에 하나님과 겨루어서 이긴 사람이라고 해서 형에서를 우습게 여긴다면 그 야곱은 이스라엘이 아닌 것입니다. 야곱이 이스라엘로 변화되기는 했지만 그것은 하나님께서 져주신 결과물일 뿐입니다. 오늘날의 표현으로 말하자면 모두 다 하나님의 전적인 은혜입니다.

야곱에서 이스라엘로

비록 하나님께서 져주신 것이기는 하지만, 모든 것을 걸고 목숨까지도 포기한 상태에서 이루어진 야곱의 두 번째 만남은 이전까지의 야곱과는 전혀 다른 이스라엘로의 변화를 만들어내기에 이르렀습니다. 자신의 육적인 욕심이 그만큼 깊다는 사실을 깨닫게 되고 그것을 뿌리 뽑아야 한다는 점을 인정하기 시작한 것입니다. 바로 여기에서 육적인 그리스도인의 껍질을 벗고 영적인 그리스도인으로 새로워졌던 것입니다. 아브라함은 '아브람'에서 '아브라함'으로 이름을 바꾸어주신 이후에 하나님과의 두 번째 만남까지 시간이 필요했지만, 야곱은 바로 이스라엘로 변화될 수 있었습니다. 야곱에게는 이름이 바뀐 것이 하나님과의 두 번째 만남을 뜻하는 것이었습니다.

물론 그렇다고 하여 야곱이 천사처럼 완전히 변화되었다는 뜻은 결코 아닙니다. 아무리 하나님을 두 번 아니라 세 번, 네 번 만난 사람이라도, 육신을 입고 있는 이상은 부족하고 연약할 수밖에 없습니다. 하지만 근본적인 내적 변화가 일어나게 되는데 그것은 영의 사람이 된다는 것입니다. 영의 사람이 되면 이제는 자기중심적인 신앙이 아니라 하나님중심의 신앙으로 위치이동하게 되는 것입니다.

이미 외삼촌 라반과의 갈등을 해결한 후에 제사를 드린 바가 있었지만(창 31:54), 형 에서와 만나고 난 후에 야곱이 세겜에서 처음으로 제단을 쌓았습니다.

"그가 장막을 친 밭을 세겜의 아버지 하몰의 아들들의 손에서 백 크시타에 샀으며 거기에 제단을 쌓고 그 이름을 엘엘로헤이스라엘이라 불렀더라"(창 33:19-20)

참 그리스도인도 죄를 짓거나 유혹에 빠질 때도 있지만 그 중심에는 언제나 하나님이 계십니다. 두 번째 결정적인 만남을 가졌고 또 변화되었다고 해도 흔들릴 때도 있고 낙심할 때도 있습니다. 그러나 그 안에 하나님 중심적인 사고방식이 어떤 어려움도 이겨낼 수 있게 만들어 주는 것입니다. 야곱의 남은 일생에서도 이후로 많은 일들이 일어나지만 결국 야곱은 얍복강 가에서 두 번째로 만난 하나님으로 말미암아 하나님께서 아브라함에게 약속하셨던 일들이 그를 통해 성취되었던 것입니다.

비록 여러 해가 지난 후의 일이지만 큰 가뭄 때문에 요셉의 요청으로 애굽에 피신해야 했을 때 하나님께서 주신 말씀에서 그것이 증명됩니다.

"이스라엘이 모든 소유를 이끌고 떠나 브엘세바에 이르러 그의 아버지 이삭의 하나님께 희생제사를 드리니 그 밤에 하나님이 이상 중에 이스라엘에게 나타나 이르시되 야곱아 야곱아 하시는지라 야곱이 이르되 내가 여기 있나이다 하매 하나님이 이르시되 나는 하나님이라 네 아버지의 하나님이니 애굽으로 내려가기를 두려워하지 말라 내가 거기서 너로 큰 민족을 이루게 하리라 내가 너와 함께 애굽으로 내려가겠고 반드시 너를 인도하여 다시 올라올 것이며 요셉이 그의 손으로 네 눈을 감기리라 하셨더라"(창 46:1-4)

만약에 야곱이 얍복강가에서 자기 육신의 뿌리를 이겨내지 못했다면 하나님의 언약은 좀 더 시간이 걸렸을 것입니다. 아직 자기 의지를 가지고 있다면 그 의지가 꺾일 때까지 기다려야 합니다. 분명히 이삭을 통하여 난 자식으로 사명이 계승될 것을 약속하셨기 때문에 그 약속이 취소되지는 않겠지만, 그러나 하나님의 언약을 계승할 만한 사람으로 변화된 이후에야 하나님의 약속은 이루어지는 것입니다. 육신의 장애로 말미암아 스스로 어떤 수단을 쓸 수 없게 되어버린 야곱이 오로지 하나님만 의지하고 하나님의 뜻과 계획 안에 자신을 맡길 수 있는 사람으로 변화된 것 때문에 가능해진 이야기인 것입니다.

하나님 뜻의 성취

하나님은 사람과의 두 번째 만남을 통하여 하나님의 뜻을 이루어 가시는 분이십니다. 사실 야곱이 하나님과의 두 번째 만남을 경험하면서 야곱에서 이스라엘로 근본적으로 변화되었지만, 그 이후의 구체적인 삶의 모습을 들여다보면 뚜렷하게 어떤 점이 변화되었는지 쉽게 발견하기 어렵습니다. 그도 그럴 것이 야곱의 일상적인 삶만 나와 있지 그가 하나님을 진정으로 경외하는 모습을 찾아볼 수 없기 때문입니다. 하지만 저는 오히려 신앙적인 그런 모습보다는 야곱이 겪어야만 했던 숱한 난관들을 살펴보면 하나님의 뜻이 짐작될 수 있을 것 같습니다.

야곱이 얍복강가에서 하나님의 사자와 씨름하기 직전까지와 얍복강을 건넌 이후의 삶의 여정을 보면 근본적인 차이가 있는 것을 발견하게 됩니다. 이 근본적인 차이가 야곱의 두 번째 하나님 만남의 열매임을 알 수가 있고, 그런 삶의 과정들을 통하여 야곱은 스스로 알든 모르든 하나님의 계획의 일부가 되어 있었던 것입니다. 그 차이는 야곱이 소유하고 있는 것들의 성격이라고 볼 수 있습니다. 얍복강 이전에는 뭔가 빼앗거나 모으거나 쌓아나가는 삶이라면 그 이후에는 계속해서 빼앗기는 삶인 것입니다.

야곱은 태어날 때부터 먼저 나오려고 형 에서의 발 뒷꿈치를 잡고 나왔습니다. 그리고 마침내 형 에서로부터 장자권을 죽 한 그릇에 빼앗다시피 하였고, 축복기도는 형과 아버지를 속여서 빼앗았습니다. 외삼촌의 집에 가서는 라헬을 아내로 맞으려다가 오히려 외삼촌에게 속아서 레아와 먼저 혼인하게 되었고 계획적으로 그런 것은 아니지만 빌하와 실바까지 네 명의 아내를 둔 남자가 되었습니다. 그리고 당연하게 자녀가 13명이나 되는 대가족이 되었습니다.

가족들만 크게 번성한 것이 아니라 짐승 떼도 많아져서 큰 부자가 되었습니다. 외삼촌에게 양과 염소 중에서 얼룩무늬나 점 있는 것이나 아롱진 것이 있는 것들을 품삯으로 달라고 하고서는 건강한 양이나 염소가 교미를 할 때 단풍나무 그늘 아래에서 새끼를 배게 해서 흰 양이나 흰 염소보다 얼룩 양이나 얼룩 염소가 더 많아지게 하는 수법으로 자기 재산을 불려나갔습니다. 양이나 염소가 많아지니까 거느리는 식솔들도 엄청나게 많았을 것입니다.

야곱이 외삼촌 라반을 떠날 때까지 야곱은 모을 대로 모았고 쌓을 대로 쌓았습니다. 인간이 받을 수 있는 복을 다 받은 것 같았습니다. 하지만 얍복강 가에서의 하나님과의 두 번째 만남 이후로 야곱은 오히려 모은 것을 흩어버리는 모습을 보게 됩니다. 우선 에서에게 재산의 일부를 바칩니다. 그 후에 무엇을 버리는 것은 아니지만 뜻하지 않은 사건을 만나게 됩니다. 딸 디나가 세겜에게 겁탈을 당한 것입니다. 무엇인가를 빼앗긴 것입니다. 그런데 그 오빠 시므온과 레위가 할례를 조건으로 혼인을 허락하는 척하면서 세겜 일족이 할례를 받은 틈을 타 그들을 멸족시킵니다. 하나님과의 결정적 만남 이후에 벌어진 이런 사건을 보면 고개가 갸웃거려집니다.

하나님은 여전히 야곱에게 복을 주셨다고 기록되어 있지만 야곱은 얼마 후에 가장 사랑하던 부인 라헬을 잃게 됩니다. 라헬이 베냐민을 낳던 중에 죽은 것입니다. 장자 르우벤이 야곱의 첩인 빌하와 동침하는 사건도 겪습니다. 그리고 그의 신앙과 축복의 원천인 아버지 이삭도 죽게 됩니다. 더 나아가서, 실제로 그런 것이 아니라 형들의 거짓에 의한 것이기는 하지만, 야곱은 가장 사랑하던 요셉이 짐승에 찢겨 죽는 너무나도 큰 아픔을 당합니다. 그리고 아들 유다가 우여곡절 끝에 자기 며느리 다말과의 사이에서 베레스와 세라 쌍둥이를 낳는 변고까지 겪게 됩니다.

뿐만 아니라 야곱이 다 늙어서 세계적인 대흉년을 만나게 되어 곡식을 구입하기 위해 열 명의 아들들을 애굽으로 보내는데 여기에서 또 사건이 터집니다. 얌전히 곡식만 사가지고 오면 되는데 돌아온 아들들 중에 시므온이 안 보입니다. 그리고 또 청천벽력 같은 소리가 있었으니 베냐민을 애굽으로 데리고 가야 시므온을 함께 돌려보낸다는 애굽 총리의 명령을 가지고 왔던 것입니다. 애굽 총리라는 사람이 야곱의 아들들을 간첩죄로 몰았던 것입니다. 사랑하던 라헬의 아들인 요셉의 일이 너무 가슴 아픈데 라헬이 마지막 남긴 베냐민마저 빼앗길 것 같아 처음에는 완강하게 거부했지만 양식이 떨어지니 할 수 없이 베냐민을 보내는 모습을 볼 수 있습니다.

이쯤 되면 하나님과의 두 번째 만남이라는 중대한 변화는 어디에 보이는 것입니까? 야곱의 변화된 모습은 그의 삶 가운데에서는 별로 보이지 않는 것 같습니다. 그리고 계속 빼앗기고 헤어지고 가슴 아픈 과정밖에는 없는 것 같습니다. 요셉을 잃어버린 20여 년 동안의 야곱의 삶은 전혀 나오지도 않습니다. 물론 어차피 인생이란 쌓을 때도 있지만 계속 헤어지는 과정이 아니겠습니까?

하지만 야곱의 일생에는 하나님의 뜻과 계획이 일관되게 흐르고 있습니다. 야곱 자신도 그 하나님의 계획을 알고 있었습니다. 어쩌면 그 계획 가운데 놓여있는 야곱의 신앙과 인격이 그 계획을 감당할 만큼 도달해 있지 못하다면 아무리 위대한 계획이라도 야곱을 통해서는 이루어지기 어려웠을 것입니다. 비록 성경의 기록만으로는 야곱의 두 번째 하나님과의 만남의 증거들을 발견하기 어렵지만, 계속해서 빼앗기는 야곱의 삶의 인내의 과정을 통해서 하나님의 뜻이 착착 진행되고 있었던 것입니다.

　사람은 아픔을 가졌을 때의 태도에 따라 앞으로의 갈 길이 결정되는 경우가 많습니다. 신앙인에게 있어서 가장 크고 중요한 능력은 무엇일까요? 정답 중의 하나가 바로 인내라고 생각합니다. 인내라는 것은 마냥 참는 것만을 뜻하지는 않습니다. 신앙인은 인내가 필요할 때 하나님을 붙잡는 사람입니다. 왜냐하면 그냥 참기만 하는 것은 신앙에 도움이 전혀 안 되기 때문입니다. 그런 의미에서 야곱의 변화된 믿음이 무의미하게 빼앗기는 것에 그친다고 볼 수는 없습니다.

　많은 아픔의 과정들을 야곱은 변화된 신앙의 삶을 통하여 인내로써 감딩하게 되는 것입니다. 겉으로는 드러나기 어렵지만 그것이 야곱이 하나님의 뜻을 이루어드리는 두 번째 만남의 증거가 될 수 있는 것입니다. 하나님과의 두 번째 만남의 우선적인 목적은 그 사람의 본질적인 변화이지만, 그 본질적인 변화를 주시는 근원적인 목적은 그 변화를 통하여 하나님의 뜻을 이루시는 것입니다. 그렇게 볼 때 야곱의 하나님과의 두 번째 만남의 증거가 바로 하나님 뜻의 진행이라고 할 수 있는 것입니다.

　우리는 야곱의 유언에서 자신을 통하여 하나님의 뜻이 이루어진 것에 대한 확신 같은 것이 있었음을 발견할 수 있습니다. 할아버지 아브라함과 아버지 이삭을 향하신 하나님의 계획이 자신을 통하여 진행되고 있다는 믿음이 아니겠습니까?

　"그가 그들에게 명하여 이르되 내가 내 조상들에게로 돌아가리니 나를 헷 사람 에브론의 밭에 있는 굴에 우리 선조와 함께 장사하라

이 굴은 가나안 땅 마므레 앞 막벨라 밭에 있는 것이라 아브라함이 헷 사람 에브론에게서 밭과 함께 사서 그의 매장지를 삼았으므로 아브라함과 그의 아내 사라가 거기 장사되었고 이삭과 그의 아내 리브가도 거기 장사되었으며 나도 레아를 그 곳에 장사하였노라"
(창 49:29-31)

신앙인은 하나님의 뜻을 이루어드리는 사람들입니다. 다른 말로 하면 신앙인은 하나님께서 하나님의 계획을 이루어가시기 위한 통로가 되는 사람들입니다. 그런데 그 통로는 반드시 하나님과의 결정적인 만남을 경험한 사람들이어야 되는 것입니다. 어떤 식으로든 하나님과의 두 번째 만남을 경험하는 것이 신앙인의 삶의 목표가 된다면 그리스도의 복음은 더욱 창대하게 세상으로 확장되어 나갈 것입니다.

[**생각해 보십시오.**]

1. 야곱은 어떤 문제 때문에 집을 떠났습니까? (창 28:41-44)

2. 야곱은 어떻게 첫 번째 하나님을 만났습니까? (창 28:11-12)

3. 하나님은 보통 언제 사람을 만나주십니까?

4. 그 후 야곱은 어떻게 성공했습니까? (창 32:10, 35:23-26)

5. 하지만 야곱에게 어떤 위기가 찾아옵니까? (창 32:6)

6. 결국 야곱은 어떤 결단을 내리게 됩니까? (창 32:22-24)

7. 하지만 하나님은 야곱을 어떻게 만드십니까? (창 32:25)

8. 이것은 무엇을 뜻합니까?

9. 당신은 하나님에 의해 의지가 꺾인 일이 있습니까?

10. 당신이 꺾지 못하고 붙들고 있는 의지는 무엇입니까?

3. 치유하시는 하나님 : 요셉

성경에서 요셉만큼 신비한 인물도 드물 것입니다. 요셉을 중심으로 하는 다양한 사건들이 파란만장하게 펼쳐지지만 사실상 요셉이 하나님과 만나는 장면은 찾아보기 힘듭니다. 물론 사건들 속에서 요셉이 어떻게 하나님과 만남이 있었는가를 대략 짐작할 수는 있지만 직접적으로 하나님께서 요셉에게 어떤 말씀을 내리는 장면은 없습니다. 어린 시절 꿈으로 보여주신 것이 하나님과의 만남이라면 만남일 수 있을 것입니다.

그럼에도 불구하고 요셉은 하나님의 뜻을 가장 확실하게 행한 사람이었으며, 어린 시절 형들의 잘못을 아버지 야곱에게 전달해 준 것 이외에는 전혀 허물을 발견할 수 없는 사람입니다. 요셉으로 인하여 아버지와 형제들이 식량난에서 구원받을 수 있었으며, 요셉으로 말미암아 이스라엘은 고센 땅에서 400년 동안 민족으로 성장해 갈 수 있었던 것입니다. 요셉은 마치 어디에서 뚝 떨어진 사람처럼 온전한 신앙인의 모습을 가장 많이 간직한 사람이었습니다.

형통한 요셉

그래서 그런지 성경은 하나님께서 요셉이 어디에 있든지 함께 하셔서 모든 일이 잘 되게 하셨다고 기록하고 있습니다.

"여호와께서 요셉과 함께 하시므로 그가 형통한 자가 되어 그의 주인 애굽 사람의 집에 있으니"(창 39:2)

" … 이는 여호와께서 요셉과 함께 하심이라 여호와께서 그를 범사에 형통하게 하셨더라"(창 39:23)

그리고 여호와께서 요셉과 함께하시는 모습이 다른 사람들에게 고스란히 인정을 받았다고 했습니다.

"그의 주인이 여호와께서 그와 함께 하심을 보며 또 여호와께서 그의 범사에 형통하게 하심을 보았더라"(창 39:3)

"여호와께서 요셉과 함께 하시고 그에게 인자를 더하사 간수장에게 은혜를 받게 하시매"(창 39:21)

물론 이런 일들은 보디발이나 간수장에게서만 일어나는 현상은 아니었습니다. 애굽의 왕 바로에게서도 어김없이 이런 현상이 일어났습니다.

"바로가 그의 신하들에게 이르되 이와 같이 하나님의 영에 감동된 사람을 우리가 어찌 찾을 수 있으리요 하고"(창 41:38)

그런데 이런 감동은 바로에게서만 일어난 것은 아니었습니다. 바로의 모든 신하들도 똑같이 생각했습니다.

"바로와 그의 모든 신하가 이 일을 좋게 여긴지라"(창 41:37)

그리하여 이방인의 노예였던 요셉은 애굽의 총리 자리에까지 오르게 됩니다.

"바로가 또 요셉에게 이르되 내가 너를 애굽 온 땅의 총리가 되게 하

노라 하고"(창 41:41)

어떻게 그럴 수 있을까요? 요셉은 도대체 어떤 사람이기에 이런 복이 항상 기다리는 사람이었을까요? 겉으로만 본다면 요셉은 오늘날 현대 기독교인들이 가장 부러워하는 그런 모습의 신앙인일 것입니다. 어디를 가든지 인정받고 형통하며 잘 되며 높아지고 영광스러워지고 성공하는 그리스도인의 모습으로 보이지 않습니까?

더구나 요셉은 오늘날 우리가 사용하는 '형통'이라는 용어의 의미에 가장 가까운 사람입니다. 형통이란 무엇입니까? 그것은 하는 일마다 무조건 잘 되는 것을 의미하지는 않습니다. 형통한 사람이라고 해서 문제를 안 만나는 것은 결코 아닙니다. 다른 사람과 마찬가지 또는 그보다 더 심한 일을 만납니다. 그러나 형통한 사람은 그런 문제를 만날 때마다 지혜롭고 슬기롭게 처리하여, 다른 말로 하면 하나님께서 함께 하심으로써 그 문제를 해결하고 넘어갈 뿐만 아니라 그 문제로 말미암아 훨씬 더 큰 복을 받게 되는 것입니다. 이것이 오늘날 그리스도인들이 받고 싶은 형통의 복이 아니겠습니까?

그렇다고 요셉의 경우를 오늘날 신약의 그리스도인들에게 똑같이 적용할 수 있는 것은 아닙니다. 구약의 눈에 보이는 복이 신약에 와서는 눈에 보이지 않는 참된 복으로 바뀌었으니까요. 구약은 그림자요 신약은 실체입니다. 사람들은 구약적인 복을 받고 싶어 하지만 하나님은 신약적인 복을 주기를 원하십니다. 신약의 성도들은 눈에 보이지 않는 하나님의 진정한 복을 추구해야 하는 사람들입니다. 그런데 현대 그리스도인들이 가지고 있는 복의 개념은 여전히 구약적인 복에 머물고 있습니다. 그것은 진정한 의미의 기독교가 아닙니다.

아무튼 요셉은 하나님께서 함께하심으로 말미암아 어디를 가든지 형통케 되는 복을 받았습니다. 하지만 저는 지금 요셉이 과연 두 번째 하나님을 언제 어떻게 만났느냐는 데에 초점을 맞추고 있습니다. 노예로 팔려간 이후의 요셉의 삶을 보면 겉으로는 한결같은 기조를 유지하고 있기 때문에 과연 언제 하나님을 결정적으로 만났느냐 하는 문제는 답을 얻기가 어렵습니다. 중요한 것은 요셉도 분명히 두 번째 하나님을 결정적으로 만났다는 사실입니다.

세 번의 간구

우리는 요셉의 일생에서 세 번의 간구를 찾아볼 수 있습니다. 요셉이 누군가에게, 곧 사람에게 간구하는 세 번의 장면은 아마도 요셉 신앙의 본질적인 모습을 결정하는 중요한 장면일 것입니다. 가장 먼저 요셉은 형들에게 애원을 합니다. 노예로 팔려갈 때에 일어난 일입니다. 그런데 이 일은 요셉의 행적을 기록한 장면에서는 찾을 수 없고 형들의 진술 가운데에서 찾아볼 수 있습니다.

> "그들이 서로 말하되 우리가 아우의 일로 말미암아 범죄하였도다 그가 우리에게 애걸할 때에 그 마음의 괴로움을 보고도 듣지 아니 하였으므로 이 괴로움이 우리에게 임하도다"(창 42:21)

가나안을 비롯하여 그 당시 전세계가 거듭되는 대흉년을 맞아 먹을 곡식이 없을 때에 야곱이 아들들을 시켜서 애굽에 곡식을 구하러 보냈을 때 일어난 일입니다. 형들을 본 애굽의 총리 요셉이 형들을 시험하려고 그들을 정탐꾼으로 몰았습니다. 그리고 트집을 잡아 요셉 자신의 친동생 베냐민을 데려와야 정탐꾼이 아님을 믿을 수 있다고 압박했습니다. 그리고 사흘 간 감금하였다가 인질로 한 사람을 붙잡아놓겠다고 했습니다. 이 때 요셉의 형들이 총리가 히브리어를 하지 못하는 줄 알고 자기들끼리 나눈 이야기입니다.

사실 요셉이 팔려가는 이야기를 전개하면서는 요셉의 언어나 반응들을 전혀 알 수가 없습니다. 그러나 바로 이 구절에서 요셉의 절망적인 반응을 살펴볼 수 있습니다. 아직 청소년 시절인 요셉에게 있어서 이 사건보다 더 큰 사건이 어디에 있겠습니까? 아버지 야곱의 지시에 절대 순종하여 먼 거리에 있는 세겜까지 형들에게 심부름을 갔습니다. 하지만 힘을 다하여 세겜까지 찾아갔지만 형들은 이미 더 북쪽의 도단까지 올라간 상태였습니다. 소년이었던 요셉은 포기할 만도 했지만 도단까지 스스로 올라가게 됩니다.

그런데 거기에서 형들에 의해 구덩이에 갇혀 있다가 이스마엘의 노예상인들에게 팔려가게 됩니다. 자세한 이야기는 나와 있지 않지만 아마 요셉은 구덩이에 갇히게 될 때에 형들에게 간절하게 애원했을 것입니다. 그리고 노예상인들에게 팔려갈 때에도 요셉은 분명히 애걸복걸 살려달라고 빌고 또 빌었을 것입니다. 사람에 대한 애원, 애걸은 이렇게 첫 번째 배신감을 요셉에게 심어주었습니다.

두 번째 요셉의 애원, 곧 사람을 향한 애원의 사건은 보디발의 가정에서 일어났습니다. 하나님께서 요셉과 함께 하심으로써 하는 일마다 복이 되는 것을 본 바로의 친위대장 보디발이 마침내 가정의 모든 대소사를 요셉에게 몽땅 맡겨버리게 됩니다. 그리고 요셉이 가정총무가 된 이후로 보디발의 가세는 날이 갈수록 더 커지게 됩니다. 그런데 여기에서 또 하나의 문제가 일어나는데 바로 보디발의 아내의 유혹입니다. 보디발의 아내가 요셉에게 동침하기를 여러 번 청하지만 하나님의 사람 요셉은 결코 움직이려 하지 않습니다.

그리고 마침내 요셉이 보디발의 아내에게 애원하는 장면이 나옵니다.

"요셉이 거절하며 자기 주인의 아내에게 이르되 내 주인이 집안의 모든 소유를 간섭하지 아니하고 다 내 손에 위탁하였으니 이 집에는 나보다 큰 이가 없으며 주인이 아무것도 내게 금하지 아니하였어도 금한 것은 당신뿐이니 당신은 그의 아내임이라 그런즉 내가 어찌 이 큰 악을 행하여 하나님께 죄를 지으리이까"(창 39:8-9)

어디에 요셉이 애원하는 장면이 나오는가 하고 의문을 표시할 수도 있을 것입니다. 하지만 가정총무인 요셉 자신은 노예 신분이고 주인의 아내는 귀족 신분, 그것도 바로의 친위대장의 신분입니다. 요셉으로서는 꾸짖을 수도 없고 정색하며 거절할 수도 없고 무시할 수도 없었을 것입니다. 물론 그 후로는 무시전략으로 나가지만, 적어도 보디발의 아내에게 거절의 의사를 분명히 할 때에는 일종의 애원하는 심정이었을 것이라고 생각합니다. 사람을 향한 간절한 부탁이었습니다. 하지만 요셉의 애원은 다시 한 번 무시당합니다.

세 번째 요셉의 애원은 감옥에서 일어납니다. 원래 형통한 요셉이었기 때문에 간수장도 하나님께서 요셉과 함께하심을 보고 감옥의 모든 사무를 요셉에게 맡깁니다. 요셉은 어디를 가든지 하나님께서 함께하심으로써 형통하게 되고 열매가 맺히게 됩니다. 하지만 요셉의 마음이 얼마나 애타겠습니까? 비록 하나님께서 동행하시지만 그래도 요셉이 겪는 마음의 고통은 여전히 존재할 수밖에 없습니다. 그 고통이 단편적으로나마 술 맡은 관원장을 통하여 표출되는 것입니다.

"당신이 잘 되시거든 나를 생각하고 내게 은혜를 베풀어서 내 사정을 바로에게 아뢰어 이 집에서 나를 건져 주소서 나는 히브리 땅에서 끌려온 자요 여기서도 옥에 갇힐 일은 행하지 아니하였나이다" (창 40:14-15)

술 맡은 관원장의 꿈을 해석해주면서 원래 자리로 복직하면 자기의 억울함을 풀어달라는 요청이었습니다. 하지만 요셉의 인간을 향한 애원은 이번에도 여지없이 거절당합니다. 거절당하는 정도가 아니라 아예 잊히게 되어버립니다.

"술 맡은 관원장이 요셉을 기억하지 못하고 그를 잊었더라"(창 40:23)

그리고 2년 동안 요셉은 애원할 사람조차도 없는 생활을 지속하게 됩니다. 그리고 바로가 이상한 꿈을 꾸게 되었고 이 꿈을 해석하기 위해 신하들에게 방도를 묻는 과정에서 원래 요셉이 애원했던 술 맡은 관원장의 기억에 꿈 해몽 잘 하는 사람으로 떠오르게 되는 것입니다.

세 번의 배신

우리는 요셉이 하나님을 결정적으로 만날 때까지의 과정을 추적하고 있습니다. 요셉이 어떻게 그런 신앙을 소유할 수 있었는지를 살펴보고 있습니다. 앞에서 요셉의 세 번의 간구를 살펴보았습니다만, 인간을 의지할 수밖에 없었던 이 세 번의 사건에서 전부 배반을 당하거나 거절을 당한, 그것도 생명이 왔다 갔다 할 정도로 큰 사건 속에서 엄청난 배신감을 맛보게 되는 것입니다.

가장 먼저 가족들의 배신입니다. 부모가 그를 배신할 리는 없지만, 요셉의 입장에서는 마치 아버지처럼 믿었던 형들이 자신을 구덩이에 던져 넣고 노예상인들에게 자기를 팔아버렸다는 그 사실이 전혀 상상이 되지 않을 뿐 아니라 아예 일어날 수 없는 일이었을 것입니다. 형들을 믿었기 때문에 세겜까지 갔다가 찾지 못하여 고민할 때에 중간에 만난 사람에게서 형들의 소식을 듣고 도단까지 찾아갔던 요셉입니다.

그렇게 아버지의 심부름을 감당하기 위해 형들에게까지 갔는데 왜 형들은 요셉을 없앨 기회로 생각하고 죽이려고까지 했을까요? 아마 형들은 아버지가 자기들을 감시하기 위해 요셉을 보냈을 것이라고 여겼던 듯합니다. 잘난체하는 동생 요셉을 자기들의 감시자, 밀고자 혹은 첩자 정도로 생각했을 것입니다. 그것은 아버지가 요셉에게 시킨 심부름의 성격에서도 드러납니다.

"이스라엘이 요셉에게 이르되 네 형들이 세겜에서 양을 치지 아니하느냐 너를 그들에게로 보내리라 요셉이 아버지에게 대답하되 내가 그리하겠나이다 이스라엘이 그에게 이르되 가서 네 형들과 양 떼가 다 잘 있는지를 보고 돌아와 내게 말하라 하고 … "(창 37:13-14)

그러니까 형들의 생각은 얼추 비슷하게 맞는 이야기였습니다. 아무튼 요셉은 전혀 생각지도 못한 오해를 받아 결국 형들의 손에 의해 이스마엘의 노예상인들에게 팔려가게 됩니다. 아마도 요셉은 밀고자 혹은 첩자 정도로 취급받은 것이 마음 속 깊은 곳에 엄청난 상처로 숨겨져 있었던 것 같습니다. 그래서 후에 총리가 된 후 형들이 찾아왔을 때 그들을 첩자로 몰아가지 않았습니까? 그만큼 형들의 배신은 꿈에서조차도 잊을 수 없는 너무나도 큰 상처였습니다.

> "요셉은 그의 형들을 알아보았으나 그들은 요셉을 알아보지 못하더라 요셉이 그들에게 대하여 꾼 꿈을 생각하고 그들에게 이르되 너희는 정탐꾼들이라 이 나라의 틈을 엿보려고 왔느니라"(창 42:8-9)

두 번째 배신은 얼토당토않은 누명을 썼을 때였습니다. 우여곡절 끝에 애굽 바로의 친위대장의 집에 노예로 팔려갔습니다. 아버지의 사랑을 거의 독차지하다시피 하면서 도련님으로 대우받고 자랐던 요셉입니다. 다른 형제들이 들에서 일할 동안에도 요셉만은 색동옷을 입고 대우받으면서 자랐습니다. 그런데 친위대장의 집에서 노예로 몇 년을 보낸 후에 그는 그 집안의 가정총무가 됩니다. 이렇게 그럴 수 있을까 생각하면 정말 기적이라고 밖에는 표현할 수가 없을 것 같습니다.

애굽의 언어조차도 요셉이 알 리가 없었습니다. 영어 한 마디 못한 채 미국 땅에 던져진 사람처럼 요셉은 정말 피나는 노력을 했을 것이라고 생각됩니다. 애굽의 명문대학 석박사 과정을 마친 것도 아닙니다. 학문의 깊이가 있을 수 없고 더구나 애굽의 문물들은 너무나도 찬란하여 가나안 들판에서 양이나 치면서 살던 요셉에게는 도저히 적응이 되지 않았을 것입니다.

그렇게 말을 배우고 글을 배우고 셈법이나 문물들을 익혀 나가는 사이에 친위대장 보디발은 요셉에게서 특이한 점을 발견했을 것입니다. 히브리 노예라는데, 나이는 어리지만 작은 일이라도 시키면 주인의 마음에 쏙 들게 해내는 것입니다. 그래서 이런저런 일을 수시로 맡기게 되는데 어떤 일을 맡겨도 진짜 자기 일처럼 해낼 뿐만 아니라 다른 노예와는 비교할 수 없을 만큼 열심히 하는 것입니다.

보디발은 요셉과 언어가 통할 즈음에 요셉과의 대화를 통하여 그가 여호와 하나님을 믿는 사람이라는 것을 알게 됩니다. 비록 가나안에서 운 나쁘게 노예로 잡혀왔지만 여호와라는 신이 그를 돕는 것처럼 느끼게 됩니다. 왜냐하면 요셉에게 맡긴 일은 결과가 아주 좋다는 점을 알았기 때문입니다. 사실 요셉이 아무리 일을 잘 한다고 해도 요셉을 형통하게 하는 여호와라는 신이 그를 지켜준다는 확신을 얻기 전에는 그토록 가정의 모든 일을 어린 노예에게 맡길 수는 없을 것입니다.

그렇게 요셉을 전적으로 믿고 모든 일을 맡겨 집안은 날이 갈수록 재산도 늘고 바로의 신임도 더욱 두터워가던 그 때 전혀 뜻밖의 사건이 일어납니다. 이 요셉이라는 녀석이 그토록 신임하고 가정의 모든 대소사를 맡겼더니만 어리석게도 자기 부인을 넘보았다는 사실을 알게 된 것이었습니다. 보디발은 심히 노해서 아예 취조조차도 하지 않고 요셉을 감옥에 가두어버립니다.

요셉의 입장에서는 보디발의 아내가 씌운 누명보다는 보디발의 배신이 훨씬 더 큰 상처였을 것입니다. 주인이 몇 년 동안 자신을 그렇게 신임해놓고 어떻게 그렇게도 자기를 모를까? 어떻게 심문 한 마디도 없이 무조건 옥에 가두어버릴 수 있단 말인가? 보디발은 요셉이 가족 이외에는 처음으로 믿음을 준 사람이었습니다. 아마 애굽 땅에서는 보이지 않는 여호와 하나님 다음으로 믿고 충성했을 것입니다. 그런데 자기에게는 한 마디도 묻지 않고 무조건 감옥에 넣어버렸던 것입니다.

요셉으로서는 인간에 대한 신뢰가 얼마나 허무한 것인가를 처절하게 깨닫는 순간이었을 것입니다. 그래서 나중에 감옥에서 술 맡은 관원장에게 그렇게 말하게 됩니다. 그것은 요셉의 가슴 깊이 원한이 되어 숨겨져 있던 고백이었습니다. 상대방은 그 깊은 의미를 몰랐지만 요셉에게는 천추의 한이 되는 이야기였습니다.

"나는 히브리 땅에서 끌려온 자요 여기서도 옥에 갇힐 일은 행하지 아니하였나이다"(창 40:15)

그런데 요셉에게는 아직 한 번의 배신이 더 남아 있습니다. 인간을 향한 의지의 배신 말입니다. 금방 이야기한 술 맡은 관원장의 이야기입니다. 알다시피 요셉은 억울하게 감옥에 갇힌 후에도 여전히 하나님 앞에서 사는 깃처럼 충성합니다. 보디발에서 일어난 것과 똑같은 현상이 일어난 것이죠. 간수장이 감옥 안의 모든 대소사를 요셉에게 전부 맡겨버리는 것입니다.

그러다가 감옥에 들어온 술 맡은 관원장과 떡 맡은 관원장이 이상한 꿈을 꾸었는데 아무도 그 해석을 할 사람이 없습니다. 어느 날 이들의 얼굴에서 근심의 빛이 있는 것을 요셉이 놓치지 않습니다. 아마 보디발의 집에서 다른 사람의 안색을 살피는 습관을 배운 것 같습니다. 나쁘게 말하면 눈치요 좋게 말하면 배려의 장점을 배운 것입니다. 그리고 마침내 그 꿈 이야기를 듣게 됩니다. 요셉은 꿈 해석을 해주기 전에 하나님을 먼저 찬양합니다.

" ⋯ 요셉이 그들에게 이르되 해석은 하나님께 있지 아니하니이까 청하건대 내게 이르소서"(창 40:8)

그렇게 요셉은 술 맡은 관원장의 꿈을 해석해 주고 인간을 향한 마지막 간구를 하게 됩니다. 하지만 그 술 맡은 관원장은 하나님께서 요셉을 통하여 해석해준 말과 같이 복직되었으나 요셉의 부탁을 까맣게 잊어버리게 됩니다. 그 후로 요셉은 하루하루를 오늘은 혹시나 하는 헛된 소망의 나날을 보냈을 것입니다. 그렇게 2년을 보내게 되는 것입니다. 그런데 요셉은 그 마지막 배신을 삭이는 동안에 두 번째 하나님을 만났을 것이라고 생각합니다.

하나님과의 두 번째 만남

저는 한 번 생각해 보았습니다. 요셉이 형들에 의해 죽음을 당하기 직전에 노예상인들에게 팔려가면서 과연 무엇을 생각했을까요? 물론 상인들에 의해 밧줄에 묶여서 끌려갔기 때문에 다른 어떤 행동도 시도할 수 없었을 것입니다. 그렇게 요셉의 심리나 정신상태와는 전혀 관계없이 짐승이 끌려가듯이 붙잡혀갈 때에는 완전히 수동적이 될 수밖에 없었습니다. 모든 것이 무너져버렸지만 요셉 스스로가 할 수 있는 일은 아무 것도 없었으니까요.

하지만 보디발의 집에 들어가서 노예생활을 시작한 이후에는 다양한 결정이 그의 앞에 놓였을 수 있습니다. 형들의 배신에 치를 떨 시간도 없었고 아버지의 사랑을 그리워하며 눈물지을 틈도 없었을 것입니다. 어쩌면 노예로서의 삶에 적응하지 못하여 일을 서투르게 하거나 엉터리로 하고 매를 맞고 그냥 짐승처럼 지낼 수도 있었습니다. 하지만 요셉은 배신에 치를 떨거나 아버지를 그리워할 시간에 오히려 남들보다 몇 갑절 더 노력을 합니다. 모자라는 언어며 애굽의 문물에 대한 공부도 열심히 했을 것입니다. 아마 어떤 일이 주어지면 그것을 해결하기 위해 이리저리 물어보고 배워가면서 도전했을 것입니다. 도대체 어떤 힘이 그를 그렇게 만들 수 있었을까요?

여호와 하나님을 믿는 믿음의 힘으로 해낼 수 있었을까요? 중조할아버지 아브라함으로부터 전해져 내려오는 숱한 하나님 이야기, 이삭 할아버지가 짐승처럼 잡혀가서 제단 위에서 죽어서 각이 뜨이고 불에 태워질 뻔했던 이야기, 아버지 야곱이 얍복강가에서 하나님의 사자와 씨름하다가 엉치뼈가 어긋나 장애인이 된 이야기들을 듣고 자랐을 것입니다. 그러나 그렇다고 해서 요셉이 하나님과 직접 만난 사람이라고 할 수는 없습니다. 아직은 아닙니다.

물론 요셉이 하나님을 안 만난 것은 아닙니다. 왜냐하면 여호와 하나님은 요셉이 태어날 때부터 이미 그의 하나님이었으니까요. 더구나 좀 더 어릴 적에 꿈에 하나님께서 보여주신 그 비전을 요셉은 결코 잊지 않고 있었습니다. 아마도 보디발의 집에서 그렇게 모든 것을 견디고 참아내며 사람으로서 할 수 있는 최선의 일을 할 수 있었던 힘이 바로 그 꿈에 있었을 것이기 때문입니다.

하지만 그 꿈이 곧 하나님을 결정적으로 만난 증거가 되는 것은 아니었습니다. 그 꿈이 모든 어려움을 견뎌낼 수 있는 힘이 되어준 것만은 틀림이 없지만, 아직 요셉이 진정으로 큰일을 감당할 만큼의 근원적인 힘이 된 것은 아니었습니다. 그 꿈은 요셉이 보디발 집안의 가정 총무가 되거나 감옥의 총무가 되는 것까지의 힘은 될 수 있었을 것입니다. 하지만 요셉이 애굽의 총리가 되어 세계를 다스리고 이스라엘이 고센 땅에서 한 민족으로 성장할 수 있는 기틀을 제공할 수 있을 정도는 아니었습니다. 그렇게 되려면 요셉이 두 번째로 하나님을 만나야만 했던 것입니다.

저는 술 맡은 관원장의 배신을 당하고 나서 그 어떤 인간도 요셉의 진정한 구원이 되어줄 수 없다는 사실을 깊이 새길 그 때가 요셉이 진정으로 민낯으로 두 번째 하나님을 만난 때였다고 생각합니다. 물론 요셉은 형들에 의해 배신을 당했을 그 때에 이미 인간에 대한 기대를 저버리게 되었다고 생각합니다. 사실 어릴 때 어머니를 잃은 일도 요셉에게는 큰 충격이었을 것입니다. 물론 그 공허한 마음은 아버지의 사랑으로 채워지기는 했지만 한 번 뚫려버린 마음의 상처를 전부 치유할 수는 없었을 것입니다. 그런 요셉이 그나마 믿었던 형들의 배신이었기 때문에 그 충격이 결정적일 수도 있었을 것입니다.

하지만 그 후로도 요셉은 보디발의 배신과 술 맡은 관원장의 배신을 겪게 됩니다. 그리고 이제는 그 어떤 인간에게라도 절대로 결코 기대할 수 없고 오직 하나님만이 그의 소망이 됨을 철저하게 깨달았을 그 때가 바로 결정적으로 하나님을 만났을 때라고 생각하는 것입니다. 그리고 요셉이 분명히 신비한 인물이고 뛰어난 믿음의 소유자인 것은 틀림이 없지만, 그 요셉조차도 하나님과의 두 번째 만남, 민낯의 만남, 벌거벗은 만남이 없다면 하나님의 이스라엘을 향하신 계획은 다른 사람을 통해서 이루어져야 했을 것입니다.

아마도 요셉의 두 번째 만남은 그 2년이라는 세월 동안 쌓이고 쌓여서 이루어졌을 것이라고 생각합니다. 세 번의 인간에 대한 애원과 세 번의 인간의 배신을 당한 이후, 그 2년 동안 요셉은 더욱더욱 영적인 깊이에 도달하게 됩니다. 이제까지도 항상 동행하시고 보호하시고 형통케 하신 하나님이시지만, 술 맡은 관원장으로부터 배신 아닌 배신을 당하고부터는 더욱 인간이 아니라 하나님만을 의지하게 되었을 것입니다. 더욱 더 세밀하게 차곡차곡 쌓이면서 하나님과 두 번째 만남을 경험했을 것입니다. 생명까지도 하나님께만 전적으로 의지해야 할 그 때에 하나님을 향한 전적인 믿음이 생겨나는 것입니다.

내적 상처를 치유하는 요셉

요셉이 감옥에서 하나님과의 두 번째 만남을 경험한 것으로 볼 수 있는 한 가지 증거는 감옥에서 나간 후로는 그 어떤 인간에게도 간구하는 장면이 전혀 보이시 않는다는 사실입니다. 사람을 의지하지 않고 오로지 하나님만을 의지하게 되었다는 사실을 뒷받침하고 있는 것입니다. 또 다른 말로 하자면 이제까지의 요셉은 자기중심적으로 하나님을 의지했지만 이제부터는 하나님 중심적인 사람으로 완전히 바뀌었다는 증거가 될 수 있다는 것입니다.

요셉이 감옥에서 술 맡은 관원장으로부터 좋은 소식을 애타게 기다리다가 잊혀버린 사실을 깨닫게 되면서 하나님을 결정적으로 만났다는 또 하나의 증거는 바로 앞에 불려가면서부터 그의 삶에서 나타나는 언어를 보면 알 수 있습니다. 술 맡은 관원장의 꿈을 해석해주면서 그에게 부탁했던 말을 끝으로 요셉에게서는 일체의 부정적인 말을 찾아볼 수 없게 됩니다. 바로의 꿈을 해석해 주면서도 요셉은 지혜 있는 사람을 세울 것을 간언합니다. 결코 자신의 개인적인 부탁이나 소원을 말하지 않습니다.

"이제 바로께서는 명철하고 지혜 있는 사람을 택하여 애굽 땅을 다스리게 하시고"(창 41:33)

그리고 어디까지나 바로의 입장에서 그가 받은 지혜를 아뢰게 됩니다.

"바로께서는 또 이같이 행하사 나라 안에 감독관들을 두어 그 일곱 해 풍년에 애굽 땅의 오분의 일을 거두되 그들로 장차 올 풍년의 모든 곡물을 거두고 그 곡물을 바로의 손에 돌려 양식을 위하여 각 성읍에 쌓아 두게 하소서 이와 같이 그 곡물을 이 땅에 저장하여 애굽 땅에 임할 일곱 해 흉년에 대비하시면 땅이 이 흉년으로 말미암아 망하지 아니하리이다"(창 41:34-36)

하지만 요셉이 하나님을 두 번째로 만났을 때 이루어진 가장 큰 열매는 요셉의 내면에 깊숙이 숨어있던 내적 상처를 치유 받은 것이었습니다. 2년의 기간 동안 하나님은 요셉을 두 번째로 만나 주시면서 요셉의 상처를 치유하고 계셨던 것입니다. 어떤 상처라도 치유에는 시간이 걸립니다. 하나님과의 두 번째 만남이 가져다주는 기적은 바로 내적 상처의 치유인 것입니다. 다른 신앙인들도 그런 요소들을 가지고 있겠지만 특히 요셉의 내적 상처 치유와는 분명한 차이가 있습니다. 여기에 요셉의 신비로움의 비밀이 있는 것입니다. 엄청나게 큰 시련을 겪었음에도 전혀 그런 것 같지 않았던 요셉의 신비로움은 하나님과의 두 번째 만남을 통한 치유에서 그 이유를 찾을 수 있었던 것입니다.

그렇다고 요셉이 완전히 상처를 치유한 것은 아니었습니다. 인간적으로 볼 때 요셉 내면의 상처는 그 무엇으로도 완전한 치유가 거의 불가능했을 것입니다. 비록 하나님과의 두 번째 만남을 통하여 내적인 치유가 완성되기는 했지만 그 상처가 완전히 사라질 수는 없었을 것입니다. 그 단편적인 이야기가 요셉이 총리가 된 후에 온의 제사장의 딸 아스낫과 결혼하여 낳은 첫아들의 이름을 므낫세라고 지을 때 드러납니다. 하나님과의 진정한 만남을 경험했지만 그 속의 상처가 얼마나 깊었는가를 알 수 있는 부분입니다.

"요셉이 그의 장남의 이름을 므낫세라 하였으니 하나님이 내게 내 모든 고난과 내 아버지의 온 집 일을 잊어버리게 하셨다 함이요"(창 41:51)

그럼에도 불구하고 그 깊은 상처조차도 하나님과의 두 번째 만남을 통하여 치유가 가능하다는 것을 알려주고 있습니다. 하나님과의 두 번째 만남은 모두 가면을 벗어버린 채 민낯으로 하나님과 만나는 것입니다. 자신의 보잘 것 없는 실체를 깨닫는 것입니다. 하나님 없으면 자기는 아무 것도 아니라는 사실을 목숨처럼 받아들여야 합니다. 전혀 의지할 것 없는 벼랑 끝에 서야 합니다. 하나님 없이는 단 1초도 목숨을 부지할 수 없다는 사실을 처절하게 느껴야 합니다. 그것이 하나님과의 두 번째 만남입니다. 두 번째 만남에서는 많은 변화가 일어나지만 요셉의 경우에는 내적 상처의 치유가 가장 두드러지게 나타났던 것입니다.

그리고 시간이 흐르면서 그런 상처는 아주 깨끗하게 다 사라져버렸습니다. 그렇게 요셉이 하나님과의 두 번째 만남을 통하여 상처가 전부 치유된 증거가 후에 형들을 만났을 때 드러납니다. 요셉은 자기를 직접 죽이려고 했고 결국 노예로 팔아버린 형들에 대해서 일체의 원망이 없습니다. 쓴 뿌리가 남아 있지 않았습니다. 자기중심적이 아니라 하나님 중심적으로 생각하고 말하게 된 것입니다.

"그런즉 나를 이리로 보낸 이는 당신들이 아니요 하나님이시라 하나님이 나를 바로에게 아버지로 삼으시고 그 온 집의 주로 삼으시며 애굽 온 땅의 통치자로 삼으셨나이다"(창 45:8)

요셉도 하나님과의 두 번째 만남을 통하여 이스라엘 민족의 출발점이 될 수 있었습니다. 이것은 바로 그리스도인의 성화입니다. 요셉이 신비한 인물인 것은 틀림이 없지만 그 요셉의 비밀도 바로 하나님과의 두 번째 만남에 있었던 것입니다. 성화되는 기회가 있었고 과정이 있었고 하나님과의 깊은 만남이 있었던 것입니다. 제대로 사명을 감당하려면 반드시 하나님과의 두 번째 만남이 필요합니다. 그래야 자기중심적인 사고방식을 버릴 수 있고 하나님과 늘 대면할 수 있는 영성으로 변화될 수 있는 것입니다.

[**생각해 보십시오.**]

1. 하나님과 동행하는 요셉은 어떤 사람입니까? (창 39:2)

2. 요셉의 형통은 누구에게 알려집니까? (창 39:3, 41:38, 41:37)

3. 하지만 요셉이 당했던 세 번의 배신은 누구에게서 일어납니까? (창 37:28, 39:20, 40:23)

4. 결국 세 번의 배신 후에 몇 년이 지나갑니까? (창 41:1)

5. 세 번 배신 후 2년간 요셉은 어떻게 변합니까?

6. 요셉의 성화의 증거 중 하나는 무엇입니까? (창 41:33)

7. 요셉의 두 번째 만남은 어떤 현상으로 나타납니까?

8. 내면의 치유의 증거는 어디에 있습니까? (창 45:7-8)

9. 당신의 내면의 가장 깊은 상처는 무엇입니까?

10. 상처를 예수님의 십자가 고난 앞에 내놓았던 적이 있나요?

4. 설득하시는 하나님 : 모세

하나님과 대면한다는 말은 어떤 의미일까요? 물론 하나님을 직접 마주본다는 의미는 아닙니다. 하지만 이 말은 영적으로 보면 해석이 가능해집니다. 대면이란 얼굴과 얼굴을 마주본다는 의미입니다. 눈동자끼리 시선을 부딪친다는 의미입니다. 모든 조건 벗어버리고 일 대 일로 마주볼 수 있다는 의미입니다. 곧 자기중심적인 사고와 행동을 완전히 벗어나서 하나님중심의 사람이 되었다는 의미입니다.

본서에서 말하는 하나님과의 두 번째 만남을 이미 소유했다는 의미입니다. 육적이고 세속적인 목적과 목표에서 벗어났다는 뜻이기도 합니다. 그의 삶의 목표는 이미 저 하늘나라로 향하고 있고, 몸은 이 땅에 발을 딛고 살지만 그의 영혼은 하늘나라에서 하나님과 교제하고 있다는 뜻입니다. 그리고 이 땅을 향한 하나님의 뜻과 계획을 어렴풋이나마 이해하고 있다는 말과 같습니다. 그것이 하나님과 대면한다는 의미일 것입니다.

성경에서 하나님과 대면하였다는 기록은 오직 모세에게서만 찾아볼 수 있습니다. 그것도 모세가 구스 여자를 취한 일로 모세의 누이와 형이 모세를 비방했을 때 하나님께서 직접 하신 말씀입니다.

"그와는 내가 대면하여 명백히 말하고 은밀한 말로 하지 아니하며 그는 또 여호와의 형상을 보거늘 너희가 어찌하여 내 종 모세 비방하기를 두려워하지 아니하느냐"(민 12:8)

그러시면서 하나님은 다른 사람들과 모세의 차이점을 자세하게 설명하십니다.

"이르시되 내 말을 들으라 너희 중에 선지자가 있으면 나 여호와가 환상으로 나를 그에게 알리기도 하고 꿈으로 그와 말하기도 하거니와 내 종 모세와는 그렇지 아니하니 그는 내 온 집에 충성함이라"(민 12:6-7)

하나님과 대면하는 모세

참으로 하나님과 대면한다는 것은 엄청난 일이 아닐 수가 없습니다. 하나님께서 누구에게든지 꿈이나 환상으로 나타나셔서 말씀하실 수는 있지만 모세처럼 하나님의 형상을 보여주시고 명백하게 직접 말씀하시는 사람은 아무도 없다는 것입니다. 그러니까 꿈이나 환상으로 하나님의 뜻을 분별할 수 있고 하나님의 음성을 듣고 사람들에게 전해주며 죽은 사람을 고칠 수 있는 능력이 있다고 해서 하나님과 대면하는 것은 아닐 수 있다는 말입니다. 하나님과 대면하는 사람은 두 번째 하나님을 경험한 사람이어야 합니다.

물론 모세가 하나님의 실체를 눈앞에서 본다는 의미는 아닙니다. 신비한 현상과는 전혀 관계없을 수도 있습니다. 그러나 마치 사람이 사람을 대하여 이야기하는 것처럼 하나님과 얼굴을 마주보며 대화를 나눈다는 것입니다. 하나님과의 사이에 아무런 거리낌이 없다는 뜻입니다. 체면, 지위, 명예, 인기는 다 내려놓고 민낯으로, 벌거벗은 채로 하나님과 만난다는 뜻입니다.

"사람이 자기의 친구와 이야기함 같이 여호와께서는 모세와 대면하여 말씀하시며 모세는 진으로 돌아오나"(출 33:11上)

앞서 민수기 12:7에 보면 아주 중요한 단어가 나옵니다. 바로 '충성'이라는 단어입니다. 이것이 모세가 하나님과 대면할 수 있는 비결인데, 모세의 충성은 언제 어떤 환경에서도 변함없다는 것을 말씀하시는 것입니다. 회막과 언약과 이스라엘의 모든 일에 한결같이 충성한다는 의미입니다. 곧 결코 하나님을 소홀히 하거나 곁눈질을 하거나 배반하는 일은 전혀 없다는 의미입니다. 그리고 하나님의 계획을 이해하고 전적으로 오로지 하나님만을 바라본다는 의미이기도 합니다.

하지만 모세가 구스 여자를 취한 일과 그것을 비방한 일에 대해서 미진한 부분이 남게 됩니다. 하나님께서 좋아하시는 사람은 부도덕한 일을 얼마든지 해도 다 괜찮다는 말인가? 여기에서 모세가 구스 여자(흑인)를 취한 일이 과연 비윤리적인 일인가에 대해서는 논란이 있을 수 있습니다. 아마도 모세의 아내였던 십보라가 사망한 후에 모세가 재혼한 것이라고 추정할 수 있으며, 미리암과 아론이 문제를 삼았던 것은 이방인인 흑인을 아내로 삼은 것에 대한 비방이었다고 생각할 수 있습니다.

아무튼 하나님께서 대면하는 사람이라고 해서 하나님께서 무조건 편을 드시는 것은 아닙니다. 후에 하나님께서 모세에게 징계를 내리신 일이 있기 때문입니다. 하나님은 므리바에서 물을 내기 위해 반석에게 명령하라고 하셨는데 백성들의 원망에 순간적으로 화가 나서 지팡이로 바위를 두 번 내리쳤습니다. 이 일 때문에 모세는 가나안 땅에 들어가지 못한 채 광야에서 죽음을 맞았던 것입니다.

"여호와께서 모세와 아론에게 이르시되 너희가 나를 믿지 아니하고 이스라엘 자손의 목전에서 내 거룩함을 나타내지 아니한 고로 너희는 이 회중을 내가 그들에게 준 땅으로 인도하여 들이지 못하리라 하시니라"(민 20:12)

우리가 다 잘 알다시피 모세가 처음부터 하나님과 대면하는 사람은 물론 아니었습니다. 모세는 자기 민족을 사랑하는 마음이 기본적으로 갖추어져 있던 사람이었습니다. 바로의 궁에서 애굽 왕자와 같은 지위를 누리던 모세였지만 그는 동족들의 고난을 외면할 수가 없었습니다. 아마도 어릴 때 친어머니 요게벳을 유모로 삼으면서 성장해갈 때에 그 어머니의 교육 덕분일 것입니다.

"아므람의 처의 이름은 요게벳이니 레위의 딸이요 애굽에서 레위에게서 난 자라 그가 아므람에게서 아론과 모세와 그의 누이 미리암을 낳았고"(민 26:59)

"바로의 딸이 그에게 이르되 이 아기를 데려다가 나를 위하여 젖을 먹이라 내가 그 삯을 주리라 여인이 아기를 데려다가 젖을 먹이더니"(출 2:9)

그래서 히브리인을 때리는 애굽 사람을 보고 분을 참지 못하고 쳐서 죽여 모래 속에 감추게 됩니다. 모세의 마음에는 아마도 히브리인을 구원해야 한다는 의무감 같은 것이 생겼을 듯합니다. 그런데 이튿날에 서로 싸우는 히브리 사람을 가르치려고 하다가 오히려 살인사건이 발각되어 버립니다. 모세는 이때로부터 40년의 긴 세월을 양치기로 살아가게 됩니다.

"이튿날 다시 나가니 두 히브리 사람이 서로 싸우는지라 그 잘못한 사람에게 이르되 네가 어찌하여 동포를 치느냐 하매 그가 이르되 누가 너를 우리를 다스리는 자와 재판관으로 삼았느냐 네가 애굽 사람을 죽인 것처럼 나도 죽이려느냐 모세가 두려워하여 이르되 일이 탄로되었도다"(출 2:13-14)

완전한 양치기 노인

지금까지의 이야기로만 보면 하나님께서 모세와 대면하실 만한 어떤 근거도 발견할 수 없습니다. 단지 최고 수준의 삶을 영위하던 모세가 가장 밑바닥으로 갑자기 떨어져버린 사실만 알 수 있습니다. 가장 부유한 곳에서 가장 가난한 자리로, 가장 고귀한 신분에서 가장 비천한 신분으로 바뀌었습니다. 이 모습은 마치 예수님의 모습과 비슷하지 않습니까? 그런데 모세의 이런 삶이 한두 해로 끝나지 않았습니다. 무려 40년 동안 모세는 철저하게 양치기로, 그것도 자기 양도 아니고 장인의 양을 치는 사람으로 살았습니다. 40년이 지났는데도 모세는 여전히 장인의 양 떼를 치고 있었던 것입니다.

"모세가 그의 장인 미디안 제사장 이드로의 양 떼를 치더니"(출 3:1 上)

모세에게 있어서 과거의 영광은 이미 기억 속에서 완전히 지워져 버렸습니다. 왕궁에서 왕자와 같은 신분으로 왕실의 모든 교육을 받았을 것입니다. 그래도 그 때에는 히브리인을 사랑하는 마음이 컸었고, 자신이 이스라엘을 위하여 무엇인가 할 수 있겠다는 자신감 같은 것도 있었을 것입니다. 그 열심이 혈기가 되어 애굽 사람을 죽일 정도였으니까요. 하지만 40년이 지난 지금은 진짜 양치기가 되어 있었을 것이라고 생각합니다. 의식도 생각도 삶의 목적도 생활방식도 철저한 양치기였습니다. 바로 그 지점에서 하나님은 모세를 부르셨던 것입니다.

그런데 하나님께서 직접 부르셨지만 철저한 양치기 모세는 그 어떤 것도 감당할 준비가 되어 있지 않았습니다. 그것은 육체적이나 세상적인 위치와는 전혀 관계없는 일이었고, 오로지 모세의 의식의 문제였습니다. 정체성이 다 사라지고 자기 자신이 과연 누구였는가에 대한 기억도 다 망각되었기 때문입니다. 아마 자신이 유대인이라는 사실조차도 어쩌면 의식하지 못할 정도가 아니었을까 생각됩니다. 그렇지만 하나님께서는 바로 그런 상태의 모세가 필요하셨습니다. 40여년이나 왕자로서의 교육을 받고 이스라엘을 구하겠다는 의식이 가득 찬 혈기 넘치는 모세가 아니라 모든 의욕도 의식도 사명감도 자신감도 다 사라져 버린 바로 그 모세, 완전한 양치기 노인 모세가 필요하신 것이었습니다.

그런데 바로 여기가 아주 중요합니다. 야곱의 이야기로 잠깐 다시 올라가보면 하나님께서 야곱의 관절을 쳐서 장애인이 되게 하신 목적은 야곱의 의지를 꺾기 위함이었다고 이야기했습니다. 모세에게도 방식에는 차이가 있지만 자기 의지가 사라지는 이 시점이 아주 중요합니다. 하나님께서 두 번째로 만나주시는 우선적인 조건은 무엇입니까? 의지를 꺾는 것입니다. 자기 의지가 살아있으면 여전히 자기중심적일 수밖에 없습니다. 스스로 무엇인가 하려는 의지가 살아있으면 하나님을 몇 번 만나도 소용이 없습니다. 그런데 모세는 지금 완전한 양치기가 되어 있었습니다. 그래서 하나님께서 두 번째로 만나주실 준비가 되어 있었던 것입니다.

물론 그렇다고 정말 자기 민족에 대한 뜨거운 사랑이 아에 사라졌다면 곤란합니다. 단지 자기가 자기 뜻대로 무엇을 할 수 있다는 그 의지가 필요 없다는 것이지 민족을 향한 사랑까지 없어져도 된다는 것은 아닙니다. 후에 이스라엘을 등에 업고 하나님께 기도할 때의 모습을 보면 이스라엘에 대한 사랑은 단지 물밑으로 숨어있었던 듯합니다. 그 증거를 생명책에서 자기를 지워버리더라도 백성들만은 용서해 달라는 목숨을 건 기도에서 찾아볼 수 있는 것입니다.

> "그러나 이제 그들의 죄를 사하시옵소서 그렇지 아니하시오면 원하건대 주께서 기록하신 책에서 내 이름을 지워 버려 주옵소서"(출 32:32)

두 번째 만남의 과정

그렇게 해서 하나님은 모세를 기르셨고 때가 되어서 모세 앞에 나타나셨습니다. 그리고 모세에게 이스라엘을 구원하라는 위대한 사명을 주셨습니다.

> "이제 가라 이스라엘 자손의 부르짖음이 내게 달하고 애굽 사람이 그들을 괴롭히는 학대도 내가 보았으니 이제 내가 너를 바로에게 보내어 너에게 내 백성 이스라엘 자손을 애굽에서 인도하여 내게 하리라"(출 3:9-10)

여기에서부터 모세의 두 번째 하나님 만남이 시작됩니다. 두 번째 만남은 다양한 형태로 나타날 수 있습니다. 단 한 순간에 이루어지기도 합니다. 아브라함이 이삭을 제물로 드리기 위해 칼을 들었을 때는 한 순간에 하나님과의 두 번째 만남이 이루어집니다.

"손을 내밀어 칼을 잡고 그 아들을 잡으려 하니 여호와의 사자가 하늘에서부터 그를 불러 이르시되 아브라함아 아브라함아 하시는지라 아브라함이 이르되 내가 여기 있나이다 하매 사자가 이르시되 그 아이에게 네 손을 대지 말라 그에게 아무 일도 하지 말라 네가 네 아들 네 독자까지도 내게 아끼지 아니하였으니 내가 이제야 네가 하나님을 경외하는 줄을 아노라"(창 22:10-12)

하나님과의 두 번째 만남은 상당한 시간 동안 관계의 양이 쌓이면서 이루어지기도 합니다. 이삭의 경우에는 이 두 번째 만남이 과연 있었나 싶을 정도로 극적인 사건이 없었습니다. 아버지 아브라함에 의해 제물의 이슬이 될 뻔했던 사건 이후로 이삭은 오히려 일반적이지 않을 만큼 평탄한 삶을 살아가게 됩니다. 하지만 이삭의 삶 전체를 통하여 볼 때 하나님과의 만남이 지속되고 있었다고 생각할 수 있습니다. 그것은 아비멜렉과의 우물분쟁 사건이 종결된 후에 이루어진 아비멜렉과의 화친조약에서 드러납니다.

"그들이 이르되 여호와께서 너와 함께 계심을 우리가 분명히 보았으므로 우리의 사이 곧 우리와 너 사이에 맹세하여 너와 계약을 맺으리라 말하였노라"(창 26:28)

물론 이 구절만 가지고 이삭이 하나님과의 두 번째 만남을 경험했다고 단정할 수는 없습니다. 그래서 우리는 이삭의 두 번째 만남은 오랜 세월 동안에 걸쳐서 이루어진 일이라고 결론지을 수 있는 것입니다. 후에 야곱과 에서의 다툼 이후에 야곱을 밧단아람의 외삼촌에게로 보낼 때 완성됨을 볼 수 있습니다.

"전능하신 하나님이 네게 복을 주시어 네가 생육하고 번성하게 하여 네가 여러 족속을 이루게 하시고 아브라함에게 허락하신 복을 네게 주시되 너와 너와 함께 네 자손에게도 주사 하나님이 아브라함에게 주신 땅 곧 네가 거류하는 땅을 네가 차지하게 하시기를 원하노라"(창 28:3-4)

아버지를 통하여 믿음의 원리를 확실하게 바라보았던 이삭이었지만 어쩌면 오히려 그 일 때문에 하나님의 뜻, 하나님의 계획에 무딘 모습을 보였을 수도 있습니다. 십대 시절의 어느 날 갑자기 아버지 아브라함이 자기를 데리고 산으로 올라가더니 자기를 제단에 묶어놓고 칼을 높이 치켜들고 내리치려는 너무나도 과격한 경험이 이삭에게 어떤 영향을 끼쳤을까요? 뭐가 뭔지 미처 알아차리기도 전에 칼에 찔려 죽을 뻔했던 사건이 최초로 이삭이 하나님을 똑바로 만났던 사건이었습니다. 이삭이 아는 하나님은 너무나도 무서운 하나님이 아니었을까요? 그런 식으로 일하시는 하나님을 이삭이 충분히 이해할 수는 없었을 것입니다.

그래서 어쩌면 하나님의 뜻을 알면서도 무의식적인 반항심으로 하나님께서 예언하신(창 25:22-23) 야곱이 아니라 에서에게 아브라함의 복이 흘러들어가게 하려고 했던 것은 아니었을까요? 일평생 세상의 경쟁자들뿐 아니라 하나님께도 항변 한 번 못하던 이삭이 아니었습니까? 이삭이 믿음이 좋아서가 아니라 하나님이 너무 두려워서 우물을 빼앗기면서도 피하기 바빴던 것은 아니었을까요? 하지만 그런 이삭이라도 모든 삶의 과정을 통하여 결국 야곱을 향하신 하나님의 뜻을 깨닫고 기꺼이 야곱에게 축복하여 떠나보냈던 것입니다. 그 마지막 단계에서의 본질적인 시각의 변화가 이삭의 두 번째 하나님 만남의 증거가 될 수 있을 것입니다.

어쩌면 우리 평범한 신앙인들은 대개 여기에 속한 사람들인지도 모릅니다. 하나님과의 첫 만남 이후로 자기중심적인 모습을 버리지 못한 채 현실적인 문제를 쫓아다녔지만, 때때로 크고 작은 어려움이나 극단적인 상황 속에서 하나님 앞에 벌거벗고 서 있는 자신의 모습을 발견하곤 했을 것입니다. 어떤 극적인 사건이나 단회적인 엄청난 사태 앞에 완전히 벌거벗고 서 있는 모습은 아니지만 때때로 만나는 인간관계나 물질관계의 어려움을 통하여 순간순간 하나님과의 벌거벗은 만남을 경험하였다면 그것은 자기중심의 틀을 서서히 벗어버리는 과정일 수 있는 것입니다.

하나님과의 두 번째 만남

하지만 모세의 두 번째 만남은 결정적인 1회의 만남과도 약간 다르고, 그렇다고 이삭처럼 오랜 세월 동안 쌓이고 쌓여서 마침내 하나님과의 대면이 이루어지는 그런 경우도 아닙니다. 모세의 두 번째 만남은 하나님과의 대화를 통하여 이루어집니다. 물론 모세는 불이 붙었으나 타지 않는 떨기나무 앞에서 이미 하나님을 만났습니다. 하지만 그것은 그냥 만남의 시작단계일 뿐입니다.

모세가 하나님과 지속적으로 대면하려면 하나님과의 두 번째 만남이 필요한데 그 만남을 통하여 자기 정체성을 분명히 하고 방향 자체가 바뀌어야 하는 것이기 때문입니다. 그냥 만나는 것으로 끝난다면 아무 의미도 없을 수 있습니다. 그래서 하나님은 모세와의 대화, 어쩌면 말이 통하지 않는 대화를 시도하고 계셨던 것입니다. 그래서 하나님은 모세를 불러 세우시고 발에서 신을 벗게 하시고 모세에게 이스라엘을 구원하러 갈 것을 명하시는 것입니다.

그 후로 하나님과 모세의 줄다리기가 시작되었습니다. 모세의 반응은 영 신통치가 못합니다. 흔히 볼 수 있는 완전한 양치기 늙은이, 그것도 장인의 양만 40년을 기르던 그 모세로서는 도저히 감당할 수 없는 말씀이었습니다. 거절할 수밖에 없습니다.

"내가 누구이기에 바로에게 가며 이스라엘 자손을 애굽에서 인도하여 내리이까"(출 3:11)

하지만 하나님은 모세에게 실망하시고 그냥 돌려보내실 수가 없습니다. 하나님은 이미 다 예상하시고 모세에게 확신을 심어주기 위해 애를 쓰십니다.

"내가 반드시 너와 함께 있으리라 네가 그 백성을 애굽에서 인도하여 낸 후에 너희가 이 산에서 하나님을 섬기리니 이것이 내가 너를 보낸 증거니라"(출 3:12)

그런데 모세로서는 하나님을 믿지 못하는 것이 아니라 이스라엘 지도자들이 자신에게 어떤 반응을 보일지가 먼저 걱정됩니다. 모세의 성격은 굉장히 신중합니다.

"내가 이스라엘 자손에게 가서 이르기를 너희의 조상의 하나님이 나를 너희에게 보내셨다 하면 그들이 내게 묻기를 그의 이름이 무엇이냐 하리니 내가 무엇이라고 그들에게 말하리이까"(출 3:13)

하나님은 이스라엘 백성들, 곧 인간들이 이해할 수 있도록 말씀하셔야 하는데 사실 하나님의 언어로 인간을 이해시키는 일이 그리 쉽지가 않습니다. 일단 있는 그대로의 하나님에 관해서 말씀하실 뿐입니다.

"나는 스스로 있는 자이니라 또 이르시되 너는 이스라엘 자손에게 이같이 이르기를 스스로 있는 자가 나를 너희에게 보내셨다 하라" (출 3:14)

그리고 하나님은 앞으로 일어날 일을 모세에게 자세하게 가르치시고 바로에게 갈 것을 명령하십니다. 하지만 모세가 하나님 말씀에 순종하여 움직이려면 아직 멀었습니다. 모세에게 있어서 당면한 문제는 하나님이 아니라 이스라엘 장로들의 반응입니다. 아마도 모세의 예상이 분명히 더 현실적일 것입니다.

"그러나 그들이 나를 믿지 아니하며 내 말을 듣지 아니하고 이르기를 여호와께서 네게 나타나지 아니하셨다 하리이다"(출 4:1)

하나님께서는 마침내 하나님의 살아계신 증거를 제시하십니다. 눈에 보이지 않으시는 하나님의 모습을 인간이 이해할 수 있도록 만드시는 방법은 표적밖에는 없습니다. 인간은 역시 인간일 뿐입니다. 그 표적은 이스라엘 장로들을 위한 표적이기도 하지만 동시에 모세 자신을 위하여 나타내 보여주시는 표적입니다. 모세 자신에게 확신이 없으면 이스라엘 장로들이 확신하더라도 출애굽은 불가능한 것입니다.

"네 손에 있는 것이 무엇이냐 그가 이르되 지팡이니이다"(출 4:2)

하나님께서 드디어 모세에게 표적을 보여주십니다. 모세가 지팡이를 던지니까 뱀이 되었다가 꼬리를 잡으니까 다시 지팡이가 되었습니다. 손을 품속에 한 번 넣었다가 꺼내니까 나병이 생겼다가 두 번째 품에 넣었다가 꺼내니까 나병이 사라졌습니다. 그것 가지고도 부족할 것 같으니까 나일강 물을 떠다가 땅에 부으면 피로 변할 것이므로 이것을 보면 믿을 것이라고 말씀하십니다.

이만 하면 여호와 하나님께서 아브라함과 이삭과 야곱의 하나님이심이 분명하고 이스라엘을 인도하실 분이심을 믿어도 될 듯합니다. 그런데 모세는 하나님 앞에 또 다른 핑계를 대고 맙니다. 자기 앞에 나타나신 하나님이 여호와 하나님이신 것은 맞는 것 같은데 그것이 중요한 것이 아닙니다. 모세로서는 도저히 자신이 적격자가 아니고 사람들이 자신을 따라줄 것 같지 않습니다.

> "오 주여 나는 본래 말을 잘 하지 못하는 자니이다 주께서 주의 종에게 명령하신 후에도 역시 그러하니 나는 입이 뻣뻣하고 혀가 둔한 자니이다"(출 4:10)

모세는 지금 자존감이 다 사라진 후였고 열등감에 빠져있는 상태입니다. 하나님을 믿지 못하는 것이 아니라 자신을 못 믿고 있습니다. 모세는 진짜 양치기 노인이 되어 있었습니다. 결국 하나님은 초점을 모세 자신이 아니라 하나님께 맞추라고 직설적으로 말씀하십니다.

> "누가 사람의 입을 지었느냐 누가 말 못 하는 자나 못 듣는 자나 눈 밝은 자나 맹인이 되게 하였느냐 나 여호와가 아니냐 이제 가라 내가 네 입과 함께 있어서 할 말을 가르치리라"(출 4:11-12)

하지만 모세의 시각변화는 아직 충분치 못합니다. 자기중심적인 시각이라는 용어 자체가 사치처럼 느껴질 정도였을 것이기 때문에 벌써 자기 의지는 이미 오래 전에 사라졌고, 어쩌면 노예와 같은 시각으로 40년을 지내왔던 모세입니다. 자기주장이 사라졌고 양을 치는 것조차 장인의 뜻을 따라야만 했던 모세입니다. 그렇게 힘없는 늙은 모세로서는 마지막까지 거절할 수밖에 없습니다.

> "오 주여 보낼 만한 자를 보내소서"(출 4:13)

결단하게 하시는 하나님

이렇게 큰 능력을 주셨어도 모세가 거부하자 마침내 하나님께서 노를 발하셨습니다. 물론 하나님께서 감정적으로 폭발하셨다는 이야기가 아니라 모세를 돌이키기 위하여 야단을 치셨다는 정도로 이해할 수 있을 것입니다.

> "여호와께서 모세를 향하여 노하여 이르시되 레위 사람 네 형 아론이 있지 아니하냐 그가 말 잘 하는 것을 내가 아노라 그가 너를 만나러 나오나니 그가 너를 볼 때에 그의 마음에 기쁨이 있을 것이라"
> (출 4:14)

이렇게 모세는 겨우겨우 하나님의 뜻을 따라 결단하게 됩니다. 왕궁에서 도망친 이후의 모세의 삶을 보면 하나님의 위대한 사자가 되기에는 너무나도 부족해보입니다. 그런 무의미한 삶을 살았다고 하더라도 하나님께서 나타나셔서 몇 번이나 권고하시고 격려하시고 증거를 보여주시면 웬만하면 따르는 척이라도 할 것 같습니다. 더구나 무서우신 하나님의 말씀 앞에 두려워서라도 순종하는 척할 수 있을 것입니다. 그러나 모세는 끝까지 거절합니다.

그런데 거꾸로 생각해보면 바로 그런 점 때문에 출애굽의 지도자로서 모세만큼 적합한 사람도 없었으리라 생각됩니다. 자기주장조차도 사치처럼 여길 수밖에 없는 상황, 자기생각은 이미 깊은 곳에 묻어둔 채 40년이나 다른 사람의 양을 치며 돌아다닌 그 세월들, 모두들 자기 생각을 버리지 못하고 자기중심적인 생각 속에서 살아가는 것이 지극히 당연한 인간 세상에서 정 반대의 상황과 세월들 속에 묻혀 있던 모세야말로 하나님의 일을 하기에 가장 적합한 사람이 아니겠습니까?

우리가 다 알다시피 모세는 하나님의 말씀을 거의 거역하지 않습니다. 남겨진 40년의 사역기간 동안 모세가 거역한 것은 물을 내기 위해 바위를 두 번 친 것이 유일합니다. 그것도 하나님께 화가 난 것이 아니라 백성들의 너무나도 믿음 없는 모습에 스스로 주체할 수 없을 정도의 격한 감정 때문에 순간적으로 그리 한 것밖에 없습니다. 이런 정도의 사역자가 되려면 일단 자기 자신이 철저하게 무너지지 않으면 안 됩니다.

하나님은 그것을 너무나도 잘 아시는 것입니다. 남은 평생 하나님의 뜻을 전혀 거역히지 않을 사람, 그 어떤 상황 가운네에서도 낙심하지 않고 오로지 능력의 하나님만 바라볼 수 있는 사람, 아무리 많은 수의 백성들이 모세에게 들고 일어날지라도 인간적인 해결책을 구하는 것이 아니라 오직 하나님 앞에서만 무릎을 꿇는 사람, 이런 사람이 출애굽을 앞둔 하나님께는 필요했던 것입니다. 그것이 모세에게 두 번째 나타나신 이유였던 것입니다.

마침내 모세가 순종하기로 결단했습니다. 하나님의 정체성은 이미 깨닫고 있었지만 이제 모세는 자신의 정체성을 분명하게 확인했습니다. 자기 자신을 조금도 내세우지 않는 모세의 마음은 하나님과의 두 번째 만남의 과정을 통하여 이 때 생긴 것입니다. 그리고 바로 이 하나님중심의 철저한 생각과 행동이 하나님과 두 번째 만남을 가질 수 있는 사람으로 만든 것입니다. 하나님은 모세에게 힘을 더 실어주기 위해서 기적을 일으켰던 지팡이를 들려주십니다. 지팡이 자체가 표적이나 우상이 아니라 하나님 임재의 상징이 되는 것입니다.

"너는 이 지팡이를 손에 잡고 이것으로 이적을 행할지니라"(출 4:17)

모세의 위기대처방법

이런 과정을 거쳐서 사명을 감당하게 된 모세는 이제 완전한 사역자가 되었습니다. 이후로 모세는 하나님의 말씀을 한 번도 거역하지 않습니다. 그리고 하나님은 그런 모세와 대면하기를 주저하지 않으십니다. 모세는 하나님과의 두 번째 만남 이후로 하나님과 대면하는 자의 권위를 잃어버리지 않습니다. 하나님과 대면하는 사람에게서만 볼 수 있는 모습이 홍해를 앞에 두었을 때 드러납니다. 이스라엘이 애굽에서 나와서 모세의 인도를 받아 행진하다가 홍해 앞에서 가로막힙니다. 백성들이 두려움으로 인하여 소리를 지르며 모세를 대적합니다.

"우리가 애굽에서 당신에게 이른 말이 이것이 아니냐 이르기를 우리를 내버려 두라 우리가 애굽 사람을 섬길 것이라 하지 아니하더냐 애굽 사람을 섬기는 것이 광야에서 죽는 것보다 낫겠노라"(출 14:12)

그도 그럴 것이 앞에는 드넓은 홍해 바다가 가로막고 있고 뒤에서는 애굽이 모든 정규 군대를 총동원하여 이스라엘을 전멸시키려고 추격해옵니다. 옆으로 갈 수도 없고 하늘로 솟을 수도 없습니다. 혹시 길이 있다 하더라도 노약자들과 모든 짐승 떼를 거느리고 도망하기에는 너무나도 느립니다. 누구인들 비명을 지르지 않을 수 있겠으며 누구인들 조용히 앉아서 죽을 날만 기다릴 수 있겠습니까?

그런데 모세의 태도는 백성들과는 완전히 달라보였습니다. 그는 조금도 동요하지 않고 두려움이나 염려도 없어 보였습니다. 모세에게는 바다 밑의 길이 보였던 것입니다. 다만 백성들을 진정시키면서 하나님의 능력을 이야기함으로써 믿음을 불러일으킬 뿐이었습니다.

"모세가 백성에게 이르되 너희는 두려워하지 말고 가만히 서서 여호와께서 오늘 너희를 위하여 행하시는 구원을 보라 너희가 오늘 본 애굽 사람을 영원히 다시 보지 아니하리라 여호와께서 너희를 위하여 싸우시리니 너희는 가만히 있을지니라"(출 14:13-14)

모세는 하나님의 뜻을 따라 지팡이를 손에 들고 바다 위로 내밀었습니다. 그리고 하나님께서 큰 동풍을 밤새 불게 하심으로써 물이 갈라져 바다가 마른 땅이 되었습니다.

"모세가 바다 위로 손을 내밀매 여호와께서 큰 동풍이 밤새도록 비 닷물을 물러가게 하시니 물이 갈라져 바다가 마른 땅이 된지라"(출 14:21)

이것이 하나님과 대면하는 사람에게서 나타날 수 있는 믿음의 모습입니다. 하나님과의 두 번째 긴 만남을 가지고 나서부터 하나님과 대면하기를 시작한 이후로 모세는 사람 앞에서 싸우기보다는 하나님 앞에 문제를 내려놓았습니다. 모세와 아론이 바로에게 찾아간 일로 인하여 더 무거운 노동을 강요당하고 나서 백성이 모세를 원망할 때에도 모세는 결코 그들 앞에서 항변하지 않고 아무 말 없이 하나님 앞에 섭니다.

"모세가 여호와께 돌아와서 아뢰되 주여 어찌하여 이 백성이 학대를 당하게 하셨나이까 어찌하여 나를 보내셨나이까 내가 바로에게 들어가서 주의 이름으로 말한 후로부터 그가 이 백성을 더 학대하며 주께서도 주의 백성을 구원하지 아니하시나이다"(출 5:22-23)

마라의 쓴 물 앞에서도 모세는 말없이 하나님께 부르짖습니다.

> "마라에 이르렀더니 그 곳 물이 써서 마시지 못하겠으므로 그 이름을 마라라 하였더라 백성이 모세에게 원망하여 이르되 우리가 무엇을 마실까 하매 모세가 여호와께 부르짖었더니 여호와께서 그에게 한 나무를 가리키시니 그가 물에 던지니 물이 달게 되었더라"(출 15:23-25)

르비딤에서 물이 없어 백성들이 원망할 때에도 백성들에게는 아무 말도 하지 않고 하나님 앞에 섰습니다.

> "거기서 백성이 목이 말라 물을 찾으매 그들이 모세에게 대하여 원망하여 이르되 당신이 어찌하여 우리를 애굽에서 인도해 내어서 우리와 우리 자녀와 우리 가축이 목말라 죽게 하느냐 모세가 여호와께 부르짖어 이르되 내가 이 백성에게 어떻게 하리이까 그들이 조금 있으면 내게 돌을 던지겠나이다"(출 17:-4)

두 번째 만남과 성숙 ✎

이후로 모세는 언제나 백성들을 책망하기보다는 전부 안고 하나님 앞에 서는 일을 반복하게 됩니다. 심지어 가나안 정탐꾼들의 보고를 듣고 밤새 통곡하는 백성들을 바라보면서도 정탐꾼들을 불러 책망하거나 경질하거나 백성들을 나무라거나 질책하는 것이 아니라 오히려 그들 앞에 무릎을 꿇습니다.

> "이에 서로 말하되 우리가 한 지휘관을 세우고 애굽으로 돌아가자 하매 모세와 아론이 이스라엘 자손의 온 회중 앞에서 엎드린지라"(민 14:4-5)

그렇게 모세는 성경에서 유일하게 하나님과 대면하는 사람이 되었습니다. 물론 하나님과의 일상적인 대면은 모세만의 특권이었지만 그 대면도 하나님과의 두 번째 만남이 전제되는 것입니다. 하나님과의 두 번째 만남 이후에라도 모세처럼 하나님과 대면하는 모습을 보이지 않을 수도 있습니다. 신앙성숙의 과정을 먼저 겪을 수도 있고 하나님과의 두 번째 만남 이후에 본격적으로 변화되어 가는 것일 수도 있습니다. 다만 모세는 40년의 목동 생활을 통하여 이미 성숙해지는 조건이 충족된 상태였다고 볼 수 있습니다. 하나님과의 대면이라는 것도 신앙이 성숙된 가장 강력한 증거라고 볼 수 있을 것입니다.

"그 후에는 이스라엘에 모세와 같은 선지자가 일어나지 못하였나니 모세는 여호와께서 대면하여 아시던 자요"(신 34:10)

이미 살펴본 바와 같이 하나님과 대면한다는 것은 인간에게 있어서는 최상의 상태라고 말할 수 있습니다. 물론 하나님과 대면할 수 있는 모세라고 할지라도 끈질기게 불평하고 원망하는 백성들에게 분노한 적이 있었습니다만, 그래서 하나님께서 여기에 대해 징계를 내리시는 모습을 우리는 보았습니다만, 그럼에도 불구하고 모세는 인간 중에서는 최상의 수준에 있었다는 것을 우리는 인정하지 않을 수가 없습니다. 그러므로 자신을 모세에게 빗대는 말이나 행동은 아무도 할 수 없는 것입니다.

하지만 우리가 모세처럼 될 수 없는 것은 아닙니다. 신약시대에 와서는 성령님께서 우리 안에 내주하시기 때문입니다. 적어도 이론적으로는 우리는 사실상 하나님과 날마다 대면할 수 있게 된 것입니다. 육안이나 육성이나 육신으로 하나님과 대면하는 것은 아니지만 항상 우리 안에 내주하시는 성령님이 계신다면 마치 모세가 하나님과 대면하는 것과 같은 모습을 보일 수 있을 것입니다.

"그의 성령을 우리에게 주시므로 우리가 그 안에 거하고 그가 우리 안에 거하시는 줄을 아느니라"(요일 4:13)

물론 성령께서 우리 속에 거하신다고 해서 누구나 하나님과 대면할 수 있는 것은 아닙니다. 우리는 우리의 육적인 모든 조건을 전부 폐기해버렸을 때 하나님과 대면할 수 있게 되는 것입니다. 예수님도 모든 조건을 버리셨기 때문에, 심지어 하나님의 아들로서의 조건조차도 다 버리셨기 때문에 하나님과 날마다 대면하실 수 있었던 것이 아니겠습니까? 구약 시대나 신약 시대나 하나님과의 두 번째 만남이 하나님과의 대면의 필요충분조건이 되는 것은 원리적으로 똑같다고 생각합니다. 비록 우리 속에 성령님께서 내주하시지만 그럼에도 불구하고 하나님과의 두 번째 만남이 이루어져야 하나님과 대면하는 것과 같이 성령님을 날마다 무시로 만날 수 있을 것입니다.

완전할 수는 없지만, 우리는 수시로 우리의 모든 것을 내려놓는 체험을 가져야 하며 기회가 될 때마다 자신을 버리는 훈련을 감당해야 합니다. 그것이 세상을 이기는 길이며 기쁨과 평안을 품고 그리스도의 향기를 드러내는 길입니다. 그것이 그리스도인의 성화의 과정이며 그 성화가 신앙생활의 핵심적인 목적이 되어야 하는 것입니다. 그래서 교회에는 자신을 내려놓고 성화의 과정을 밟아가는 사람들이 많이 필요합니다. 하나님과의 두 번째 만남을 통하여 자기중심적인 생각과 삶을 버리고 하나님 중심적으로 세상과 사람을 바라보며 말세 시대의 신앙인의 모델이 되어줄 성화된 사람들이 아주 많이 필요합니다. 하나님은 지금도 그런 사람을 기다리고 계십니다.

[생각해 보십시오]

1. 하나님과 두 번째 만날 때 모세는 어떤 사람이었습니까? (출 3:1)

2. 그런데 지금 모세는 어떤 사람입니까? (민 12:8)

3. 하나님과 모세는 어떤 관계입니까? (출 33:11)

4. 모세의 어떤 면이 하나님과 대면하게 만듭니까? (민 12:7)

5. 이스라엘에 보내실 때 모세의 자의식은? (출 3:11)

6. 세 번 설득 후의 세 가지 증거는 무엇입니까? (출 4:2-9)

7. 모세의 마지막 거절에 하나님은 어떻게 하십니까? (출 4:14)

8. 결국 모세의 성화는 어떤 방법으로 이루어집니까?
   (참고 : 아브라함은 단번에, 이삭은 뚜렷하지 않게 서서히, 야곱은

의지를 꺾으시고)

9. 성화된 모세의 위기대처방법은 어떤 모습이었습니까? (출 14:13-14, 15:23-25, 17:1-4)

10. 하나님은 현재 당신에게 어떤 것을 설득하고 계십니까?

5. 담대함을 주시는 하나님 : 여호수아

우리가 앞서 살펴보았던 모세는 하나님의 소명을 받은 이후로 단 한 번도 실패가 없었던 사람이었습니다. 모세의 경우에는 하나님의 소명을 받았다는 것은 하나님과의 두 번째 만남을 가졌다는 이야기이고, 그 자체가 하나님과의 대면을 뜻하는 것이었습니다. 온전히 자기를 버리고 하나님중심으로 철저하게 살았던 모세는 그 후로도 항상 하나님과 대면하면서 살았기 때문에 실패라는 것이 없었습니다.

모세의 실패?

물론 실패라고 간주할 수도 있는 경우가 있기는 합니다. 모세가 40일 금식기도하면서 하나님으로부터 직접 받은 십계명 돌판을 가지고 내려올 때 백성들이 금송아지를 만들어 숭배하며 춤을 추고 축제를 벌이고 있는 모습을 보고 폭발합니다. 모세가 자신도 모르게 그 소중한 십계명 돌판을 산 아래로 던져 깨뜨려버립니다.

> "진에 가까이 이르러 그 송아지와 그 춤추는 것들을 보고 크게 노하여 손에서 그 판들을 산 아래로 던져 깨뜨리니라"(출 32:19)

이 일 자체만 놓고 보면 모세가 하나님과 대면하면서도 큰 실수를 한 것처럼 보일 수 있습니다. 하지만 그 앞의 내용들을 보면 이미 모세는 하나님과 대면하여 하나님의 긍휼을 받아낸 사실을 알 수 있습니다. 하나님께서 백성들의 금송아지 사건을 먼저 아시고 이 백성들을 진멸하겠다고 선언하시는 장면이 나옵니다.

"여호와께서 또 모세에게 이르시되 내가 이 백성을 보니 목이 뻣뻣한 백성이로다 그런즉 내가 하는 대로 두라 내가 그들에게 진노하여 그들을 진멸하고 너를 큰 나라가 되게 하리라"(출 32:9-10)

그러나 여기에서 모세는 하나님과 대면하여 하나님께 간구하게 되고 하나님은 모세의 간구를 들으시고 화를 내리지 않기로 하십니다.

"여호와께서 뜻을 돌이키사 말씀하신 화를 그 백성에게 내리지 아니하시니라"(출 32:14)

그 후에 모세가 십계명 돌판을 던져서 깨뜨리게 되는 것입니다. 그러니까 이 큰 사건은 이미 하나님과 대면하여 허락을 받고 한 일이라고까지 말할 수 있는 사건입니다. 모세가 하나님께 불순종하여 자기 성질에 못 이겨 돌판을 확 집어던진 것이 아니라 하나님의 진노를 절제된 방법으로 백성들에게 나타내 보인 것이라고 할 수 있을 것입니다. 이미 하나님과 백성들 사이에 서서 하나님과 대면하여 하나님과 담판을 벌인 후였습니다. 그리고 하나님께서 백성들을 진멸하지 않기로 약속하신 후였습니다.

그리고 모세의 실수라고 할 수 있는 두 번째 사건이 지팡이로 바위를 두 번 친 사건입니다. 므리바에서 마실 물이 떨어지자 또 여전히 백성들의 불평불만과 원망이 튀어나왔습니다. 이 때에도 모세는 백성들을 직접 책망하려고 하지 않고 하나님 앞에 엎드렸습니다. 하나님은 변함없이 해결책을 제시해 주십니다.

> "지팡이를 가지고 네 형 아론과 함께 회중을 모으고 그들의 목전에서 너희는 반석에게 명령하여 물을 내라 하라"(민 20:8上)

그런데 백성들의 거듭되는 원망과 불신앙에 마침내 모세도 폭발하게 됩니다. 물론 하나님께 대한 불순종에 초점이 있는 것이 아니라 어지간히도 원망 잘 하는 백성들에 대한 일시적인 분노였습니다. 하나님께서 반석에게 명령하라고만 하셨는데 모세가 반석을 지팡이로 두 번 치게 됩니다.

> "모세가 그의 손을 들어 그의 지팡이로 반석을 두 번 치니 물이 많이 솟아나오므로 회중과 그들의 짐승이 마시니라""(민 20:11)

하지만 이 작은 분노가 모세로 하여금 가나안 땅에 들어가지 못하게 되는 징계로 돌아옵니다. 히니님과 대면하는 사람에 대해서 하나님은 오히려 더 엄격하신 사실을 알 수 있습니다. 굳이 표현하자면 왜 공개적으로 하나님을 불신하는 장면을 노출하였느냐는 책망이었던 것입니다.

> "여호와께서 모세와 아론에게 이르시되 너희가 나를 믿지 아니하고 이스라엘 자손의 목전에서 내 거룩함을 나타내지 아니한 고로 너희는 이 회중을 내가 그들에게 준 땅으로 인도하여 들이지 못하리라 하시니"(민 20:12)

너는 날마다 나와 대면하면서 왜 내 말을 믿지 못하고 거룩하게 구별된 내 말을 욕되게 하였느냐는 책망이었습니다. 하나님은 하나님의 말씀을 가볍게 여기는 것을 참지 않으십니다. 반대로 말하면 하나님은 하나님의 말씀에 목숨을 거는 사람을 사용하십니다. 이때가 애굽 땅을 떠난 바로 그 해였습니다. 이후로 40여 년 동안 모세가 얼마나 하나님 말씀에 목숨을 걸었겠습니까? 그래서 실패가 없었던 것입니다. 출애굽 초기의 하나님의 징계로 말미암아 모세는 오로지 하나님의 말씀에만 목숨을 거는 지도자가 되어 있었던 것입니다.

그러면 왜 모세의 실패담부터 이야기를 시작하겠습니까? 바로 여호수아의 두 번째 만남을 이야기하기 위해서입니다. 여호수아는 모세가 사역을 시작한 초기부터 모세의 오른팔 노릇을 톡톡히 해낸 사람입니다. 여호수아의 사역에 있어서 모세를 빼놓는다면 이야기 자체가 성립되지 않을 것입니다.

화려한 이력

모세의 후계자 여호수아는 어땠을까요? 여호수아는 하나님과 대면하는 모세를 처음부터 끝까지 가장 가까이에서 지켜본 사람이었습니다. 물론 모세가 시내산에 올라갔을 때에도 모세와 지근거리에 있었습니다. 당연히 므리바의 사건을 고스란히 지켜 본 여호수아였습니다. 그리고 바로 그 직후에 아말렉과의 전투를 앞장서서 지휘했던 장군이었습니다.

> "모세가 여호수아에게 이르되 우리를 위하여 사람들을 택하여 나가서 아말렉과 싸우라 내일 내가 하나님의 지팡이를 손에 잡고 산꼭대기에 서리라"(출 17:9)

그래서 결과가 어떻게 되었습니까? 모세의 믿음을 보고 승리할 것을 확신하고 순종하여 나가서 싸웠습니다. 모세와 함께 하시고 모세와 대면하시는 하나님이심을 너무나도 잘 알기 때문에 여호수아 자신의 확신이 더해져서 나아가서 승리하게 된 것입니다.

"여호수아가 칼날로 아말렉과 그 백성을 쳐서 무찌르니라"(출 17:13)

여지없이 무찔렀고, 하나님께서는 이 사실을 책에 기록하고 여호수아가 결코 잊어버리지 말게 하라고 하셨습니다. 왜 꼭 여호수아의 귀에 외워 들리게 하셨을까요? 물론 이 전투는 여호수아가 앞장서서 싸워 승리한 전투이기 때문에 특별히 여호수아를 염두에 두고 명하신 것이 맞습니다. 그렇지만 하나님은 앞으로 여호수아와 두 번째 결정적인 만남을 가지셔야 하기 때문에 특별히 다짐하게 하신 것이라고 생각됩니다.

"여호와께서 모세에게 이르시되 이것을 책에 기록하여 기념하게 하고 여호수아의 귀에 외워 들리라 내가 아말렉을 없이하여 천하에서 기억도 못 하게 하리라"(출 17:14)

그 때 모세가 쌓은 제단의 이름이 여호와 닛시(여호와는 나의 깃발)였고, 그 주인공이 여호수아였습니다. 여호와 닛시는 모세, 아말렉 족속, 여호수아가 깊이 관련된 여호와의 거룩한 이름입니다.

"모세가 제단을 쌓고 그 이름을 여호와 닛시라 하고 이르되 여호와께서 맹세하시기를 여호와가 아말렉과 더불어 대대로 싸우리라 하셨다 하였더라"(출 17:15-16)

여호수아는 일찍부터 모세와 모든 것을 함께 하다시피한 사람이었습니다. 모세가 시내산에 올라갈 때 유일하게 동행했던 사람이었습니다.

"모세가 그의 부하 여호수아와 함께 일어나 모세가 하나님의 산으로 올라가며"(출 24:13)

나중에 백성들의 금송아지 숭배 사건 이후에 진 바깥에 회막을 만들었을 때 모세는 진과 회막을 왕래하였지만 여호수아는 회막을 떠나지 않았습니다.

"사람이 자기의 친구와 이야기함 같이 여호와께서는 모세와 대면하여 말씀하시며 모세는 진으로 돌아오나 눈의 아들 젊은 수종자 여호수아는 회막을 떠나지 아니하니라"(출 33:11)

젊은 수종자 여호수아가 임시성막이라고 할 수 있는 회막에서 떠나지 않고 봉사했다는 사실에서 우리는 여호수아의 충성심을 짐작할 수 있을 것입니다. 마치 모세가 하나님께 대하여 변함없는 충성의 모습을 보인 것처럼 여호수아도 변함없는 충성의 대명사처럼 불리어지는 사람입니다. 다만 모세와 다소 다른 점이라면 아직까지는 하나님께 직접 충성이 아니라 모세를 통하여 하나님께 충성이라는 말이 더 맞을 것이라는 사실 한 가지입니다.

충성스러운 여호수아

그럼에도 불구하고 여호수아의 충성이 대단하다는 점에는 이견이 거의 없을 것입니다. 여호수아는 가나안 정탐시 다른 열한 명과 함께 파송되었을 때에도 충성된 믿음의 모습을 보였는데, 함께 파송되었던 열 명의 정탐꾼들은 극히 비관적인 보고를 했습니다.

"이스라엘 자손 앞에서 그 정탐한 땅을 악평하여 이르되 우리가 두루 다니며 정탐한 땅은 그 거주민을 삼키는 땅이요 거기서 본 모든 백성은 신장이 장대한 자들이며 거기서 네피림 후손인 아낙 자손의 거인들을 보았나니 우리는 스스로 보기에도 메뚜기 같으니 그들이 보기에도 그와 같았을 것이니라"(민 13:32-33)

비관적인 언어가 얼마나 사람들에게 지대한 영향력을 끼치는지 모릅니다. 지극히 비관적인 보고를 받고 절망한 백성들은 밤이 새도록 통곡했습니다.

"온 회중이 소리를 높여 부르짖으며 백성이 밤새도록 통곡하였더라"(민 14:1)

그리고 다른 지도자를 세워 애굽으로 돌아가자고 주장합니다. 마귀는 부정적인 사고방식의 틈새를 파고들어갑니다. 하지만 하나님의 사람들인 갈렙과 여호수아는 그들에게 대하여 통분히 여기며 옷을 찢고 담대하게 이야기합니다.

"이스라엘 자손의 온 회중에게 말하여 이르되 우리가 두루 다니며 정탐한 땅은 심히 아름다운 땅이라 여호와께서 우리를 기뻐하시면 우리를 그 땅으로 인도하여 들이시고 그 땅을 우리에게 주시리라 이는 과연 젖과 꿀이 흐르는 땅이니라"(민 14:7-8)

하나님께서 무엇을 보시고 사람을 쓰시겠습니까? 믿음과 진실함과 충성입니다. 여호수아의 믿음과 담대함과 순종으로 인하여 하나님은 여호수아를 후계자로 세우시기에 이르렀습니다.

"모세가 여호와께서 자기에게 명령하신 대로 하여 여호수아를 데려다가 제사장 엘르아살과 온 회중 앞에 세우고 그에게 안수하여 위탁하되 여호와께서 모세에게 명령하신 대로 하였더라"(민 27:22-23)

그리고 그 이유에 대해 다음과 같이 설명합니다. 후계자 또는 계승자를 분별하는 조건은 단 한 가지여야 합니다. 그것은 하나님의 기준입니다. 우리가 장로 등 교회 지도자를 선출할 때 기준은 단 한가지여야 합니다. 여호와를 온전히 따랐느냐는 한 가지입니다. 여호수아는 바로 이 점에서 후계자가 될 수 있었던 것입니다.

"그러나 그나스 사람 여분네의 아들 갈렙과 눈의 아들 여호수아는 여호와를 온전히 따랐느니라 하시고"(민 32:12)

온전히 따랐기 때문에 여호수아는 모세의 후계자가 될 수 있었습니다. 마치 하나님께서 모세에게 대하여 하신 말씀 같지 않습니까? 하나님의 기준은 동일합니다.

"이르시되 내 말을 들으라 너희 중에 선지자가 있으면 나 여호와가 환상으로 나를 그에게 알리기도 하고 꿈으로 그와 말하기도 하거니와 내 종 모세와는 그렇지 아니하니 그는 내 온 집에 충성함이라"(민 12:6-7)

또한 여호수아는 모세가 죽은 후에 지도자가 되는데, 지혜의 영이 충만하여 백성들이 그 말에 순종했다고 기록하고 있습니다. 지혜의 영이 충만한 비결도 여호와를 따랐기 때문에 가능한 것이고, 백성들이 여호수아의 말을 순종하게 만든 것도 여호와를 따랐기 때문에 가능한 것입니다.

"모세가 눈의 아들 여호수아에게 안수하였으므로 그에게 지혜의 영이 충만하니 이스라엘 자손이 여호와께서 모세에게 명령하신 대로 여호수아의 말을 순종하였더라"(신 34:9)

그리고 하나님은 마침내 여호수아에게 직접 나타나시기에 이르렀습니다. 여호수아는 화려한 이력의 소유자이지만 여호와께서 직접 나타나신 것은 이번이 처음입니다. 이제부터는 여호수아는 모세를 통하는 것이 아니라 자신이 직접 하나님과 대면해야 합니다. 물론 하나님과 대면하려면 하나님을 두 번째로 만나야 합니다.

"여호와의 종 모세가 죽은 후에 여호와께서 모세의 수종자 눈의 아들 여호수아에게 말씀하여 이르시되"(수 1:1)

모세가 사라졌을 때

그런데 여기에서 우리가 주목해 볼 것은 하나님께서 여호수아에게 하신 말씀입니다. 처음으로 나타나셔서 여호수아에게 하신 말씀은 다소 뜻밖의 말씀이었습니다. 할 일을 말씀하시는 것이 아니라 강하고 담대하라고 거듭 말씀하시는 것입니다.

"네 평생에 너를 능히 대적할 자가 없으리니 내가 모세와 함께 있었던 것 같이 너와 함께 있을 것임이니라 내가 너를 떠나지 아니하며 버리지 아니하리니 강하고 담대하라 … 오직 강하고 극히 담대하여 나의 종 모세가 네게 명령한 그 율법을 다 지켜 행하고 우로나 좌로나 치우치지 말라 그리하면 어디로 가든지 형통하리니"(수 1:5-7)

여호수아에 대해서 모르시는 것도 아니고 여호수아의 충성 때문에 후계자로 지명하셨으면서도 왜 여호수아에게 못미더워하는 것 같은 말씀을 반복해서 주시는 것일까요?

"내가 네게 명령한 것이 아니냐 강하고 담대하라 두려워하지 말며 놀라지 말라 네가 어디로 가든지 네 하나님 여호와가 너와 함께 하느니라 하시니라"(수 1:9)

하나님께서는 여호수아에게 강하고 담대하라는 말씀을 세 번씩이나 반복하십니다. 두 번째 말씀에서는 '오직' 강하고 극히 담대하라고 말씀하십니다. 뿐만 아니라 함께 하겠다는 말씀도 여러 번 반복하십니다. 너와 함께 있을 것이다, 떠나지 않겠다, 버리지 않겠다, 너와 함께 하겠다, 어디로 가든지 형통할 것이다 등 어떻게 하든지 여호수아가 믿음으로 담대하게 가나안 정복을 완수할 수 있도록 격려하십니다.

문제가 있는 것일까요? 하나님은 왜 여호수아를 믿지 못하시는 것일까요? 부름 받은 이후로 수십 년 간 항상 모세의 바로 옆에서 오른팔로 섬겼던 사람이 여호수아였습니다. 그리고 숱한 전쟁과 모세의 모든 사역에 함께 했던 사람이 여호수아이지만 아직은 이스라엘 전체 백성들을 인도하기에는 많이 부족했던 것 같습니다. 여호수아는 한 번도 국가적인 중대한 결정을 스스로 내린 적이 없었습니다. 그렇다고는 하지만 무려 40여 년 동안 모세의 모든 결정을 바로 옆에서 지켜보았던 여호수아에게 그 일이 그토록 어려운 일이었을까요? 그 정도 경력이면 무슨 일이든지 다 할 것 같은데 말입니다.

저는 그 원인을 여호수아가 하나님을 두 번째로 만나지 못했다는 데에서 찾고 싶습니다. 환상이든 음성이든 천사이든 여호수아는 한 번도 하나님과 교통한 적조차도 없었습니다. 그리고 모세가 죽은 후에 처음으로 하나님께서 여호수아에게 직접 말씀하신 것이었습니다. 하나님께서 처음으로 여호수아 앞에 일 대 일로 나타나신 것이었습니다. 처음으로 하나님의 음성을 들었던 것입니다.

하지만 아직 여호수아가 하나님을 두 번째로 만난 것은 아니었습니다. 벌거벗고 아무 조건 없이 자신의 적나라한 모습을 가지고 하나님 앞에 선 것은 아니었습니다. 하나님과 대면하는 삶을 살아야 끝까지 하나님의 사명을 감당할 수 있는데 아직은 거기까지 도달하기 위한 두 번째 만남이 이루어지지 않은 것입니다. 두 번째 만남을 위해서는 완전한 자기포기가 있어야 하는데 아직까지 여호수아는 그런 경험 앞에 와 있지 못합니다. 언제나 모세 아래에서 승리만을 맛보던 사람이었습니다.

하나님과 대면하는 삶을 살았던 모세와는 달리 여호수아는 오로지 모세에게 충성하는 사람이었습니다. 물론 모세에게 충성하는 것이 하나님께 충성하는 것이었지만, 눈에 보이지 않으시는 하나님께 눈에 보이는 충성을 한다는 일은 보통 어려운 일이 아니었습니다. 눈에 보이고 귀에 들리는 모세의 음성을 듣고 순종하는 일은 차원이 다른 충성이었습니다. 그는 오로지 충성심 하나로 모세의 모든 의도를 따르고 시행했습니다. 그러다가 그를 지도하던 눈에 보이는 모세가 사라졌습니다. 물론 예상할 수 있는 일이었지만 여호수아는 하나님과 만날 준비가 거의 안 되어 있었습니다.

여호수아는 심한 불안감을 느꼈다고 생각합니다. 두려움까지 느꼈을 수도 있다고 생각합니다. 비록 광야생활 중에서도 전투경험이 많고 또 가나안 정탐시에 아낙 자손의 거인들을 보고 스스로를 메뚜기라고 말한 열 명의 정탐꾼 앞에서 그 아낙 자손들을 우리의 '먹이'라고 표현했던 여호수아이지만, 그 때는 모세가 민족을 인도하던 때였습니다.

> "다만 여호와를 거역하지는 말라 또 그 땅 백성을 두려워하지 말라 그들은 우리의 먹이라 그들의 보호자는 그들에게서 떠났고 여호와는 우리와 함께 하시느니라 그들을 두려워하지 말라"(민 14:9)

이제는 전적으로 믿고 기대었던 모세가 사라졌습니다. 물론 여호수아가 위대한 지도자가 아니라거나 그럴 만한 자격이 없다는 이야기가 아닙니다. 다만 평화시에 이 민족을 인도하는 것도 아니고 앞으로 숱한 전투에서 승리할 수 있도록 이끌어야 하는 일을 앞에 두고 서 있는 여호수아를 한번 생각해보자는 이야기입니다. 그에게 필요한 것이 무엇이겠습니까? 군대도 아니고 무기도 아니고 식량도 아닙니다. 오직 하나님과 수시로 대면할 수 있는 영성입니다. 하나님도 이 점을 너무나도 잘 아시기 때문에 여호수아에게 거듭거듭 강하고 담대하라고 주문하셨던 것입니다.

네 발에서 신을 벗으라!

그렇다고 아무 준비 없이 무턱대고 하나님께서 두 번째 만남을 진행하실 수도 없습니다. 두 번째 만남은 첫 번째 만남과는 달리 신앙인의 의지 혹은 태도가 아주 중요하기 때문입니다. 신앙인 자신이 준비되지 못하면 하나님께서 아무리 자주 나타나셔도 소용이 없습니다. 이제 하나님께서는 그런 과정을 시작하신 것입니다. 그렇게 여호와 하나님의 격려를 받으며 여리고성 정복을 향한 계획들을 하나하나 시행해 나갑니다.

여리고성에 정탐꾼을 보내 가나안 땅 거민들의 반응을 살펴보고 계획을 세웁니다. 물론 이 계획이라는 것이 여리고를 무너뜨리기 위해 군대를 준비하는 것이 아니라 하나님의 전적인 지시를 따라 백성들이 여리고성을 돌고 함성을 지르는 전략이었지만, 그 전투를 시작하기 위해서는 일단 요단강을 어떻게 건너야 하는가에 대한 계획부터 수립되어야 합니다. 이러한 모든 계획은 전부 하나님의 인도하심에 순종하기만 하면 되는 것이었지만, 확신이 없으면 실행하기 몹시 어려운 일들뿐이었습니다.

요단강을 건너기 위해 도강 장비를 마련하거나 임시 다리를 가설하는 것이 아니라 아무 준비 없이 다만 언약궤를 멘 제사장이 앞장서게 하고 군대는 그냥 그 뒤를 따라가는 것이라든가, 마침내 여리고성을 눈앞에 두고 할례를 받으라든지 하는 일들은 도무지 전쟁하자는 건지 말자는 건지 모를, 아니 그것보다 훨씬 황당한 일일 수밖에 없었으니까요. 그런 일은 사실상 모세와 같은 위대한 지도자나 하는 일이지 여호수아처럼 하나님 경험이 결여되어 있는 지도자가 하기에는 분명히 무리가 있습니다.

하지만 아직까지는 여호수아의 명령을 따라 말도 안 되는 하나님의 일을 실행해 나가게 됩니다. 그러다가 여호수아와 하나님의 두 번째 만남이 이루어지는 듯한 장면을 만나게 됩니다. 길갈에서 할례를 받게 하고 그곳에서 유월절을 지켰는데, (이 때부터 만나가 그쳤습니다.) 그 후로 여리고성 가까이 갔을 때 갑자기 여호와의 군대 대장이 나타납니다. 여호수아가 놀라서 소리칩니다.

> "여호수아가 여리고에 가까이 이르렀을 때에 눈을 들어 본즉 한 사람이 칼을 빼어 손에 들고 마주 서 있는지라 여호수아가 나아가서 그에게 묻되 너는 우리를 위하느냐 우리의 적들을 위하느냐 하니" (수 5:13)

여호와의 군대 대장은 여호수아에게 신을 벗으라고 명합니다. 이 때 여호수아는 놀라기도 했을 것이지만 또 그만큼의 반가움도 생기지 않았을까요? 왜냐하면 물론 확신은 있었지만 처음으로 자기주도하에 이 큰 일을 이루려고 하는데 사실상 전쟁준비는 하나도 되어 있지 않은 상태에서 여리고성을 공격하려니 더더욱 굳건한 용기가 필요하고 격려가 있어야 하는 것이 아니겠습니까? 그래서 아마도 하나님의 임재를 앞둔 느낌이 있었을 것이라고 생각합니다. 여호수아는 군대 대장에게 누구 편이냐고 소리칩니다. 하지만 군대 대장의 발언은 전혀 의외입니다.

"여호와의 군대 대장이 여호수아에게 이르되 네 발에서 신을 벗으라 네가 선 곳은 거룩하니라 하니 여호수아가 그대로 행하니라"(수 5:15)

이 장면은 모세가 떨기나무 앞에서 하나님의 음성을 들었을 때와 동일합니다.

"하나님이 이르시되 이리로 가까이 오지 말라 네가 선 곳은 거룩한 땅이니 네 발에서 신을 벗으라"(출 3:5)

알다시피 신을 벗으라는 말씀은 자신의 모든 조건을 다 벗어던지라는 말씀입니다. 인간 냄새를 다 지우라는 말씀이기도 합니다. 자신의 지위, 소유, 경력, 명예, 영광, 자랑 다 벗어던지라는 말씀입니다. 왜냐고요? 그런 것 다 가지고 있으면 하나님을 절대로 만날 수 없기 때문입니다. 하나님과 두 번째 만남을 가질 수 없고 하나님과 대면하는 사람이 될 수 없기 때문입니다.

하지만 이제 와서 여호수아에게 군대 대장을 보내서서 신을 벗으라고 하신 이유는 과연 무엇일까요? 아니, 그보다도 40여 년 동안 하나님과 대면하였던 모세를 지근거리에서 섬겼던 그 여호수아에게 아직도 신고 있는 신이 남아 있었을까요? 숱한 전쟁에서 승리를 거두고 누구보다 모세를 잘 알고 그의 뜻을 잘 이해하고 있었으며 언제 어떤 경우에도 갈렙과 함께 온전히 여호와를 따랐던 여호수아가 아닙니까?

그런데 하나님은 새삼스럽게 그 발에서 신을 벗으라고 군대 대장까지 보내셨습니다. 그럼 여호수아가 아직까지 아무런 준비가 되어 있지 않았다는 뜻일까요? 이제부터 다시 시작하라는 말씀일까요? 하필이면 여리고성 공격을 앞둔 바로 그 시점에 왜 군대 대장이 나타난 것일까요? 모세 대신 회막을 떠나지 않고 지켰던 여호수아가 아닙니까? 모든 전쟁에서 앞장서서 숱한 승리를 이끌어내었던 대장군이 아닙니까?

물론 여리고성 공격을 담대하고 확신 있게 감당하라는 사인일 수 있습니다. 이미 여러 차례 말씀하셨던 바와 같이 더욱 의지하게 하시려는 의도일 수 있습니다. 그리고 이 전쟁은 여호와의 전쟁이므로 군사적인 옵션이 아니라 하나님께 대한 믿음만으로 승리하라는 시시일 수도 있습니다. 어쩌면 모세를 따르면서 오직 하나님의 승리만을 맛본 여호수아에 대한 경고일 수도 있습니다. 왜냐하면 하나님께서 이루어주신 승리에 도취되어 있어 하나님을 믿는 것이 아니라 그 하나님을 전적으로 따르는 자신을 지나치게 믿는 마음까지도 벗어버려야 한다는 말씀일 수도 있기 때문입니다.

그래서 이 말씀은 어쩌면 여리고성을 점령한 후에 여호와께 온전히 바칠 물건을 훔친 아간의 범죄와 관련이 있을 수 있습니다. 왜냐하면 하나님의 실체보다는 그 하나님을 믿는 자신에 대한 과신을 버려야 하기 때문입니다. 실패해보지 못한 여호수아가 자신을 발견해야 하기 때문입니다. 그 거대한 여리고성을 무너뜨리고 나서 두 번째 공격의 대상인 아이성은 작은 성이기 때문에 아무 문제 없이 불과 삼천 명의 군대로도 얼마든지 무너뜨릴 수 있을 것 같았습니다. 하지만 여호수아는 이 당연히 승리해야 할 전투에서 여지없이 패하고 맙니다.

아이성 정복 실패는 어디에 원인이 있겠습니까? 지나친 자기 과신이 실패하게 만든 것입니다. 하지만 그 실패로 말미암아 여호수아가 하나님과 두 번째로 만날 수 있게 될 것입니다. 무리들 가운데 한 사람의 범죄로 인하여 이스라엘 전체가 범죄한 것이 되었습니다. 발에서 신을 벗는다는 의미를 극적으로 나타내 보여준 것이었습니다.

"이스라엘 자손들이 온전히 바친 물건으로 말미암아 범죄하였으니 이는 유다 지파 세라의 증손 삽디의 손자 갈미의 아들 아간이 온전히 바친 물건을 가졌음이라 여호와께서 이스라엘 자손들에게 진노하시니라"(수 7:1)

결국 백성들은 스스로의 죄(아간의 죄)를 인지하지 못하고 아이성을 쉽게 생각하고, 하나님께 기도하지 않고 공격했다가 실패하게 됩니다. 아이성 공격에 실패하기 전까지 여호수아는 자기 신을 벗지 못하고 있었던 것입니다.

"백성 중 삼천 명쯤 그리로 올라갔다가 아이 사람 앞에서 도망하니 아이 사람이 그들을 삼십육 명쯤 쳐죽이고 성문 앞에서부터 스바림까지 쫓아가 내려가는 비탈에서 쳤으므로 백성의 마음이 녹아 물 같이 된지라"(수 7:4-5)

실패 앞에서의 하나님 만남

바로 이 지점에서 여호수아의 두 번째 하나님 만남이 이루어집니다. 아마 여호수아의 인생에 있어서 가장 비참한 심령이 되어 있었을 것입니다. 난생 처음 처절한 실패를 맛보았기 때문입니다. 성경은 이렇게 기록합니다.

> "여호수아가 옷을 찢고 이스라엘 장로들과 함께 여호와의 궤 앞에서 땅에 엎드려 머리에 티끌을 뒤집어쓰고 저물도록 있다가 이르되 슬프도소이다 주 여호와여 어찌하여 이 백성을 인도하여 요단을 건너게 하시고 우리를 아모리 사람의 손에 넘겨 멸망시키려 하셨나이까 우리가 요단 저쪽을 만족하게 여겨 거주하였더면 좋을 뻔하였나이다 주여 이스라엘이 그의 원수들 앞에서 돌아섰으니 내가 무슨 말을 하오리이까"(수 7:6-8)

성경에는 당시 상황만 나타나 있지만 저는 이 장면이야말로 여호수아가 자신의 모든 조건을 버리고 하나님 앞에 앉아 하나님과 민낯으로 만나는 시간이었다고 생각합니다. 처음으로 실패한 여호수아가 모세가 없는 상태에서 자신의 모든 소신, 성취, 화려한 이력, 심지어 믿음과 위대한 사명조차도 다 벗어버리고 하나님과 일대일로 만났던 것입니다. 밖으로 전혀 드러날 수 없는 자기 과신까지 버려야 하나님을 두 번째로 만날 수 있게 되는 것입니다.

그리스도인은 하나님과 두 번째로 만나야 합니다. 처음 하나님을 만날 때에는 하나님께서 찾아오신 것입니다. 병들었을 때 병 고침으로 찾아오시기도 하고 인간관계의 깨어짐을 경험하고 있을 때에는 회복으로 찾아오시기도 합니다. 그러나 신앙인은 하나님을 두 번째로 만나야 합니다. 물론 말씀을 통해서, 기도를 통해서, 상황 속에서 하나님을 수시로 만납니다. 하지만 이런 만남은 거의 자기중심적 만남입니다. 자기를 객관화하고 하나님의 시각에서 자신을 바라볼 줄 알게 되어야 하는데 바로 그 점이 하나님과의 두 번째 만남으로 이루어질 수 있는 것입니다.

아직까지 한 번도 하나님 앞에 자신을 벌거벗기고 서 본 적이 없는 신앙인은 반드시 그런 경험이 있어야 합니다. 한 번 그런 경험을 가지면 모든 것이 달라집니다. 아무리 귀중한 것이라도 포기할 준비가 됩니다. 그러면 하나님의 음성이 들리기 시작합니다. 그러나 아무리 믿음이 좋은 사람이라도 자기를 내려놓지 않고는 하나님의 음성을 가감없이 듣기 어렵습니다. 적어도 한 번이라도 하나님과 벌거벗고 만난 사람이 되어야 비로소 하나님과의 인격적인 관계가 열리게 됩니다.

이것은 구원과는 관계없습니다. 왜냐하면 하나님과의 두 번째 만남이라는 개념 자체가 이미 거듭난 백성들에게 일어나는 경험이기 때문입니다. 두 번째 만남은 신앙인의 인격적 변화, 신앙적 변화, 삶의 태도의 변화와 깊이 관련되어 있습니다. 물론 하나님과 두 번째 만남을 가졌다고 해서 단번에 100% 바뀌는 것은 아닙니다. 가던 길을 돌아서서 완전히 반대 길로 갈 수 있지만 그 과정에서 시행착오의 가능성은 여전히 남아 있습니다. 그것이 인간 아닙니까? 숱한 신앙적 경험들이 밑바탕이 되거나 하나님과의 두 번째 만남 이후의 경험들이 근본적인 변화와 성숙으로 이끌어가는 것입니다.

예를 들어 여호수아는 하나님과 대면한 이후에 아이성을 점령하고 나서 약간의 실수를 범하게 되는데, 그것은 기브온 주민들의 거짓에 속아 넘어간 일이었습니다. 기브온이 이스라엘에게 진멸당할 것을 우려하여 먼 곳에서 온 것처럼 사신들을 꾸며 보내어 서로 화친조약을 맺은 일이었습니다. 결국 속은 것을 알고 그들을 책망하게 됩니다.

"여호수아가 그들을 불러다가 말하여 이르되 너희가 우리 가운데에 거주하면서 어찌하여 심히 먼 곳에서 왔다고 하여 우리를 속였느냐 그러므로 너희가 저주를 받나니 너희가 대를 이어 종이 되어 다 내 하나님의 집을 위하여 나무를 패며 물을 긷는 자가 되리라 하니"(수 9:22-23)

성경은 이렇게 된 이유를 잘 설명합니다. 여호와께 묻지 않고 화친을 맺었다고 기록하고 있습니다. 비록 여호수아가 하나님과의 두 번째 만남을 경험하였고, 그리하여 하나님중심의 사람으로 변화될 수 있는 조건이 갖추어졌지만, 그럼에도 불구하고 아직까지 그 만남이 그를 온전히 지배하지 못하고 있었던 것입니다.

"무리가 그들의 양식을 취하고는 어떻게 할지를 여호와께 묻지 아니하고 여호수아가 곧 그들과 화친하여 그들을 살리리라는 조약을 맺고 회중 족장들이 그들에게 맹세하였더라"(수 9:14-15)

두 번째 만남이 만드는 차이

그러면 하나님과의 두 번째 만남을 경험한 사람과 그렇지 못한 사람 사이에 무슨 차이가 있느냐고 할 수 있습니다. 물론 겉으로 보면 별 차이를 느끼지 못할 수도 있습니다. 그러나 중요한 것은 하나님과의 인격적인 관계 가운데에서 하나님과 두 번째 만났던 사람은 자신이 행한 일이 좋은 일이든 나쁜 일이든 결국에는 반드시 하나님과의 관계 가운데에서 열매로 나타난다는 사실입니다. 비록 일시적으로 실수했을 때에라도 바로 하나님을 의식하면서, 하나님 존전의식으로 돌아올 수 있게 된다는 것입니다.

하나님과의 두 번째 만남을 경험한 사람을 그의 언어만으로 구별하기는 어렵습니다. 물론 그 사람이 사용하는 언어나 어떤 사람이나 사건을 대하는 말의 내용들을 보면 어렴풋이나마 짐작할 수 있겠지만, 사람의 마음에 맞게 말을 사용할 줄 아는 사람과의 차이를 구별하는 것은 쉬운 일은 아닙니다. 하지만 하나님과의 두 번째 만남을 가진 사람은 그의 작은 행동을 통해서도 쉽게 구별할 수 있습니다.

후에 기브온이 여호수아와 화친(항복)한 일로 주변 부족들이 연합하여 기브온을 치게 되는데 이 때 여호수아는 비록 자기들을 속인 나라이지만 이미 화친조약을 맺었기 때문에 기브온을 위하여 밤새도록 행군한 후에 그 연합군을 진멸하게 됩니다. 그 과정에서 하나님은 여호수아에게 나타나셔서 그 편을 들어주십니다.

> "그 때에 여호와께서 여호수아에게 이르시되 그들을 두려워하지 말라 내가 그들을 네 손에 넘겨주었으니 그들 중에서 한 사람도 너를 당할 자 없으리라 하신지라"(수 10:8)

여호수아는 하나님과의 두 번째 만남을 통하여 하나님 중심적인 사람이 되었습니다. 하나님 중심적으로 살아가는 사람은 아무런 불안감도 두려움도 가지지 않을 수 있게 됩니다. 무슨 결정이든지 하나님의 시각으로 바라보고 난 후 결단하게 됩니다. 하나님과 대면하는 사람이라고 해서 완전한 사람은 아닙니다. 그러나 비록 잘못 결정한다든가 흔들릴 때도 있을 수 있지만 결국에는 하나님의 뜻을 따르게 되어 있는 것입니다. 결국 오로지 하나님의 말씀만을 믿고 따라가는 진정한 지도자가 되는 것입니다.

모세는 비록 양치기로 40년을 살다가 하나님의 부르심을 받았지만 그 부르심 받은 현장에서의 하나님과의 두 번째 만남을 통하여 하나님과 항상 대면하는 사람이 되었습니다. 여호수아는 모세를 따라 40여 년 동안 사역에 충성했지만 그 동안 하나님을 결정적으로 만난 일은 없었습니다. 하지만 스스로가 지도자가 되어 이스라엘을 이끌 때에 하나님 앞에서 신을 벗게 되었고 한 번의 큰 실패 끝에 하나님과 두 번째 만남을 가질 수 있게 되었습니다.

여호수아는 실패한 적이 없던 사람이었습니다. 그는 분명히 훌륭한 장군이었고, 모세의 복심과도 같은 사람이었으며, 언제나 하나님의 편에 서서 혁혁한 전과를 올리던 사람이었습니다. 참으로 존경스러운 하나님의 종이었습니다. 하지만 개인적으로는 아직 하나님을 두 번째로 만난 적이 없는 사람이었습니다. 그 결과 자신이 최고지도자가 되었을 때 기도하지 않고 아이성을 공격하였으며, 기도하지 않고 기브온과 화친을 맺었습니다. 그 두 번의 실패가 아주 심각한 것은 아니었지만 여호수아 자신에게는 엄청난 충격이었습니다. 그렇게 실패하면서 여호수아는 하나님과 두 번째 만남을 경험하였고 이후로는 더욱 하나님의 충성된 종으로 사명을 다하였습니다.

억지로 실패할 수는 없지만 자신과 소유와 명예와 경험과 지식을 버릴 줄 아는 훈련을 해야 합니다. 조건이 전제된 자기중심적 신앙에서 벗어날 때 보다 성숙한 영적 분량에까지 자랄 수 있습니다. 하나님과의 두 번째 만남을 통하여 하나님 중심적으로 변화된 그리스도인이 진정한 그리스도인이라고 할 수 있습니다. 그것이 신앙인의 삶의 목표가 되어야 할 것입니다. 그것이 바로 그리스도인의 성화인 것입니다.

결국 하나님께서 일찍이 여호수아에게 주신 말씀 곧 "강하고 담대하라."는 말씀, 그리고 "모세와 함께 하던 것같이 항상 너와 함께 하겠다."는 말씀은 당장 요단강을 건널 때의 담대함을 말씀하시는 것이 아닙니다. 아이성에서 실패한 이후에 오로지 하나님 중심적으로 생각하고 결단하고 위기에서도 하나님만을 전적으로 믿고 의지하라는 말씀인 것입니다.

강하고 담대하라고 아무리 격려해도 말씀만으로 강하고 담대해지는 것은 아닙니다. 담대함은 자기중심이 아니라 하나님중심으로 변할 때 소유할 수 있는 굳센 마음입니다. 하나님 중심적으로 세상을 바라보고 위기를 대할 때 성도는 강하고 담대해질 수 있습니다. 그리고 하나님 중심으로 변화되는 일은 두 번째 만남을 통해서 가능해지는 일이기도 합니다. 그래서 우리는 언제나 하나님 중심적으로 변화될 수 있도록 소망을 가지고 신앙생활 해야 하는 것입니다.

[생각해 보십시오]

1. 모세가 시내산에 오를 때 곁에 누가 있었습니까? (출 24:13)

2. 모세 대신 회막에 머물던 사람은 누구입니까? (출 33:11)

3. 아말렉 전투에서 승리한 장군은 누구입니까? (출 17:13)

4. 힌미디로 여호수아는 어떤 사람입니까? (민 32:12)

5. 하나님은 여호수아를 어떻게 생각하십니까? (민 27:18)

6. 그런데 여리고 전투 직전에 군대 대장을 통하여 무엇이라고 하십니까? (수 5:15)

7. 발에서 신을 벗으라는 말씀은 언제를 위한 말씀입니까? (수 7:5)

8. 그 실패를 통하여 어떤 일이 일어납니까?

9. 여호수아에게서 볼 수 있는 두 번째 만남의 특징은? (출 1:6-9)

10. 당신이 강하고 담대해야 할 때는 언제입니까?

6. 큰 용사로 만드시는 하나님 : 기드온

　기드온은 모세나 여호수아처럼 수십 년의 훈련과 연단을 통해서 하나님과 만난 사람이 아니었습니다. 그는 이스라엘의 부르짖음에 대한 응답으로 하나님께서 특별히 택하신 사람이었습니다. 하나님은 상황에 따라 다른 방식으로 사람을 사용하십니다. 기드온은 위기의 때에 일시적으로 하나님의 백성들을 구원하시기 위해 만들어내신 지도자였던 것입니다. 그것은 사사기 전체에 흐르는 공동된 원리였습니다.

　기드온 시대가 어떤 시대였습니까? 하나님께서 이스라엘을 회개시키기 위해 미디안에게 7년 동안 맡기셨습니다. 우리는 이스라엘의 입장을 기드온의 입장과 동일시할 수 있을 것입니다. 이스라엘의 마음이 기드온의 마음이었습니다. 그것이 모든 사사들에게 주어진 상황이었습니다.

　　"이스라엘 자손이 또 여호와의 목전에 악을 행하였으므로 여호와께서 칠 년 동안 그들을 미디안의 손에 넘겨 주시니"(삿 6:1)

민족적 상황 ✒

　이스라엘 백성들은 아주 비참한 환경 가운데 처할 수밖에 없었습니다. 백성들은 산에서 웅덩이와 굴을 파고 살게 되었습니다. 말이 그렇지 웅덩이와 굴을 파고 살아야 한다면 그 형편이 어떻겠습니까?

"미디안의 손이 이스라엘을 이긴지라 이스라엘 자손이 미디안으로 말미암아 산에서 웅덩이와 굴과 산성을 자기들을 위하여 만들었으며"(삿 6:2)

파종한 때만 되면 그들이 치러 올라와서 먹을 것은 물론 가축들까지 모조리 빼앗아갔습니다. 파종할 때 씨앗까지 빼앗으러 의도적으로 치러 올라온다는 것입니다.

"이스라엘이 파종한 때면 미디안과 아말렉과 동방 사람들이 치러 올라와서 진을 치고 가사에 이르도록 토지 소산을 멸하여 이스라엘 가운데에 먹을 것을 남겨 두지 아니하며 양이나 소나 나귀도 남기지 아니하니"(삿 6:3-4)

그 결과 이스라엘 백성들이 하나님께 부르짖게 되었습니다. 이것이 이스라엘의 모습이고 이것이 기드온의 마음이었습니다. 아마도 하나님께서 두 번째로 만나주실 준비가 거의 된 것 같습니다.

"이스라엘이 미디안으로 말미암아 궁핍함이 심한지라 이에 이스라엘 자손이 여호와께 부르짖었더라"(삿 6:6)

이런 시대에 하나님은 기드온을 부르셔서 백성들을 구원하십니다. 하지만 기드온이 훌륭한 영적 지도자였다든가 군대를 거느리고 있거나 전쟁 경험이 풍부하다든가 한 사람이 전혀 아니었습니다. 기드온이 밀을 추수한 후에 미디안 사람들에게 빼앗기지 않으려고 포도주 틀에서 타작을 합니다. 밀이 누렇게 익은 밀밭에서 추수하여 타작을 하려면 넓은 장소가 필요한 법인데 그것을 비좁은 포도주 틀에서 행했던 것입니다. 그런데 하나님의 사자는 바로 이 때에 기드온을 찾아옵니다.

"여호와의 사자가 아비에셀 사람 요아스에게 속한 오브라에 이르러 상수리나무 아래에 앉으니라 마침 요아스의 아들 기드온이 미디안 사람에게 알리지 아니하려 하여 밀을 포도주 틀에서 타작하더니"
(삿 6:11)

여호와의 사자는 기드온에 대해서 놀라운 말씀을 전해줍니다. 미디안에 들키지 않으려고 포도주 틀에서 몰래 타작을 하고 있는데 나타나서 그에게 '큰 용사'라는 칭호를 주는 것입니다. '큰 용사'라니 가당키나 한 이야기입니까? 그러나 큰 용사라는 칭호는 그에게 합당할 수도 있을 것 같습니다. 왜냐하면 여호와께서 함께 하시기 때문입니다.

"여호와의 사자가 기드온에게 나타나 이르되 큰 용사여 여호와께서 너와 함께 계시도다 하매"(삿 6:12)

이 때 기드온이 여호와의 사자에게 질문을 합니다. 어쩌면 질문이라기보다는 일종의 항의의 성격이 짙은 것 같습니다. 여호와께서 이스라엘의 하나님이시라면 왜 이 지경까지 내버려 두셨냐는 것이 질문의 요지였습니다.

" … 여호와께서 우리와 함께 계시면 어찌하여 이 모든 일이 우리에게 일어났나이까 또 우리 조상들이 일찍이 우리에게 이르기를 여호와께서 우리를 애굽에서 올라오게 하신 것이 아니냐 한 그 모든 이적이 어디 있나이까 이제 여호와께서 우리를 버리사 미디안의 손에 우리를 넘겨주셨나이다 … "(삿 6:13)

하나님이 우리 편이면 우리가 왜 이 고통을 당하느냐는 것입니다. 우리가 하나님의 백성이라면 모든 일이 잘 되고 여러 나라 중에서도 뛰어난 나라가 되어야지 이토록 미디안 때문에 심각한 고통을 당하도록 내버려 두실 수 있느냐는 말입니다. 정말 여호와께서 우리의 하나님이 맞으시냐는 항의였습니다. 꼭 오늘날 우리들의 이야기 같습니다. 믿으면 다 잘 되고 성공해야지 믿는 사람이 왜 어려움 당하고 가난하게 살아야 하느냐는 이야기 같습니다. 이것이 구약적인 시각입니다. 겉으로 드러나 보이는 모습들을 믿음의 잣대처럼 생각하는 그런 사고 말입니다. 어디까지나 자기중심적이고 외적인 결과를 따라가는 모습들입니다.

물론 지금 현재 기드온과 이스라엘의 상황을 보면 그런 말을 할 수밖에 없을 것입니다. 하지만 다시 한 번 생각해보면 자신들의 신앙 행위에는 관심이 없습니다. 왜 이런 결과가 나왔는지에 대해서는 돌아볼 줄 모릅니다. 그러나 하나님은 일방적으로 이유 없이 징계하지는 않으십니다. 이미 한 선지자를 보내셔서 이스라엘에게 그 이유를 설명해 주셨습니다.

> "내가 또 너희에게 이르기를 나는 너희의 하나님 여호와이니 너희가 거주하는 아모리 사람의 땅의 신들을 두려워하지 말라 하였으나 너희가 내 목소리를 듣지 아니하였느니라 하셨다 하니라"(삿 6:10)

큰 용사여!

아무튼 이 큰 용사에게 엄청난 사명을 주십니다. 무슨 수로 이스라엘을 미디안의 손에서 구원하겠습니까? 그런데 바로 그 일을, 이루어질 가능성 제로인 이 일을 위하여 여호와께서 자신을 보내셨다는 것입니다.

> "여호와께서 그를 향하여 이르시되 너는 가서 이 너의 힘으로 이스라엘을 미디안의 손에서 구원하라 내가 너를 보낸 것이 아니냐 하

시니라"(삿 6:14)

사실 기드온이 큰 용사일 수는 없습니다. 지금 기드온은 몹시 상한 마음상태였을 것입니다. 고통스러운 환경이었습니다. 모든 이스라엘 백성들의 마음과 한 가지였습니다. 이들은 지금 자신들이 하나님의 백성들이 과연 맞는지에 대해서조차 확신이 없는 사람들입니다. 자신들의 정체성조차 잃어버린 상태였습니다. 자신들의 무능력, 무기력함, 불신앙, 낙심, 절망 같은 복합적인 감정들에 사로잡혀 있었을 것입니다. 현실 속에 비춰지는 그 모습들은 모든 것을 벌거벗기고 완전히 바닥까지 내려간 상태였습니다. 그런데 사실 여기까지 내려가야 합니다. 강제적이기는 하지만 모든 것을 다 버린 상태가 되었으니까요.

물론 하나님께서 이스라엘을 미디안의 압제에서 구원해주시려는 이유는 이스라엘 자손들이 여호와께 부르짖었기 때문이었습니다. 백성들의 신음소리와 부르짖음에 대한 응답으로 오셨지만 기드온의 반응은 현재 자신의 입장과 처지를 설명하는 것으로 나타납니다. 너무나도 당연한 반응입니다. 큰 용사가 되려면 마음속의 의심이 사라져야 합니다. 자기 정체성을 깨달아야 하지만 또 다른 한편에서는 하나님께 대한 의구심이 다 사라져야 합니다. 그래서 현실적인 이야기를 하는 것입니다.

"그러나 기드온이 그에게 대답하되 오 주여 내가 무엇으로 이스라엘을 구원하리이까 보소서 나의 집은 므낫세 중에 극히 약하고 나는 내 아버지 집에서 가장 작은 자니이다 하니"(삿 6:15)

자기가 그럴 만한 실력이 되지 않는다는 것입니다. 므낫세 지파 중에서도 가장 약한 집안이고, 또 그 집안에서도 자기는 가장 보잘 것 없는 사람이라는 것입니다. 한 번 사양해보는 것이 아니라 정말로 자기가 나설 주제가 못 된다는 것이었습니다. 겸손이 아니라 사실이었습니다. 포장한 것이 아니라 마음속을 다 까발려 보여주는 것입니다. 그런데 여기에서부터 이야기가 시작됩니다.

여호와의 사자는 기드온에게 철석같이 약속을 합니다. 현실성이 전혀 없는 이야기이지만 솔깃한 말이기는 합니다. 미디안 군대를 한 사람 치듯이 할 수 있게 해 주신다는 것입니다. 그렇게 될 수만 있다면 얼마나 좋겠습니까? 과연 포도주 틀에서 몰래 추수하던 그 기드온이 할 수 있겠습니까? 그런데 여호와의 사자는 거듭 확신을 심어줍니다.

"여호와께서 그에게 이르시되 내가 반드시 너와 함께 하리니 네가 미디안 사람 치기를 한 사람을 치듯 하리라 하시니라"(삿 6:16)

그런데 기드온은 신앙인입니다. 기본적인 믿음이 있는 사람입니다. 하나님과의 첫 번째 만남을 경험했던 사람이라고 추정할 수 있습니다. 기드온이 큰 용사가 될 수 있는 이유 중의 하나가 나오는 것입니다. 그것은 바로 신앙입니다. 말도 안 되는 일을 하시겠다고 강하게 이야기하지만 그것을 믿을 수 있는 사람이 어디에 있겠습니까? 그런데 기드온은 다릅니다. 바로 이 점입니다. 기본적인 1차적 믿음이 있었기 때문에 기드온은 그것을 사실로 확인하려고 합니다. 그래서 기드온은 정말 하나님의 뜻이 맞는지 증거를 구하게 됩니다.

"기드온이 그에게 대답하되 만일 내가 주께 은혜를 얻었사오면 나와 말씀하신 이가 주 되시는 표징을 내게 보이소서"(삿 6:17)

그리고 기드온은 제물을 준비해서 상수리나무 아래에 진설하게 됩니다. 이 시절에 공식적으로 하나님을 만날 수 있는 사실상 유일한 길은 제사였습니다. 기드온도 이 제사를 통하여 하나님의 말씀의 진위 여부를 가리려고 한 것입니다.

> "기드온이 가서 염소 새끼 하나를 준비하고 가루 한 에바로 무교병을 만들고 고기를 소쿠리에 담고 국을 양푼에 담아 상수리나무 아래 그에게로 가져다가 드리매"(삿 6:19)

모세와 기드온의 차이

여기에서 어떤 장면이 떠오르지 않습니까? 모세가 하나님과 만나는 장면입니다. 모세는 하나님께서 이스라엘을 구원하라는 사명을 주시고 몇 가지 표적을 보여주셨음에도 계속 거절했습니다. 무려 다섯 번이나 거절했습니다. 지팡이 표적, 나병 표적, 물이 피가 되는 표적까지 약속하셨는데도 모세는 끝까지 거절했습니다. 대변자 아론을 주신다는데도 끝까지 거절하니까 마침내 하나님께서 모세에게 노하기까지 하셨습니다.

> "여호와께서 모세를 향하여 노하여 이르시되 레위 사람 네 형 아론이 있지 아니하냐 그가 말 잘 하는 것을 내가 아노라 그가 너를 만나러 나오나니 그가 너를 볼 때에 그의 마음에 기쁨이 있을 것이라"(출 4:14)

이에 반해 기드온은 거의 즉석에서 하나님께 표적을 구하였습니다. 어떤 차이일까요? 성경을 읽다가 보면 기드온이 모세보다 훨씬 믿음이 좋아 보이지 않습니까? 기드온은 거절하지도 않고 여호와이신 증거를 보여 달라고 곧바로 요구합니다. 저는 이것이 하나님께서 사람을 사용하시는 방법이라고 생각합니다. 이스라엘 전체를 수십 년 동안 인도해야 하는 일, 그리고 오랫동안 그 백성들에게 적용해야 할 율법을 주실 때는 기드온처럼 일회적, 일시적인 만남을 통하여 사명을 주시지 않습니다.

모세는 처음에는 거듭하여 거절했지만 그에게는 큰 실패와 무려 40년 동안의 광야에서의 버림의 훈련이 완벽하게 되어 있었습니다. 이스라엘 민족에게는 너무나도 중차대한, 앞으로 40년간 흔들림 없이 백성들을 이끌어가야 할 일을 맡기는 데 연단을 체험하지도 않고 내적인 준비가 덜 된 사람에게 그 사명을 줄 수는 없습니다.

하지만 7년 동안 미디안의 침략에 고통당하는 이스라엘을 구하는 일에는 꼭 모세와 같은 사람이 필요한 것은 아니었습니다. 기드온과 모세를 직접적으로 비교하려는 것은 물론 아닙니다. 신앙인에게 있어서 하나님과의 두 번째 만남은 반드시 필요한 일이고 이런 만남이 없으면 정말 하나님의 일을 감당할 수 없지만, 그와 동시에 버리는 훈련의 강도에 따라 하나님께서 맡기시는 사명도 달라지는 것입니다.

하나님과의 두 번째 만남이라는 목적 자체가 하나님의 필요에 의해서 언제라도 자신을 버릴 수 있는 사람을 만드는 데 있는 것이라면, 그 두 번째 만남 자체와는 별개로 연단의 과정 또한 하나님의 큰일에는 필수적으로 존재해야 한다는 것을 이야기하는 것입니다. 사람과 환경에 따라 다양하기 때문에 일률적으로 이야기할 수는 없지만 하나님의 필요에 의해 연단과 만남의 순서나 강도를 결정하시는 것입니다.

기드온이 제물을 준비해오자 여호와의 사자는 그 자리에서 제물들을 불사르게 됩니다. 그리고 사라져버렸습니다. 전설처럼 하나님께 대한 이야기만 듣다가 실제로 눈앞에서 이루어진 일을 보니 비로소 실감이 됩니다.

"여호와의 사자가 손에 잡은 지팡이 끝을 내밀어 고기와 무교병에 대니 불이 바위에서 나와 고기와 무교병을 살랐고 여호와의 사자는 떠나서 보이지 아니한지라"(삿 6:21)

기드온은 정신이 다 나가버렸습니다. 이제는 죽었다고 생각했습니다. 구차한 목숨이라도 연명해보려고 포도주 틀에 숨어서 미디안 족속 몰래 타작을 하던 기드온이었습니다. 그 목숨조차도 이제는 버릴 수밖에 없는 형편이 되었습니다.

"기드온이 그가 여호와의 사자인 줄을 알고 이르되 슬프도소이다 주 여호와여 내가 여호와의 사자를 대면하여 보았나이다 하니"(삿 6:22)

그런데 이 때 하나님의 음성이 기드온의 귀에 들려왔습니다. 바로 여기에서 기드온이 하나님과 두 번째 만나게 되는 것입니다. 자기 목숨을 포기할 수밖에 없는 이 상황, 세상과의 이별이 닥쳐왔다는 직감으로 모든 것을 체념했을 때였습니다. 하나님은 모든 것을 포기할 수 있을 때 비로소 두 번째 만나기 위해 나타나십니다. 참으로 찰나적인 순간 기드온은 하나님을 제대로 만났던 것입니다. 이제는 두 번째 만남의 과정을 진행시켜야 합니다.

"여호와께서 그에게 이르시되 너는 안심하라 두려워하지 말라 죽지 아니하리라 하시니라"(삿 6:23)

하나님과의 두 번째 만남 이후

기드온의 힘과 능력은 바로 여기에 있습니다. 그 때부터 기드온에게는 하나님의 음성이 구체적이고 정확하게 임하기 시작했습니다. 하나님과의 만남이 시작되었던 것입니다. 가감 없이, 자기중심적이 아니라 오로지 하나님의 필요에 반응할 때 하나님의 음성이 들리기 시작하는 것입니다.

"그 날 밤에 여호와께서 기드온에게 이르시되 네 아버지에게 있는 수소 곧 칠 년 된 둘째 수소를 끌어 오고 네 아버지에게 있는 바알의 제단을 헐며 그 곁의 아세라 상을 찍고 또 이 산성 꼭대기에 네 하나님 여호와를 위하여 규례대로 한 제단을 쌓고 그 둘째 수소를 잡아 네가 찍은 아세라 나무로 번제를 드릴지니라 하시니라"(삿 6:25-26)

기드온은 담대하게 하나님의 말씀대로 실행합니다. 그리고 성령께서 기드온에게 임하십니다. 진짜 신앙인에게 필요한 성령님은 하나님의 목적을 따라 나타나시게 되어 있습니다. 결코 엉뚱한 일에 사용하라고 임하시는 것이 아닙니다. 하나님의 일을 위해 임하시는 것입니다.

"여호와의 영이 기드온에게 임하시니 기드온이 나팔을 불매 아비에셀이 그의 뒤를 따라 부름을 받으니라"(삿 6:34)

그리고 우리가 너무나도 잘 아는 양털시험을 기드온이 시도합니다. 비록 하나님께서 기드온과 대면하기 시작하셨지만 기드온에게 마지막 확신을 심어주기 위해 양털시험을 허락하시고, 하나님은 어김없이 양털뭉치를 젖게도 하시고 마르게도 하심으로써 응답해 주셨습니다. 이것으로 기드온의 시험은 종료됩니다.

"그 밤에 하나님이 그대로 행하시니 곧 양털만 마르고 그 주변 땅에는 다 이슬이 있었더라"(삿 6:40)

이후로 하나님은 계속해서 기드온에게 역사하십니다. 32,000명의 군사들 중에서 300명만을 추린 것도 하나님의 말씀을 따라 순종한 것이었습니다. 기드온은 하나님의 말씀 그대로 순종하게 되는데 이것이 바로 하나님과 두 번째 만난 사람의 위엄입니다. 기드온의 300명 용사들로부터 비롯된 미디안 징벌에서 미디안 사람들 몇 명이 죽었는지 아십니까? 무려 120,000명이 죽었습니다.

"이 때에 세바와 살문나가 갈골에 있는데 동방 사람의 모든 군대 중에 칼 든 자 십이만 명이 죽었고 그 남은 만 오천 명 가량은 그들을 따라와서 거기에 있더라"(삿 8:10)

이렇게 된 것은 기드온이 믿음이 좋고 담대하기 때문에 그런 것이 아니라 기드온이 하나님과 두 번째 만남을 경험한 사람이었기 때문에 가능한 일이었습니다. 하나님과의 벌거벗은 만남을 가진 사람에게는 비단 용감한 군사적 행동만 따라오는 것이 아닙니다. 각 사람과 시대적 상황에 따라 다르겠지만, 기드온에게는 동족의 마음을 다스리는 지혜까지 주어졌습니다. 에브라임에게 통지하지 않고 미디안을 치고 난 다음에 에브라임이 기드온에게 따집니다.

"에브라임 사람들이 기드온에게 이르되 네가 미디안과 싸우러 갈 때에 우리를 부르지 아니하였으니 우리를 이같이 대접함은 어찌 됨이냐 하고 그와 크게 다투는지라"(삿 8:1)

그러자 기드온은 그들의 공적을 인정하고 칭찬해주게 됩니다. 에브라임의 노여움이 다 풀립니다. 성령님의 음성을 제대로 듣는 사람에게는 반드시 지혜로 함께 하십니다.

"기드온이 그들에게 이르되 내가 이제 행한 일이 너희가 한 것에 비교되겠느냐 에브라임의 끝물 포도가 아비에셀의 맏물 포도보다 낫지 아니하냐 하나님이 미디안의 방백 오렙과 스엡을 너희 손에 넘겨 주셨으니 내가 한 일이 어찌 능히 너희가 한 것에 비교되겠느냐 하니라 기드온이 이 말을 하매 그 때에 그들의 노여움이 풀리니라"(삿 8:2-3)

또한 기드온은 하나님의 일을 대적한 자들에게는 단호하게 대처합니다. 미디안 왕 세바와 살문나를 추격할 때 몹시 피곤하여 숙곳 사람들에게 음식을 요청했지만 거절당합니다.

"숙곳의 방백들이 이르되 세바와 살문나의 손이 지금 네 손 안에 있다는 거냐 어찌 우리가 네 군대에게 떡을 주겠느냐 하는지라"(삿 8:6)

기드온이 이들에게 맹세하며 대답합니다. 하나님의 사람이 밖으로 꺼낸 말은 좋은 일이든지 나쁜 일이든지 하나님의 뜻을 따라 지켜져야 합니다.

"기드온이 이르되 그러면 여호와께서 세바와 살문나를 내 손에 넘겨주신 후에 내가 들가시와 찔레로 너희 살을 찢으리라 하고"(삿 8:7)

그런데 브누엘 사람들도 똑같은 반응을 보이자 여기에 대해서도 맹세하며 대답합니다.

"거기서 브누엘로 올라가서 그들에게도 그같이 구한즉 브누엘 사람들의 대답도 숙곳 사람들의 대답과 같은지라 기드온이 또 브누엘 사람들에게 말하여 이르되 내가 평안히 돌아올 때에 이 망대를 헐리라 하니라"(삿 8:8-9)

결국 전투 후에 기드온은 자기 자신과 두 부족에게 맹세한 대로 이들을 처벌하게 됩니다. 물론 기드온은 하나님의 감동을 받고 하나님의 계획을 따라 이런 결단을 내렸다고 생각합니다. 이후로 살펴보겠지만 사실 기드온이 모든 것을 포기할 줄 아는 연단의 상태에서 두 번째 하나님을 만난 것이 아니고 아직은 고난과 연단이 짧은 미숙한 상태에서 만났지만, 이 놀라운 사명을 감당한 것은 하나님과의 두 번째 만남 때문이라고 믿을 수밖에 없는 것입니다.

> "그 성읍의 장로들을 붙잡아 들가시와 찔레로 숙곳 사람들을 징벌하고 브누엘 망대를 헐며 그 성읍 사람들을 죽이니라"(삿 8:16-17)

기드온의 탈선

기드온은 미디안 몰래 포도주 틀에서 밀을 타작하다가 여호와의 사자를 만났고, 여호와의 사자가 제물을 불로 태우는 광경을 보면서 자기 목숨을 포기했었고, 그 때 하나님을 두 번째로 만났고, 그 후로 하나님의 음성을 들으면서 전쟁을 수행했었습니다. 그리고 그에게 맡겨진 모든 일들을 극히 담대하게 완수하게 됩니다. 모든 과정을 보면 기드온은 하나님과의 두 번째 만남을 극적으로 경험한 사람이 분명합니다. 하나님과 결정적인 만남을 가지지 못한 사람에게서는 이런 반응과 과정들이 결코 나타날 수 없습니다.

그런데 이쯤 해서 기드온의 이야기가 마무리되었다면 참 좋았겠지만 여기에서 끝나지는 않습니다. 기드온이 비록 하나님을 두 번째로 만난 사람이고, 그리고 미디안을 칠 때 정말로 엄청난 일을 했었고, 그것을 수습하는 과정에서도 놀라운 지혜를 보여준 것은 맞지만, 그 이후의 기드온의 삶을 보면 조금 의아한 이야기들이 계속됩니다. 사실 그 큰일을 한 이후 기드온은 참된 사역자의 길을 가는 듯했습니다. 백성들이 기드온과 그 후손들이 대대로 자신들을 다스려줄 것을 요청하는 장면에서입니다.

"그 때에 이스라엘 사람들이 기드온에게 이르되 당신이 우리를 미디안의 손에서 구원하셨으니 당신과 당신의 아들과 당신의 손자가 우리를 다스리소서 하는지라"(삿 8:22)

이 때 기드온의 처음 대답은 참으로 올바른 것이었습니다. 이 대답까지만 보면 하나님과의 두 번째 만남이 있었고, 그 후로 하나님과 대면하는 사람 기드온이 맞는 것 같습니다.

"기드온이 그들에게 이르되 내가 너희를 다스리지 아니하겠고 나의 아들도 너희를 다스리지 아니할 것이요 여호와께서 너희를 다스리시리라 하니라"(삿 8:23)

그런데 기드온은 자신의 말과는 조금 다른 행보를 보입니다. 우선 기드온이 취한 행동을 보면 미디안에게서 탈취한 금귀고리를 모아달라고 해서 그 금으로 에봇을 만들어 자기 성읍 오브라에 두었습니다. 그리고 이스라엘이 에봇을 음란하게 위하였다고 했습니다. 이 말은 곧 우상숭배의 도구가 되어 버렸다는 것입니다.

"기드온이 그 금으로 에봇 하나를 만들어 자기의 성읍 오브라에 두었더니 온 이스라엘이 그것을 음란하게 위하므로 그것이 기드온과 그의 집에 올무가 되니라"(삿 8:27)

원래 에봇이란 제사장이 입는 조끼처럼 생긴 의복인데, 하나님의 뜻을 물을 때에 제사장이 이 옷을 입고 우림과 둠밈을 사용하여 결정했었습니다. 그런데 이 에봇을 금실, 청색 자색 홍색 실 등으로 짜는 것이 아니라 금으로 에봇 모양의 조형물을 만들었다는 데에 문제가 있습니다. 더구나 당시 성막은 실로에 있었는데 성막에서 제사장들이 입어야 할 옷을 금으로 만들어 실로가 아니라 자기 성읍에 두었다는 데에 더 큰 문제가 있는 것입니다.

기드온은 미디안을 물리칠 때 지속적으로 하나님의 말씀을 듣고 순종함으로써 저들을 진멸할 수 있었습니다. 그러니까 하나님 중심적으로 변화되어 사명을 감당했었는데, 이제 하나님의 뜻을 물을 때 쓰는 에봇의 형상을 만들어서 그것으로 하나님의 뜻을 묻겠다는 의사표현을 한 것이 문제라는 것입니다. 결과적으로 백성들은 이 에봇을 우상처럼 섬기는 우상숭배의 죄를 범하고 말았습니다. 기드온 자신과 그 자식들이 다스리는 것이 아니라 여호와께서 다스리실 것이라고 해놓고는 실세로는 우상숭배의 죄에 빠지게 하고 말았던 것입니다.

훈련과 연단 없는 기드온

인간은 아무리 변화되었다고 해도 조건이 충족되거나 그 상태를 방치하면 일종의 율법화로 빠지기가 쉽습니다. 율법은 처음에는 이스라엘 사회를 구성하고 그들의 정체성을 지키는 도구였지만, 그 율법을 그대로 방치한 결과 율법주의로 빠지게 되었고 그 율법이 오히려 우상처럼 변해버리지 않았습니까? 처음에는 권위가 필요해서 인정했지만 나중에는 권위주의로 빠지는 것과 비슷한 현상이 일어난 것입니다. 기드온이 꼭 그랬습니다. 버렸던 것을 다시 주워서 자기소유로 삼아버린 것입니다. 미디안을 통해서 이스라엘을 징계하신 것과 똑같은 결과를 가져온 것이었습니다.

"내가 또 너희에게 이르기를 나는 너희의 하나님 여호와이니 너희가 거주하는 아모리 사람의 땅의 신들을 두려워하지 말라 하였으나 너희가 내 목소리를 듣지 아니하였느니라 하셨다 하니라"(삿 6:10)

모든 조건을 벗어버린 채 하나님을 만났고, 하나님과의 만남을 통하여 받은 지시에 순종함으로써 백성들을 구했으면 계속해서 하나님 중심적인 삶을 살기 위해 자기 자신을 버리는 노력을 해야 하는데 손쉽게 에봇을 만듦으로써 오히려 하나님과 멀어지는 결과를 가져오고 말았습니다. 모두 인간의 육적인 욕심을 따르는 것이니까 그 이유야 분명하지만, 그래서 신앙에는 훈련이 필요하고 고난과 역경을 통한 연단의 과정이 반드시 필요한 것입니다. 그래서 하나님과의 두 번째 만남과 함께 그 만남 이전이든 이후이든 연단의 과정도 꼭 거쳐야 하는 것입니다.

그런데 기드온은 여기에서 그치는 것이 아니라 아내를 많이 두게 되는데, 이 일은 아무리 일부다처제가 용인되던 시절이라고 해도 하나님과 대면하는 사람의 면모를 전혀 찾아볼 수 없게 만들었던 것입니다. 후에 기드온의 자식 70명이 또 다른 첩의 자식이었던 아비멜렉에 의해 전부 죽게 되는 참혹한 결과가 이를 증명하고 있습니다. 결국 기드온이 살아있던 40년 동안은 이스라엘이 평온하였지만 기드온이 죽고 나서는 극심한 우상숭배에 빠지고 말았습니다.

많은 시련과 연단을 거쳤던 모세와 여호수아는 하나님과의 두 번째 만남 이후로 결코 변치 않는 영성으로 모든 사명을 끝까지 잘 감당하게 됩니다. 그러나 기드온과 같은 사람은 비록 하나님을 결정적으로 만났던 사람이기는 했어도 일시적으로 쓰임 받을 수밖에 없었던 것입니다. 다른 측면에서 보자면 하나님의 큰일을 하는 사람은 그 훈련 기간이 길 수밖에 없다는 사실도 우리는 생각해야 합니다. 하나님과의 만남이 시급한 것이 아니라 필요할 때까지 훈련을 충분하게 받는 것이 중요합니다. 물론 하나님과 두 번째 만남을 가졌다고 해서 자만하고 그 만남을 게을리 한다면 과거로 되돌아가게 될 수도 있습니다.

하나님과의 두 번째 만남은 방언이나 예언이나 환상이나 병 고치는 능력과 동일시하면 절대 안 됩니다. 그런 은사적인 요소들이 전혀 안 나타나더라도 자신의 목숨이라도 내어드릴 준비가 된 사람이라면 하나님과의 두 번째 만남을 경험한 사람이 될 수 있는 것입니다. 다가오는 시련이나 고난을 피할 생각을 하지 말고 거기에 맞섬으로써 귀한 훈련과정이 이루어지고, 모든 깃을 내려놓을 때 하나님과의 실체적 만남이 이루어지는 것입니다. 그것이 성화의 길이고 그것이 기독교를 살리는 길입니다.

[생각해 보십시오]

1. 백성들이 힘든 상황에 처한 이유는 무엇입니까? (삿 6:1)

2. 하나님께서 택하신 기드온은 어떤 사람입니까? (삿 6:11, 15)

3. 그런데 하나님은 기드온을 무엇이라 부르십니까? (삿 6:12)

4. 기드온은 언제 하나님을 두 번째 만나게 됩니까? (삿 6:22)

5. 하나님을 만나고 처음 순종한 일은 무엇입니까? (삿 6:25-26)

6. 순종 이후에 어떤 일이 일어났습니까? (삿 6:34)

7. 기드온이 큰 용사라는 증거는 무엇입니까? (삿 7:8)

8. 당신은 신앙생활 중 용사였던 적이 있습니까?

9. 큰 용사 기드온이지만 큰 승리 후에 어땠습니까? (삿 8:27)

10. 당신은 어떤 연단을 거쳤으며 현재까지 어떤 하나님을 만났습니까?

7. 죽을 때 찾아오시는 하나님 : 삼손

나실인으로 태어나서

여기에서 우리는 삼손이라는 특이한 인물을 만나게 됩니다. 왜냐하면 삼손은 하나님과의 두 번째 만남과 동시에 바로 죽음을 맞이하게 되기 때문입니다. 삼손은 사사 중의 한 사람이지만 희한하게도 하나님께서는 삼손에게 직접 나타나신 것이 아니라 그의 출생 전에 그의 부모에게 임하셨습니다. 하나님의 사자가 먼저는 마노아의 아내에게 나타납니다.

> "소라 땅에 단 지파의 가족 중에 마노아 이름하는 자가 있더라 그의 아내가 임신하지 못하므로 출산하지 못하더니 여호와의 사자가 그 여인에게 나타나서 그에게 이르시되 보라 네가 본래 임신하지 못하므로 출산하지 못하였으나 이제 임신하여 아들을 낳으리니"(삿 13:2-3)

그리고 하나님의 말씀을 전하게 됩니다. 태어날 아기를 위해 이 여인이 금해야 할 것을 말씀하시는 것입니다.

> "그러므로 너는 삼가 포도주와 독주를 마시지 말며 어떤 부정한 것도 먹지 말지니라"(삿 13:4)

하나님께 쓰임 받을 아들을 낳을 터이니 그 아들을 위하여 술을 입에 대지 말고 부정한 음식을 먹지 말라고 지시하셨습니다. 그리고 앞으로 그 아들이 감당할 사역까지 다 가르쳐주십니다.

"보라 네가 임신하여 아들을 낳으리니 그의 머리 위에 삭도를 대지 말라 이 아이는 태에서 나옴으로부터 하나님께 바쳐진 나실인이 됨이라 그가 블레셋 사람의 손에서 이스라엘을 구원하기 시작하리라 하시니"(삿 13:5)

다른 사사들은 사사가 될 사람에게 직접 나타나시는데 삼손만은 아이를 잉태하기 이전에 어머니에게 나타나셔서 지시를 내리는 것입니다. 그런데 이 말을 들은 마노아가 하나님께 기도하는 장면이 나옵니다.

"마노아가 여호와께 기도하여 이르되 주여 구하옵나니 주께서 보내셨던 하나님의 사람을 우리에게 다시 오게 하사 우리가 그 낳을 아이에게 어떻게 행할지를 우리에게 가르치게 하소서 하니"(삿 13:8)

그리고 하나님께서 이 기도를 들으셨습니다.

"하나님이 마노아의 목소리를 들으시니라"(삿 13:9上)

마노아가 살던 시대가 어떤 시대입니까? 이스라엘이 악을 행하여 하나님께로부터 버림받은 지 40년이 된 때였습니다. 그런 시대에 하나님께 기도하는 마노아가 살고 있었고 그의 기도를 하나님께서는 듣고 계셨던 것입니다.

"이스라엘 자손이 다시 여호와의 목전에 악을 행하였으므로 여호와께서 그들을 사십 년 동안 블레셋 사람의 손에 넘겨주시니라"(삿 13:1)

마노아의 믿음으로

이제 부분적으로는 궁금증이 풀린 것 같습니다. 왜 마노아 부부에게 하나님이 나타나셨냐 하면 바로 마노아의 믿음 때문이었던 것입니다. 마노아를 쓰지는 못하시지만 마노아의 아들을 낳게 해서 그를 사용하실 계획이셨던 것입니다. 충분히 가능한 일이라고 생각합니다. 하나님은 마노아의 기도를 들으시고 마노아 부부에게 나타나셨습니다.

그리고 아직 여호와의 사자인 줄 모르는 마노아가 염소새끼와 소제물을 바위에 진설하자 놀라운 광경이 펼쳐졌습니다. 제단에서부터 불꽃이 하늘로 올라가는데 여호와의 사자가 불꽃에 휩싸여 함께 올라갔던 것입니다.

"불꽃이 제단에서부터 하늘로 올라가는 동시에 여호와의 사자가 제단 불꽃에 휩싸여 올라간지라 마노아와 그의 아내가 그것을 보고 그들의 얼굴을 땅에 대고 엎드리니라"(삿 13:20)

그제서야 자기들이 여호와의 사자를 만난 사실을 깨닫고 두려워하게 됩니다.

"여호와의 사자가 마노아와 그의 아내에게 다시 나타나지 아니하니 마노아가 그제야 그가 여호와의 사자인 줄 알고 그의 아내에게 이르되 우리가 하나님을 보았으니 반드시 죽으리로다 하니"(삿 13:21-22)

하지만 그들은 죽지 않았고 오히려 마노아의 아내가 아들을 낳았고 삼손이라고 이름을 지었습니다. 이렇게 여호와의 사자와의 만남 이후에 낳은 아들을 나실인으로 교육시켰을 것입니다. 마노아 부부의 믿음의 아들, 약속의 아들이 자라가면서 하나님을 만난 사람의 아들답게 하나님께서 복을 주시고 여호와의 영이 삼손을 움직이게 됩니다.

"그 여인이 아들을 낳으매 그의 이름을 삼손이라 하니라 그 아이가 자라매 여호와께서 그에게 복을 주시더니 소라와 에스다올 사이 마하네단에서 여호와의 영이 그를 움직이기 시작하셨더라"(삿 13:24-25)

그런데 말입니다. 뭔가 이상해지기 시작합니다. 사사기 14장에 가니까 대뜸 여자 이야기부터 나옵니다. 그것도 동족의 딸이 아니라 블레셋 여인을 아내로 맞이하겠다는 것이 아닙니까?

"삼손이 딤나에 내려가서 거기서 블레셋 사람의 딸들 중에서 한 여자를 보고 올라와서 자기 부모에게 말하여 이르되 내가 딤나에서 블레셋 사람의 딸들 중에서 한 여자를 보았사오니 이제 그를 맞이하여 내 아내로 삼게 하소서 하매"(삿 14:1-2)

믿음의 부모인 마노아와 아내는 당연히 이것을 반대합니다. 하지만 삼손은 부모님에게 함께 내려가서 여자를 데려오자고 거의 강요하다시피 고집을 부립니다.

"그의 부모가 그에게 이르되 네 형제들의 딸들 중에나 내 백성 중에 어찌 여자가 없어서 네가 할례 받지 아니한 블레셋 사람에게 가서 아내를 맞으려 하느냐 하니 삼손이 그의 아버지에게 이르되 내가 그 여자를 좋아하오니 나를 위하여 그 여자를 데려오소서 하니라" (삿 14:3)

성경은 이것이 블레셋을 치기 위한 삼손의 계획이라고 말하고 있습니다.

"그 때에 블레셋 사람이 이스라엘을 다스린 까닭에 삼손이 틈을 타서 블레셋 사람을 치려 함이었으나 그의 부모는 이 일이 여호와께로부터 나온 것인 줄은 알지 못하였더라"(삿 14:4)

삼손의 행동들을 보면 오늘날 일부 신앙지도자들의 모습과 조금도 다르지 않습니다. 능력도 있습니다. 열정도 있습니다. 실력도 있습니다. 그래서 교회 안에서는 하나님의 일을 하는 것 같은데 삶 가운데 나타나는 모습을 보면 세상 사람들과 조금도 다르지 않은 그런 모습 말입니다. 비록 삼손이 거룩한 계획을 세웠을지라도, 또한 그 동기가 여호와께로부터 나온 것이라고 할지라도 행동 하나하나의 과정은 자신의 믿음 수준에서 비롯된다는 사실을 알아야 합니다.

삼손이 딤나의 여자한테 빠질 때가 언제인지 아십니까? 성령님이 함께 하신 이후의 일입니다.

"소라와 에스다올 사이 마하네단에서 여호와의 영이 그를 움직이기 시작하셨더라"(삿 13:25)

여호와의 영이 삼손을 움직이기 시작했던 때였습니다. 물론 성령께서 삼손과 함께 하셨습니다. 하나님의 뜻을 따라 여호와의 영이 삼손과 함께하십니다. 그러면 성령에 감동된 사람처럼 말하고 행동하고 살아야 하는데 삼손은 전혀 그런 모습을 보여주지 못하고 있습니다. 하나님을 제대로 만나지 못한 사람은 은사적인 충만이 오히려 그 사람을 무너뜨릴 수 있습니다. 은사보다 말씀을 이해하고 말씀에 순종하는 것이 훨씬 중요합니다. 은사는 그 다음입니다.

아버지의 믿음을 떠나서

아버지의 영향력은 여기까지인가 봅니다. 마노아와 아내는 할 수 없이 삼손을 따라 딤나로 내려가게 됩니다. 그곳까지 가는 길에서도 삼손이 하나님의 영을 힘입어 사자를 죽였지만 부모에게는 알리지 않습니다.

"여호와의 영이 삼손에게 강하게 임하니 그가 손에 아무것도 없이 그 사자를 염소 새끼를 찢는 것 같이 찢었으나 그는 자기가 행한 일을 부모에게 알리지 아니하였더라"(삿 14:6)

그리고 얼마 후에 다시 지나가다가 그 사자의 시체에서 꿀을 발견하게 되지만 삼손은 이것도 부모에게 알리지는 않았습니다.

"얼마 후에 삼손이 그 여자를 맞이하려고 다시 가다가 돌이켜 그 사자의 주검을 본즉 사자의 몸에 벌 떼와 꿀이 있는지라 손으로 그 꿀을 떠서 걸어가며 먹고 그의 부모에게 이르러 그들에게 그것을 드려서 먹게 하였으나 그 꿀을 사자의 몸에서 떠왔다고는 알리지 아니하였더라"(삿 14:9)

이미 삼손의 입장에서 하나님의 일과 아버지 마노아는 분리되어 있었습니다. 그리고 마침내 양가의 부모는 서로 동의하기에 이르렀고 딤나 사람과 삼손 사이에 시소가 벌어집니다. 삼손이 베옷 30벌과 겉옷 30벌을 걸고 수수께끼를 내었고, 아무도 못 맞추자 딤나 사람들이 삼손의 아내에게 명하여 알아내게 하였고 삼손은 비밀을 말하였다가 수수께끼 내기에 지고 말았습니다. 삼손이 홧김에 아스글론에 내려가서 30명을 죽이고 옷을 빼앗아 딤나 사람들에게 전해주게 됩니다.

"여호와의 영이 삼손에게 갑자기 임하시매 삼손이 아스글론에 내려가서 그 곳 사람 삼십 명을 쳐죽이고 노략하여 수수께끼 푼 자들에게 옷을 주고 심히 노하여 그의 아버지의 집으로 올라갔고"(삿

14:19)

그런데 성경은 약속했던 베옷 30벌과 겉옷 30벌 때문에, 비록 적국이지만 아스글론 사람 30명을 때려죽인 것에 대해 여호와의 영이 삼손에게 갑자기 임한 결과라고 기록하고 있습니다. 물론 삼손의 입장에서는 딤나의 블레셋 사람들이 내기에 부정적인 방법을 사용하였으니 그것을 징계한다는 입장일 수는 있습니다. 하지만 과연 그것이 하나님의 뜻이었는지에 대해서는 동의할 수 없는 부분이 있습니다. 아무리 구약시대, 고대 세계라고는 하지만 도저히 정당화시킬 수 없는 부분이 있기 때문입니다.

삼손에게 여호와의 영이 임한 기록은 모두 세 번 나오는데, 사자를 죽일 때와 아스글론 사람 30명을 죽일 때, 그리고 유다 사람 3,000명이 삼손에게 간절히 부탁하여 스스로 밧줄로 묶였을 때에도 여호와의 영이 임하여 밧줄을 끊어버린 사건입니다.

"삼손이 레히에 이르매 블레셋 사람들이 그에게로 마주 나가며 소리 지를 때 여호와의 영이 삼손에게 갑자기 임하시매 그의 팔 위의 밧줄이 불탄 삼과 같이 그의 결박되었던 손에서 떨어진지라"(삿 15:14)

그러면 여호와의 영이 임하신 것이 그 세 번뿐이었겠습니까? 삼손이 여우 300마리를 붙들고 꼬리에 불을 붙인 일은 순전히 삼손의 능력이겠습니까? 성 문짝들과 문설주와 문빗장까지 뜯어내어 어깨에 메고 앞산 꼭대기까지 간 것은 순전히 삼손의 힘이었겠습니까? 삼손이 행한 모든 일에는 삼손의 힘이 아니라 여호와의 영의 힘이 절대적으로 작용한 것입니다. 우리는 들릴라에 의해 삼손의 머리카락이 잘려지기 전까지는 계속 무성한 것을 알고 있는데, 물론 상징으로 사용한 이야기이지만 삼손이 성령님의 능력을 항상 힘입고 있었다는 사실을 알고 있습니다.

무슨 말이냐 하면 삼손에게 여호와의 영이 임하심으로써 큰 능력을 발휘한 것은 맞지만, 여호와의 영의 임재와 삼손이 하나님의 뜻대로 움직이느냐는 문제는 전혀 별개일 수 있다는 말입니다. 은사가 강하다고 곧 하나님이 자기편이고 자신이 정의라고 생각한다면 너무나도 엄청난 착각일 수밖에 없습니다. 은사는 하나님께서 그 사람을 도구로 쓰시기 위해 부어주시는 능력일 뿐입니다. 특히 구약의 성령님은 사역에 따라 임하시기도 하고 떠나시기도 하는 분이었습니다.

삼손은 아버지 마노아의 영향력을 완전히 벗어나고 말았습니다. 신앙전통은 중요합니다. 때로 역작용으로 행사할 때도 있지만 신앙의 건전한 울타리로 작용할 수 있도록 해야 합니다. 아무튼 삼손에게는 여호와의 영이 수시로 임하심으로써 엄청난 힘을 발휘할 수 있었지만 그가 하는 말이나 행동은 아직 하나님을 결정적으로 만난 것은 전혀 아니었습니다. 그 후로 삼손은 20년 동안 사사로 지내게 됩니다. 삼손의 이야기가 여기까지라면 훨씬 좋았을 것 같습니다만, 이야기는 계속됩니다.

삼손의 외도의 결말

삼손이 소렉 골짜기의 들릴라에게 완전히 반하여 푹 빠져버렸습니다. 들릴라도 삼손을 좋아했겠지만 그녀에게는 민족이 우선이었습니다. 하지만 삼손은 아직까지 하나님을 만난 적이 없었습니다. 더구나 일대일로 하나님과 대화하는 장면조차도 눈을 씻고 보아도 찾을 수가 없습니다. 하나님을 직접적이든 음성이든 환상이든 만난 적이 없으니까 삼손은 거의 육적인 상태에 있었던 것입니다.

딤나에서 난동(?)을 부린 것도 삼손의 계획 중의 일부였지만 그것이 하나님의 방법이라고 볼 수는 없을 것입니다. 삼손은 자기 생각대로, 자기 의지대로 모든 일을 행하고 있었습니다. 들릴라와 함께 사는 것도 이방인과의 교류를 금지한 여호와의 율법에 완전히 어긋나는 일이었습니다.

> "그의 부모가 그에게 이르되 네 형제들의 딸들 중에나 내 백성 중에 어찌 여자가 없어서 네가 할례 받지 아니한 블레셋 사람에게 가서 아내를 맞으려 하느냐"(삿 14:3上)

하지만 한 번 사랑에 빠진 삼손을 말릴 수 있는 사람은 아무도 없었습니다. 여호와의 영을 힘입고 사는 삼손이 왜 하나님의 뜻과는 전혀 상관없는 삶을 살게 되었을까요? 여러 가지 이유를 제시할 수 있겠지만 핵심은 하나님을 만나지 못했다는 것입니다. 물론 표피적인 시각으로 보면 삼손은 하나님을 만난 사람입니다. 하나님을 만나도 아주 가까이 만난 사람입니다. 하나님을 만나지 못한 사람에게 여호와의 영이 임하시겠습니까? 하나님을 모르는 사람이 어떻게 초강력적인 힘을 쓸 수 있겠습니까?

겉으로 나타나는 현상만 보면 삼손은 분명히 하나님을 만난 사람입니다. 하지만 그 만남은 자기도 모르고 하나님도 모르는, 가면을 쓴 만남입니다. 하나님께서 이스라엘의 구원을 위해서 마노아의 믿음을 보시고 삼손을 사용하고 계시기는 하지만, 진정한 하나님의 사역을 위해서는 전인격적인 만남, 모든 조건 심지어 목숨까지라도 내려놓은 상황에서의 만남이 필요한 것입니다. 그 두 번째 만남을 하나님은 오랫동안 기다리고 계셨던 것입니다.

하나님을 결정적으로 만나지 못한 상태에서 사역을 감당하다 보면 위기가 오는데 그 위기는 반드시 가장 가까운 데에서부터 오게 되어 있습니다. 방심하는 가운데 마귀가 틈을 타게 되어 있습니다. 삼손이 그토록 사랑하는 들릴라, 그 들릴라가 삼손의 멸망을 재촉합니다. 들릴라는 블레셋 관리들의 명령을 듣지 않을 수 없었습니다.

> "블레셋 사람의 방백들이 그 여인에게로 올라가서 그에게 이르되 삼손을 꾀어서 무엇으로 말미암아 그 큰 힘이 생기는지 그리고 우리가 어떻게 하면 능히 그를 결박하여 굴복하게 할 수 있을는지 알아보라 그리하면 우리가 각각 은 천백 개씩을 네게 주리라 하니"(삿 16:5)

그리하여 들릴라의 요구가 계속됩니다. 삼손의 힘이 어디에서 나는지를 알면 삼손을 잡을 수 있을 것이라는 블레셋의 추궁은 들릴라로 하여금 그러한 노력을 중단할 수 없게 만들기도 했을 것입니다. 삼손은 꿋꿋이 들릴라의 강짜를 물리칩니다. 새 활줄 일곱 겹으로 묶으면 된다, 새 밧줄로 묶으면 된다, 머리털 일곱 가닥을 베틀의 날실에 섞어서 짜면 된다고 했지만 번번이 거짓으로 드러나고 맙니다.

하지만 한계는 있는 법입니다. 사랑하는 들릴라가 요구하는 의도를 뻔히 알면서도 삼손은 결국 자기 힘의 비밀을 들릴라에게 털어놓게 됩니다.

"삼손이 진심을 드러내어 그에게 이르되 내 머리 위에는 삭도를 대지 아니하였나니 이는 내가 모태에서부터 하나님의 나실인이 되었음이라 만일 내 머리가 밀리면 내 힘이 내게서 떠나고 나는 약해져서 다른 사람과 같으리라 하니라"(삿 16:17)

그리하여 삼손은 블레셋에 붙잡혀서 눈을 뽑히고 가사에 끌려가서 놋줄로 매인 채 맷돌을 돌리는 처량한 신세가 되고 말았습니다. 삼손이 일찍 민낯으로 하나님을 만났더라면 이렇게까지 되지는 않았을 것입니다. 물론 삼손이 평소에 여인에게 약한 면모를 보였고, 자기 힘만 믿고 자만심을 가진 결과로 이런 실패를 하였지만, 사실상 두 번째 하나님을 만났느냐 만나지 못했느냐의 차이라고 해도 과언은 아닐 것입니다.

머리카락을 다 밀리고 두 눈은 뽑힌 채 원래 나귀나 소가 돌려야 하는 맷돌을 하루 종일 돌리는 처지가 되었지만 아마도 바로 이 때 삼손은 하나님과 벌거벗고 만날 수 있었을 것입니다. 자신을 버리지 않으면 자신이 안 보이는 법입니다. 자신의 장점을 잃어버렸을 그 때에 바로 하나님을 보게 되는 것입니다. 재능, 능력, 성공, 명예는 전부 사람들의 장점들입니다. 사람들은 그 장점을 빼앗기지 않으려고 애를 씁니다. 그러는 한편 사람들은 그 장점을 자랑합니다. 때로는 교만해지기까지 합니다.

삼손이 그랬습니다. 자기 장점이 영원토록 지속될 줄 알았던 것입니다. 하지만 삼손은 그렇게 큰 고통을 맛보면서 모든 장점을 다 빼앗기고 나서야 비로소 자신이 잘난 것이 아니라 하나님의 능력이었다는 사실을 깨닫게 됩니다. 그리고 거기에서부터 삼손과 하나님의 두 번째 만남은 시작되는 것입니다. 삼손은 육체의 눈을 잃어버린 후에 영안이 열렸습니다. 정말 우리가 보아야 할 것은 눈에 보이는 사람이나 세상이 아니라 눈에는 볼 수 없지만 영원한 생명을 주시는 하늘이라는 것을 심각하게 인식하고 있어야 합니다.

모든 것을 잃었을 때

이렇게 마귀와의 싸움은 패배로 마무리되어야 하는 것일까요? 삼손의 실패는 마귀의 승리입니다. 마귀는 끊임없이 틈새를 노립니다. 여호와의 영을 힘입은 삼손을 정정당당하게는 도저히 이길 수 없으니까 별별 노림수를 다 동원하게 되어 있습니다. 거짓과 속임수와 온갖 계략들을 총동원해서 마침내 삼손을 무너뜨립니다. 삼손은 처절한 실패를 맛보고 죽음보다 더한 고통 속에 지내게 됩니다.

그런데 삼손은 이때부터 비로소 하나님을 바라보게 되었고, 성경에는 나와 있지 않지만 끊임없이 하나님과 대화했을 것이라고 생각합니다. 너무나도 간절하게 기도했을 것입니다. 자신에게 주어졌던 사사로서의 직임과 그 엄청난 능력을 아무 쓸모없이 낭비한 것이 몹시도 후회스러웠을 것입니다. 그 후회가, 그 안타까움이 천추의 한이 되어 삼손의 가슴을 후벼 팠을 것입니다.

그리고 하나님께 기도했을 것입니다. 이제 앞이 안 보이니 살아난다고 해도 아무런 역할을 하지 못할 것이고, 이제는 사는 것이나 죽는 것이나 똑같게 되었으니 살아있을 때에 못 다한 충성을 마지막 순간에라도 하나님을 위해 사용하고 싶었을 것입니다. 그리고 기회를 달라고 끊임없이 간구했을 것입니다. 언제 다시 기회를 주실지 몰라도 삼손은 그 날만을 기다리면서 그것이 마지막 남은 소망이 되었을 것입니다. 하루의 일과가 그 순간을 기다리는 일로 시작되고 마무리되었을 것입니다.

그러다가 마침내 절호의 기회가 왔습니다. 블레셋이 주신(主神)으로 섬기는 다곤 신 제사와 축제일이 다가왔습니다. 블레셋은 다곤 신이 여호와 신보다 우월하다는 것을 축하하기 위해 큰 축제를 열었습니다. 무려 3,000명이나 신전 안에 모여 있었습니다. 블레셋은 여호와에 대한 승리의 상징으로 여호와의 사사인 삼손을 축제마당에 불러냅니다. 마귀가 여호와께 대하여 큰 승리를 거둔 것을 온 백성들과 함께 축하하는 자리입니다. 마치 예수님께서 십자가에 달리셔서 운명하셨을 때 사탄이 이제는 승리했다고 기뻐 날뛴 것과 똑같습니다.

다곤 숭배자들은 삼손으로 하여금 온갖 재주를 부리게 합니다. 블레셋에게는 참으로 기쁜 승리의 축하연이요 다곤 신의 능력을 경배하는 자리였습니다. 삼손은 시키는 대로 다 따라합니다. 그러다가 마침내 삼손은 다곤 신전을 떠받치는 두 기둥 사이에 세워지게 됩니다. 삼손이 자기 손을 붙든 소년에게 가운데 기둥에 기대게 해 달라고 했고 소년은 그대로 삼손을 그 기둥 사이에 데려다 놓습니다.

"그들의 마음이 즐거울 때에 이르되 삼손을 불러다가 우리를 위하여 재주를 부리게 하자 하고 옥에서 삼손을 불러내매 삼손이 그들을 위하여 재주를 부리니라 그들이 삼손을 두 기둥 사이에 세웠더니"(삿 16:25)

마침내 삼손은 마지막 최후를 장렬하게 장식할 단 한 번의 기회를 얻었습니다. 모든 실수, 모든 죄악을 한 번에 씻어낼 수 있는 유일한 기회였습니다. 그리고 하나님께 소리 높여 부르짖습니다.

> "삼손이 여호와께 부르짖어 이르되 주 여호와여 구하옵나니 나를 생각하옵소서 하나님이여 구하옵나니 이번만 나를 강하게 하사 나의 두 눈을 뺀 블레셋 사람에게 원수를 단번에 갚게 하옵소서"(삿 16:28)

이렇게 부르짖는 순간 삼손의 눈에 무엇이 보였을까요? 하늘에서 여호와 하나님과 사자들이 삼손을 내려다보고 있는 장면이 보이지 않았을까요? 저는 스데반이 돌에 맞아 죽기 전에 보았던 그 광경과 비슷했을 것이라고 생각합니다.

> "스데반이 성령 충만하여 하늘을 우러러 주목하여 하나님의 영광과 및 예수께서 하나님 우편에 서신 것을 보고 말하되 보라 하늘이 열리고 인자가 하나님 우편에 서신 것을 보노라 한대"(행 7:55-56)

삼손은 마침내 붙잡고 있던 두 기둥을 힘껏 밀치게 됩니다. 젖 먹던 힘은 물론이요 없던 힘까지 다 쏟아내어 기둥을 무너뜨립니다. 이미 삼손의 힘의 근원인 머리카락도 거의 자라있는 상태였습니다. 그 결과 신전이 무너져 그 안에 있던 거의 모든 사람이 죽게 됩니다.

> "삼손이 집을 버틴 두 기둥 가운데 하나는 왼손으로 하나는 오른손으로 껴 의지하고 삼손이 이르되 블레셋 사람과 함께 죽기를 원하노라 하고 힘을 다하여 몸을 굽히매 그 집이 곧 무너져 그 안에 있는 모든 방백들과 온 백성에게 덮이니 삼손이 죽을 때에 죽인 자가 살았을 때에 죽인 자보다 더욱 많았더라"(삿 16:29-30)

삼손이 20년 동안 각종 전투에서 죽인 사람보다 이 때 죽은 사람이 더 많았다고 성경은 기록하고 있습니다. 삼손은 하나님의 얼굴을 보면서 죽음을 맞았을 것입니다. 삼손은 죽음도 전혀 두렵지 않았을 것입니다. 이미 모든 조건은 다 벗어버렸습니다. 혈기도 사랑도 능력도 정욕도 다 던져버렸습니다. 스스로 던진 것은 아니었지만 하나님과 삼손 사이에 걸릴 것은 이제 아무것도 없었습니다. 인간으로서 걸칠 수 있는 모든 것을 다 벗어버린 상태였습니다. 부끄러울 것도 두려울 것도 더 이상은 없습니다. 하나님과의 두 번째 만남의 모든 필요충분조건을 만족시켰습니다.

인간적으로 보면 삼손이 원수 나라 블레셋 사람 3,000명을 죽였다고 해서 삼손에게 무슨 유익이 있겠습니까? 만약에 하나님의 나라가 존재하지 않는다면 삼손의 그 큰 일이 다 무슨 의미가 있겠습니까? 죽은 후에 아무리 크게 칭송받아도 사후세세가 없다면 그것은 아무것도 아닙니다. 하지만 삼손이 비록 육적인 신앙인으로 살다가 하나님과 대면한 이후 바로 죽었다고 할지라도 하늘에서의 삼손의 가치, 그 신앙의 가치는 영원토록 사라지지 않습니다. 그것은 결코 자살이 아니었습니다. 이 세상으로 모든 것이 사라져버린다면 삼손의 죽음도 아무런 의미가 없을 것입니다. 그러나 그것은 하나님의 나라로 들어가는 관문이었습니다.

삼손은 우리에게 하나님과의 진정한 만남의 소중함을 크게 일깨워 주었습니다. 삼손처럼 이 세상의 그 무엇도 아무 의미가 없어졌을 때 그 때 비로소 하나님과의 두 번째 만남이 이루어질 수 있습니다. 이 땅에서의 신앙생활이라는 것이 바로 그런 버림, 포기, 낮춤, 거기에다가 죽음의 의미가 크게 다가올 그 때에 우리 신앙은 의미가 있게 되는 것입니다. 자기중심적인 사고방식과 행동양식으로는 절대로 진정한 복을 받을 수 없습니다. 자기를 뛰어넘어 하나님과의 벌거벗은 만남이 반드시 필요한 이유입니다.

두 번째 만남의 의미

삼손은 하나님과 두 번째로 만난 사람이 맞습니다. 사람을 둘러싸고 있는 온갖 치장들을 전부 깨버리고, 가면을 벗고 능력도 사명도 다 벗어버렸을 때 비로소 하나님은 진짜로 만나주십니다. 다만 삼손의 경우에는 죽는 마지막 순간에 그 두 번째 만남이 이루어져서 안타까운 면이 있습니다. 만약에 삼손이 좀 더 일찍 하나님을 만났더라면 어쩌면 더 큰 일을 감당하지 않았을까요? 물론 더 귀하게 지속적으로 쓰임 받으려면 시련과 연단이 더 필요했을 것입니다. 하지만 그것은 인간의 눈으로 본 것이고, 하나님의 시각으로 보면 삼손에 대해 어떤 상급이 주어질지 우리는 분별하기 어렵습니다.

하나님의 일을 하는 사람들, 특히 사역자들에게는 하나님과 두 번째 만남의 경험이 반드시 필요합니다. 하나님의 일을 감당하려면 하나님과 지속적으로 만날 수 있어야 하는데 두 번째 만남이 없이는 그런 일은 불가능하기 때문입니다. 비록 삼손이 마지막 순간에 하나님과 민낯으로 만났고 블레셋을 무찌르는 데 크게 쓰임 받았지만, 평생 하나님의 일에 최선을 다해 충성해놓고도 하나님을 제대로 만나지 못하여 마지막 순간에 망해버리는 사람이 참 많습니다.

모든 신앙인들이 그렇게 하나님을 결정적으로 만날 수 있기를 바라지만, 현실적으로는 쉽지 않다고 생각합니다. 다만 하나님과의 두 번째 만남의 개념만은 모든 그리스도인들이 이해하고 있어야 한다고 봅니다. 어린아이들이 아기 때부터 어른들의 모습을 지켜보지만 그 어른이 되기까지는 반드시 성장과정이 있어야 하는 것처럼, 영적 성장에도 과정이 꼭 필요합니다. 하지만 아이들이 어른으로 빨리 크고 싶어 하는 것처럼 성도들도 영적인 어른이 무엇을 뜻하는지를 알고 그 어른이 되는 과정에 자신의 삶을 올려놓아야 합니다.

그런데 그 영적 어른이 무엇인지 자체를 모르고 있다면 문제가 심각한 것이 아니겠습니까? 그런 상태에서는 그들은 절대로 그 영적 어른이 되지 못합니다. 그것이 무엇인지를 모르기 때문입니다. 그래서 이 두 번째 만남에 대한 개념을 신앙인들이 이해하는 일이 반드시 필요합니다. 지금 교회에 영적 어른에 대한 개념이 없어지고 있고 대부분 어린아이와 같은 신앙상태에 머물러 있나고 본나면 기독교의 미래가 불투명할 수밖에 없습니다. 그 어린아이 상태의 신앙이 자라지 못하고 그대로 고착화되어 버린다면 머지않아 본질적인 의미의 기독교는 사라질 것입니다. 남아 있다고 하더라도 형태만 겨우 간직하는 정도일 것입니다.

하나님과의 두 번째 만남은 빠르면 빠를수록 좋습니다. 첫 번째 만남만을 가지고 사역을 감당할 수는 없습니다. 반드시 넘어지거나 경직될 수밖에 없습니다. 물론 하나님께서 쓰시는 용도에 따라 일찍 만나주시기도 하고 늦게 만나주시기도 하지만, 사람의 입장에서 자신의 모든 조건을 버릴 훈련이 될 수 있도록 애쓰는 일도 굉장히 중요합니다. 우선은 자신이 어떤 상태에 있는지 정확하게 알 수 없으며, 막상 상황이 닥칠 때에 자기가 알던 자신의 모습과 상당히 다른 반응을 보일 수도 있기 때문입니다.

　삼손처럼 인생의 마지막 순간에 겨우 하나님을 제대로 만나겠습니까? 아니면 조금이라도 더 젊을 때 하루라도 빨리 하나님과 두 번째 만남의 기회를 가지겠습니까? 물론 그런 만남 없이 평생을 목회하고 사역할 수는 있습니다. 하지만 그런 경우에는 어떤 식으로든 문제가 불거질 수밖에 없습니다. 지금도 하나님과의 두 번째 만남 없이 하나님 일을 훌륭하게 감당하는 것처럼 보이는 수많은 모습들이 보이지만, 교회가 비난받는 수많은 요인 중에 하나님과의 두 번째 만남이 결여된 것이 핵심적인 원인이 될 것 같습니다.

　그나마 다행스럽게 마지막 순간에 하나님을 만났다고 해도, 그냥 그것으로 끝나는 경우도 있고 삼손처럼 큰일에 쓰임 받을 수도 있을 것입니다만, 우리가 그리스도인으로 부르심 받은 마당에야 조금이라도 더 하나님께 영광을 돌려드리는 삶을 살아야 하지 않겠습니까? 죄송한 말이지만 전통적인 목회의식만으로는 그리스도의 복음을 이 땅에 살아드릴 수 없습니다. 말씀을 정확하게 배우고 알고 있다고 해서 말씀대로 살 수 있는 것은 아닙니다. 삶에서 그리스도인으로서의 정체성을 지키면서 살려고 애를 쓸 때, 비록 고난이나 환난을 만날 수도 있겠지만, 그럴 때 하나님과의 두 번째 만남을 기대할 수 있게 되는 것입니다. 모든 조건 다 벗어버리고 하나님과의 두 번째 만남을 준비하는 자세입니다.

　무엇보다도 자신을 수시로 점검해야 합니다. 과연 나는 내가 가지고 있는 모든 조건을 다 버릴 각오가 되어 있는가, 하나님의 말씀에만 순종할 수 있는 결단이 되어 있는가를 말입니다. 솔직하게 말씀의 거울에 비추어보고 만약 그런 모습이 아니라면 하루빨리 하나님과의 두 번째 만남을 위해 달려가야 합니다. 신앙인의 삶의 과정은 끊임없이 자기를 버리는 연습이요 훈련입니다. 마지막에는 결국 모든 것을 갑자기 강제적으로 버리게 되어 있습니다. 그것을 생각하면서 필요할 때에 버릴 수 있어야 세상과의 싸움에서 이길 수 있고 자신을 그리스도의 도구로 내어드릴 수 있는 것입니다.

> "그러나 무엇이든지 내게 유익하던 것을 내가 그리스도를 위하여 다 해로 여길뿐더러 또한 모든 것을 해로 여김은 내 주 그리스도 예수를 아는 지식이 가장 고상하기 때문이라 내가 그를 위하여 모든 것을 잃어버리고 배설물로 여김은 그리스도를 얻고 그 안에서 발견되려 함이니"(빌 3:7-9上)

[**생각해 보십시오**]

1. 하나님은 왜 삼손을 택하셨습니까? (삿 13:8)

2. 삼손이 자라면서 누가 그를 이끌게 됩니까? (삿 13:25)

3. 그런데 삼손이 처음으로 한 일은 무엇입니까? (삿 14:1-2)

4. 여호와의 영이 함께 한 사선 세 가지는? (14:6, 14:9, 15:14)

5. 그 밖의 초능력 세 가지는? (삿 15:4, 15:15, 16:3)

6. 능력의 삼손의 가장 큰 실수는 무엇입니까? (삿 16:4, 16:17)

7. 삼손이 이렇게 육적인 사람인 까닭은?

8. 삼손이 언제 하나님을 두 번째로 만났습니까? (삿 16:28)

9. 삼손의 두 번째 만남의 핵심은 무엇입니까?

10. 당신에게 있어서 하나님 관계에서 가장 큰 걸림돌은 무엇입니까?

8. 들판에 찾아오시는 하나님 : 다윗

하나님과 두 번째 만남을 경험한 사람들의 특징을 몇 가지로 요약할 수 있을까요? 그보다 먼저 하나님과 만난다는 뜻을 살펴본다면, 그것은 자기의 생각과 뜻을 내려놓을 수 있다는 말일 것입니다. 만약에 그럴 수만 있다면 어쩌면 죽음과도 같을 수 있는 하나님과의 두 번째 만남은 반드시 필요한 과정은 아닐 것입니다. 하나님과 아무 조건 없이 늘 만나는데 특별한 과정이 왜 필요하겠습니까? 하지만 육신을 입고 있는 인간은 그렇게 되기가 쉽지 않습니다. 뼈를 깎는 고통을 통해서라도 자기를 포기할 줄 아는 자세를 배워야 하는 것입니다. 그래서 하나님과의 두 번째 만남이 필요해지는 것입니다.

하나님을 두 번째로 만난 사람의 특징 몇 가지만 골라본다면, 첫째로 염려나 두려움이 없을 것 같습니다. 이미 하나님과 일 대 일로 만난 적이 있는데다가 분명히 하나님 안에 있을 것이므로 성공해도 자기 성공이 아니고 실패해도 영원한 실패가 아니기 때문입니다. 둘째로 담대할 것 같습니다. 살아도 산 것이 아니고 죽어도 죽은 것이 아니기 때문입니다. 잘 되든지 잘못 되든지 모두 하나님과의 관계 속에서 생각하게 되므로 그 어떤 환경에도 두려워할 필요가 없게 되는 것입니다.

셋째로 정직할 것 같습니다. 거짓으로 자기를 꾸밀 필요가 없고 죄악 된 상태를 하나님 앞에서 바로 시인하기 때문입니다. 그리고 숨겨 놓은 다른 목적이 없기 때문에 거짓으로 속일 필요가 없을 것입니다. 넷째로 인내할 줄 알 것 같습니다. 왜냐하면 하나님의 시간을 기다리는 데 익숙하기 때문입니다. 자기가 스스로 세워놓은 목표가 없기 때문에 조급하거나 답답할 이유도 없을 것입니다. 그리고 마지막으로 하나님과 늘 대화할 수 있을 것 같습니다. 물론 자기중심적인 기도가 아니라 하나님 중심적으로 대화를 하는 것을 뜻하는 것입니다. 인간적인 가면을 벗어버리고 있는 그대로 하나님과 대화할 수 있는 것입니다. 바로 이 점 때문에 신앙인의 모든 덕목이 가능해지게 될 것입니다.

하나님 마음에 맞는 사람

물론 이 밖에도 많은 다양한 특징들을 찾거나 세분화할 수 있겠습니다만, 한 마디로 하나님과 결정적인 만남을 경험한 사람은 세상에 휩쓸리거나 세상적인 가치에 흔들리지 않고 오로지 하나님의 길을 가는 사람일 것입니다. 하나님과 꾸준한 대면을 통하여 이 땅에서 하나님의 뜻을 펼칠 수 있는 사람이 될 것입니다. 그것은 하나님과의 두 번째 만남을 통하여 하나님중심으로 변화되었기 때문일 것입니다. 성경에 이와 같은 신앙 선진들의 이야기가 많이 나오지만, 이러한 특징들을 가장 많이 가지고 있는 사람이 바로 다윗이 아닐까 합니다.

생각해보면 다윗처럼 파란만장한 삶을 살았던 사람도 흔치는 않습니다. 물론 요셉이나 다니엘과 같은 사람도 인생의 가장 밑바닥에까지 떨어져보았던 사람들이었지만, 다윗은 평생에 수많은 굴곡 가운데에서 삶의 온갖 여정을 다 맛보았던 사람입니다. 심지어 아들 압살롬에 의해 죽음 직전까지 갔던 사람입니다. 그야말로 가장 낮은 자리와 가장 높은 자리를 경험했던 다윗이었습니다.

그런데 다윗을 가리키는 특별한 한 가지 단어가 있습니다. 하나님께서 다윗을 가리켜 '내 마음에 맞는 사람'이라고 하신 것입니다. 개역한글판에는 '내 마음에 합한 사람'이라고 번역되어 있습니다.

> "폐하시고 다윗을 왕으로 세우시고 증언하여 이르시되 내가 이새의 아들 다윗을 만나니 내 마음에 맞는(합한) 사람이라 내 뜻을 다 이루리라 하시더니"(행 13:22)

하나님과 두 번째로 만난 사람은 한 마디로 하나님 마음에 맞는 사람이 되는 것입니다. 하나님 마음에 맞는 사람이란 과연 어떤 사람일까요? 하나님의 뜻을 미리 아는 사람일까요? 하나님의 계획을 알고 사람들에게 알려주는 사람일까요? 아니면 앞으로 될 일을 정확하게 알고 먼 미래의 일까지 예언하는 사람일까요? 하나님 마음에 맞는 사람을 예수님은 다음과 같이 정의하셨습니다.

> "마음이 청결한 자는 복이 있나니 그들이 하나님을 볼 것임이요"(마 5:8)

마음이 청결한 사람이 바로 다윗이었던 것입니다. 마음이 청결하다는 것은 자신의 모든 것을 포기할 줄 안다는 뜻입니다. 자기 욕심이나 감정이나 지식이나 경험을 제거할 수 있다는 뜻입니다. 그렇게 마음이 맑아져야 비로소 하나님과 대면할 수 있는 것입니다. 하나님 마음에 맞는, 그 마음이 하나님과 합해 있는 사람이 된다는 것은 하나님과 대면하고 있다는 뜻이고, 하나님과 대면하는 사람이란 하나님과 벌거벗고 만난 사람이라는 뜻입니다. 하나님과 두 번째 만남을 경험하지 못한 사람은 결코 맛볼 수 없는 영적 깊이에 도달하는 것입니다.

하나님의 마음에 맞는 사람이 되려면 반드시 자기를 버려야 하는데 자기를 버린 사람만이 청결한 마음의 소유자이고, 청결한 마음을 가진 사람은 하나님과의 사이에 아무런 거리낌이 없다는 뜻이고, 그런 사람이 하나님과 대면할 수 있고 또 그런 사람이 하나님 앞에서 자기의 모든 조건까지 다 버릴 수 있기 때문입니다. 환상을 보거나 입신에 들어갔다고 해서 하나님과 대면하는 사람은 아닙니다. 그럴 수도 있고 그렇지 않을 수도 있습니다. 물론 말처럼 그렇게 쉬운 일은 아니지만 그리스도인이란 순간적이나마 이런 청결한 마음이 될 때가 있는 법입니다. 지속적으로 그렇게 되기 어려운 것이고 그래서 연단이 필요하고 하나님과의 두 번째 만남이 필요한 것입니다.

그럼에도 불구하고 하나님 마음에 맞는 사람이란 참 어려운 말입니다. 어느 누가 자기는 하나님 마음에 맞는 사람이라고 말할 수 있겠습니까? 물론 이 말은 사람이 다윗을 보고 하는 말이 아니라 하나님께서 다윗을 보고 하시는 말씀입니다. 섣불리 어떤 사람에 대하여 평가를 내릴 수 있는 부분이 아닙니다. 저는 이 '하나님 마음에 맞는 사람'이라는 표현은 '하나님과 대면하는 사람'과 같은 말이라고 생각합니다. 이미 하나님과의 첫 만남뿐 아니라 두 번째 만남도 경험한 상태였습니다. 곧 모세와 같은 영성에 도달했다고 생각합니다.

"사람이 자기의 친구와 이야기함 같이 여호와께서는 모세와 대면하여 말씀하시며 모세는 진으로 돌아오나"(출 33:11上)

하나님께서 하나님 마음에 맞는 사람이라고 하신 그 때에 벌써 다윗은 하나님과 대면하고 있었다는 사실을 알 수 있습니다. 아마도 아직 어릴 때였는데 말입니다. 하나님께서 이 말씀을 하신 때가 언제였습니까?

> "지금은 왕의 나라가 길지 못할 것이라 여호와께서 왕에게 명령하신 바를 왕이 지키지 아니하였으므로 여호와께서 그의 마음에 맞는 사람을 구하여 여호와께서 그를 그의 백성의 지도자로 삼으셨느니라 하고"(삼상 13:14)

이 말씀을 사무엘에게 주신 때는 사울 왕 2년이 되는 해였습니다. 아직 다윗이 성경에 등장하기도 전의 일입니다. 블레셋 대군이 이스라엘을 치려고 모였는데 전투가 벌어지기 전에 번제를 드리기로 약속이 되어 있었습니다. 그런데 사울이 다급해진 나머지 사무엘이 도착하기 전에 자신이 스스로 제사장이 되어 번제를 드려버립니다. 그리고 그 직후에 사무엘이 도착하여 사울을 나무라는 말이 바로 14절의 말씀이었습니다.

사울의 착각

이 때는 다윗에 관해서 일절 언급이 없었던 때였고 들판에서 양을 치고 있을 때였습니다. 그리고 이 말씀을 사무엘에게 주셨다고 해서 곧바로 다윗을 부르신 것도 아니었습니다. 실제로 다윗을 찾아서 왕으로 기름 부으신 것은 사울이 치명적인 실수를 다시 한 번 저질렀을 때였습니다. 아까 이야기로 잠깐 돌아가면 사무엘로부터 경고를 받은 사울이 이상하게 우여곡절 끝에 블레셋 대군을 물리치게 됩니다. 이때 블레셋의 군대가 얼마나 되었을까요?

> "블레셋 사람들이 이스라엘과 싸우려고 모였는데 병거가 삼만이요 마병이 육천 명이요 백성은 해변의 모래 같이 많더라 그들이 올라

와 벧아웬 동쪽 믹마스에 진 치매"(삼상 13:5)

하지만 이스라엘은 굴이나 웅덩이에 숨어서 두려워 떨 뿐이었습니다. 군대에 징집되어 나오기는 했지만 훈련도 안 되어 있는 오합지졸들뿐이었습니다.

"이스라엘 사람들이 위급함을 보고 절박하여 굴과 수풀과 바위틈과 은밀한 곳과 웅덩이에 숨으며 어떤 히브리 사람들은 요단을 건너 갓과 길르앗 땅으로 가되 사울은 아직 길갈에 있고 그를 따른 모든 백성은 떨더라"(삼상 13:6-7)

더구나 이스라엘은 변변한 무기조차 갖추지 못하고 있었습니다. 참으로 한심한 군대입니다. 아니 군대라고 할 수도 없는 그런 모습들이었습니다.

"싸우는 날에 사울과 요나단과 함께 한 백성의 손에는 칼이나 창이 없고 오직 사울과 그의 아들 요나단에게만 있었더라"(삼상 13:22)

왜냐하면 블레셋이 이스라엘에 철공소를 세우지 못하게 했기 때문입니다. 혹시 이스라엘이 반역할까 해서 미리 예방책을 만들어놓은 것이었습니다.

"그 때에 이스라엘 온 땅에 철공이 없었으니 이는 블레셋 사람들이 말하기를 히브리 사람이 칼이나 창을 만들까 두렵다 하였음이라" (삼상 13:19)

이런 상황에서 이스라엘이 어떻게 블레셋을 이길 수 있겠습니까? 훈련이 잘 된 훨씬 큰 군대와 엄청나게 많은 숫자, 철제 병기로 무장한 블레셋을 무찌른다는 일은 불가능한 일입니다. 하지만 사울의 아들 요나단의 용기와 지혜로 말미암아 이스라엘은 블레셋 대군을 무찌르고 승리하게 됩니다. 이것은 기적이었습니다.

"사울과 그와 함께 한 모든 백성이 모여 전장에 가서 본즉 블레셋 사람들이 각각 칼로 자기의 동무들을 치므로 크게 혼란하였더라"(삼상 14:20)

"여호와께서 그 날에 이스라엘을 구원하시므로 전쟁이 벧아웬을 지나니라"(삼상 14:23)

그런데 여기에서 주목해야 할 것은 바로 이 승리가 사울로 하여금 결정적인 패착을 놓게 만들었을 것이라는 사실입니다. 왜냐하면 사무엘로부터 망령되이 행했다는 책망을 들은 후에 이루어낸 승리였기 때문입니다. 사무엘의 말을 소홀히 여기는 계기가 되었다는 말씀입니다.

"사무엘, 당신 없이도 우리는 승리했소이다. 당신이 늦게 오는 바람에 당신이 번제를 드리지 못하고 내가 번제를 집전했어도 하나님은 우리가 이기도록 해 주셨소이다. 앞으로 두고 보시오. 하나님은 내편이십니다."

겉으로 이렇게 말하지 않았어도 사울은 무의식적으로 이런 자만심을 가졌을 것이 분명합니다. 결정적으로 하나님을 만나지 못한 사람은 반드시 이런 반응을 나타내 보입니다. 완전히 자기중심적으로 세상을 바라보고 하나님을 바라보기 때문입니다. 눈앞에 보이고 손으로 만질 수 있는 것만을 가지고 모든 판단을 내립니다. 그것도 단 한 번 승리했을 뿐인데도 불구하고 말입니다. 큰 승리일수록 더 큰 착각에 빠질 수 있습니다. 그리스도인은 한 번의 성공에 지나치게 몰입해서는 절대 안 됩니다.

신앙인이 세상에서 성공했다고 해서 하나님의 능력으로 성취한 것이라거나 하나님이 편들어 주신 것이라고 말할 수는 없습니다. 반면에 세상에서 실패했다고 해서 하나님께서 버리신 것이 결코 아닙니다. 하나님과의 두 번째 만남을 경험한 사람은 그렇게 세상 속에서의 결과에 크게 연연하지 않습니다. 이스라엘이 곤경에 처한 것을 보시고 하나님께서 지혜로운 요나단을 사용하여 구원해주신 것인데 사울은 자기 힘이라고 믿게 되는 것입니다. 하나님이 자기편이라고 착각하게 된 것입니다. 사울이 승승장구한 것은 오히려 자기 왕위를 단축하는 결과를 가져올 뿐이었습니다.

나중의 이야기이지만 사울에게 쫓기던 다윗이 바로 그 사울을 죽일 수 있는 기회를 두 번이나 맞이해놓고도 사울을 죽이지 않은 이야기가 나옵니다. 왜냐하면 사울은 하나님의 기름 부으심을 받은 왕이기 때문입니다. 바로 여기에서 사울과 다윗의 차이점을 발견할 수 있고, 바로 그 점이 다윗이 하나님과 만난 사람이라는 증거가 되는 것입니다.

두 번째 만남이 없는 사람의 특징

우리는 다윗이 언제 하나님과 결정적으로 만났느냐에 대한 이야기를 하고 있습니다. 정확한 시점을 이야기할 수는 없겠지만 그 과정이나 상태에 대해서는 이야기를 나눌 수 있습니다. 이야기를 계속하자면, 사울이 블레셋을 물리친 후에 여호와께서 사무엘에게 명을 내리셨습니다. 사무엘이 사울에게 하나님의 지시를 전합니다.

"만군의 여호와께서 이같이 말씀하시기를 아말렉이 이스라엘에게 행한 일 곧 애굽에서 나올 때에 길에서 대적한 일로 내가 그들을 벌하노니 지금 가서 아말렉을 쳐서 그들의 모든 소유를 남기지 말고 진멸하되 남녀와 소아와 젖 먹는 아이와 우양과 낙타와 나귀를 죽이라 하셨나이다 하니"(삼상 15:2-3)

사울의 군사도 이제는 대군이 되었습니다. 이제는 사람의 눈으로 볼 때 하나님의 뜻을 제대로 펼칠만한 규모가 된 것 같습니다. 이전에 블레셋이 쳐들어올 때 병거가 3만이고 마병이 6천이고 군사들은 해변의 모래와 같다고 했는데, 이스라엘도 이제는 웬만한 군대에는 대적할 만큼 되었습니다.

"사울이 백성을 소집하고 그들을 들라임에서 세어보니 보병이 이십만 명이요 유다 사람이 만 명이라"(삼상 15:4)

그래서 하나님은 일찍이 출애굽 당시에 아말렉에 대해 맹세하셨던 일을 시행하려고 하십니다. 아말렉을 없이하시겠다는 결정이었습니다.

"여호와께서 모세에게 이르시되 이것을 책에 기록하여 기념하게 하고 여호수아의 귀에 외워 들리라 내가 아말렉을 없이하여 천하에서 기억도 못 하게 하리라"(출 17:14)

그 당시 성경은 이것을 한 번 더 기록하고 있습니다. 하나님은 덧붙여서 다시 한 번 맹세하신 것이었습니다. 이미 확정하셨다는 의미입니다. 이제 때가 된 것입니다.

"이르되 여호와께서 맹세하시기를 여호와가 아말렉과 더불어 대대로 싸우리라 하셨다 하였더라"(출 17:16)

그러면 아말렉과의 전쟁은 무엇을 뜻합니까? 바로 진멸전쟁입니다.

하나님께서 때로 어린아이와 짐승까지 전부 진멸하라고 명하실 때가 있는데 이 때는 영적인 의미가 매우 강하다는 것을 뜻합니다. 오염된 균을 제거하기 위해 상처 부위를 도려내야 하듯이 하나님께서 부패한 죄악을 징계하시기 위해 내리시는 진멸전쟁은 하나님의 말씀대로 하지 않으면 안 됩니다. 그런데 사울은 아말렉을 물리치면서 하나님의 뜻을 거부하게 됩니다.

"사울과 백성이 아각과 그의 양과 소의 가장 좋은 것 또는 기름진 것과 어린 양과 모든 좋은 것을 남기고 진멸하기를 즐겨 아니하고 가치 없고 하찮은 것은 진멸하니라"(삼상 15:9)

그리고 사무엘의 추궁에 거짓으로 변명하기에 이릅니다. 자기중심적인 신앙인은 위기가 닥쳐도 분별하지 못합니다. 오직 그 위기를 벗어나기 위해 거짓과 변명으로 일관합니다.

"사울이 이르되 그것은 무리가 아말렉 사람에게서 끌어온 것인데 백성이 당신의 하나님 여호와께 제사하려 하여 양들과 소들 중에서 가장 좋은 것을 남김이요 그 외의 것은 우리가 진멸하였나이다 하는지라"(삼상 15:15)

여기에서 사무엘의 유명한 선포가 나옵니다. 겉으로 나타나는 의식이 중요한 것이 아니라 기쁜 마음으로 순종하는 것이 훨씬 중요하다는 것입니다.

"여호와께서 번제와 다른 제사를 그의 목소리를 청종하는 것을 좋아하심 같이 좋아하시겠나이까 순종이 제사보다 낫고 듣는 것이 숫양의 기름보다 나으니 이는 거역하는 것은 점치는 죄와 같고 완고한 것은 사신 우상에게 절하는 죄와 같음이라"(삼상 15:22-23上)

그리고 마침내 사무엘의 최후통첩이 선포되기에 이릅니다. 하나님의 징계 또는 심판은 정해지기만 하면 일체의 자비 없이 그대로 행해집니다. 그래서 하나님을 두려워할 줄 알아야 하는 것입니다.

"왕이 여호와의 말씀을 버렸으므로 여호와께서도 왕을 버려 왕이 되지 못하게 하셨나이다"(삼상 15:23下)

그리고 사무엘은 사울에 대한 마침표를 찍고 말게 됩니다. 이제 사울의 몰락과 파멸은 시간문제일 뿐입니다. 그래서 신앙인은 기도해야 하고 삶 속에서 일어나는 사건의 의미에 귀를 기울일 줄 알아야 하는 것입니다. 혹시 실수했더라도 빨리 돌이키기 위해서 말입니다.

"사무엘이 그에게 이르되 여호와께서 오늘 이스라엘 나라를 왕에게서 떼어 왕보다 나은 왕이 이웃에게 주셨나이다"(삼상 15:28)

이 일이 일어난 직후에 하나님은 마침내 하나님 마음에 맞는 사람에게 기름을 부어 미래의 왕을 삼으시게 됩니다. 그는 물론 소년 다윗입니다. 왜 이렇게 사울의 이야기를 길게 했느냐 하면 하나님과 제대로 만난 경험이 없는 신앙인의 모습이 사울에게서 고스란히 나타났기 때문입니다. 하나님과 두 번째 만남을 갖지 못한 신앙인이 어떤 경로를 통해서든 세상에서 성공했을 때 어떤 일이 일어날 수 있는지를 이야기하고 싶었기 때문입니다. 하나님과 민낯으로 만나는 일이 왜 중요한지, 죽음까지도 포기할 만한 상황에서 아무 조건 없이 하나님을 만나는 일이 신앙인의 삶에 어떤 영향을 미치는지를 적나라하게 보여주는 사람이 바로 사울이었던 것입니다.

신앙인에게 있어서 가장 시급한 일은 무엇이겠습니까? 하나님을 제대로 만나는 일입니다. 하나님과의 첫 만남의 경험만을 가지고 이제까지 살아왔다면 어찌 하든지 하나님을 두 번째로 만날 기회를 찾도록 해야 합니다. 사실은 이것 때문에 기도원에도 가고 금식 작정기도도 하고 성경을 더 깊이 읽는 등의 시도를 합니다. 하지만 하나님을 두 번째로 만나는 목적은 무엇을 이루기 위함이 아니라 자기중심적인 신앙관을 하나님중심으로 변화시키기 위한 것입니다. 자기의 사역적인 목적을 가지고 기도원에 들어간다면 그 자체가 이미 실패하기 쉬운 것입니다. 응답하시더라도 그 사람이 깨달은 다음에 응답을 주십니다. 깨우치지 못하면 빈손으로 내려와야 합니다.

하나님과의 두 번째 만남

그러면 다시 다윗의 이야기로 돌아가서, 사무엘이 하나님의 지시를 따라 베들레헴 이새의 집으로 가서 왕으로 기름 부을 사람을 찾는 장면이 나옵니다. 당연히 이새의 아들 중에서 크고 용모가 뛰어난 사람을 보고 이 사람인가보다 했지만 사무엘은 번번이 하나님의 거절을 당합니다. 사무엘이 일곱 아들에 대해 모두 거절당하고 난 후에 이새에게 질문을 합니다.

> "또 사무엘이 이새에게 이르되 네 아들들이 다 여기 있느냐"(삼상 16:11上)

이새는 대수롭지 않다는 듯이 들판에서 양을 치고 있는 아들이 있다고 대답합니다. 사람이 보는 눈과 하나님이 보시는 눈은 이렇게 엄청난 차이가 납니다. 비록 자기 아들이지만 하나님 마음에 맞는 사람을 알아보지 못하고 들판에서 양을 치게 합니다. 하지만 바로 그 점 때문에 다윗은 일찍부터 하나님의 마음에 맞는 사람이 되었을 것입니다.

"이새가 이르되 아직 막내가 남았는데 그는 양을 지키나이다"(삼상 16:11中)

그 막내아들을 데려오라는 사무엘의 말에 이새는 사람을 보내 다윗을 데려옵니다. 그는 아들 축에도 못 끼고 들판에 버려지다시피 했던 막내아들이었습니다.

"이에 사람을 보내어 그를 데려오매 그의 빛이 붉고 눈이 빼어나고 얼굴이 아름답더라"(삼상 16:12上)

그제서야 하나님께서 막내아들 다윗에게 기름을 부으라고 명하십니다. 이것이 하나님께서 다윗을 왕으로 기름 부으신 이야기입니다. 이미 하나님께서 사울을 폐하시려고 생각하실 때에 다윗을 알고 계셨고 다윗의 신앙을 인정하고 계신 하나님이셨습니다.

"여호와께서 이르시되 이가 그니 일어나 기름을 부으라 하시는지라"(삼상 16:12下)

우리나라와는 반대로 막내를 들판에서 양을 치게 한 이유는 잘 모르지만 다윗이 가족들에게 홀대를 받은 것은 사실인 것 같습니다. 하지만 다윗은 바로 이 점 때문에 두 번째 하나님을 일찍 만났던 것 같습니다. 후에 그의 시편에 이런 글이 나옵니다.

"내가 날 때부터 주께 맡긴 바 되었고 모태에서 나올 때부터 주는 나의 하나님이 되셨나이다"(시 22:10)
"주 여호와여 주는 나의 소망이시요 내가 어릴 때부터 신뢰한 이시라"(시 71:5)

아직 다 성장하지 못한 다윗이 어떻게 하나님의 마음에 맞는 사람인지 우리는 이해하기 힘듭니다. 다윗이 하나님 마음에 맞는 사람이라는 사실을 볼 때 우리는 다만 다윗이 아직 나이는 어렸지만 이미 하나님과 진정한 만남을 가진 사람이라고 추정할 수는 있을 것입니다. 다윗이 언제 하나님을 처음으로 만났고 또 어느 때에 두 번째 하나님을 만났는지는 우리도 알 수 없습니다. 혹은 한 번에 모든 만남이 이루어졌는지도 모르겠고, 서서히 쌓여가면서 하나님과의 진정한 관계가 이루어졌는지도 모르겠습니다. 하지만 다윗이 벌거벗고 하나님을 만난 사람임에는 틀림이 없을 것 같습니다.

두 번째 만남의 증거들

다윗이 하나님을 두 번째로 만난 사람이라는 몇 가지 증거를 들어볼까요? 먼저는 여호와 하나님을 모독하는 블레셋의 골리앗에 대한 의분에서 나타납니다. 아버지의 심부름으로 형들에게 음식을 전하러 왔던 다윗이 골리앗의 말을 듣고 나타낸 반응입니다.

> "이 할례 받지 않은 블레셋 사람이 누구이기에 살아 계시는 하나님의 군대를 모욕하겠느냐"(삼상 17:26下)

이 말을 들은 것은 당시 골리앗의 도전에 사울과 모든 이스라엘 군대가 겁을 집어먹고 잔뜩 웅크리고 있을 때였습니다. 모든 사람들이 똑같은 반응을 보이는데 오직 다윗만이 하나님의 의분을 느꼈습니다. 물론 하나님께서 겨우 거인 한 사람의 도전에 그렇게 분노하실 필요는 없지만 다윗이 느낀 마음은 바로 하나님의 마음이었을 것입니다.

> "그 블레셋 사람이 또 이르되 내가 오늘 이스라엘의 군대를 모욕하였으니 사람을 보내어 나와 더불어 싸우게 하라 한지라 사울과 온 이스라엘이 블레셋 사람의 이 말을 듣고 놀라 크게 두려워하니라"

(삼상 17:10-11)

하나님의 마음과 맞아서 의분을 느낀 것은 다윗이 골리앗과 정면대결을 벌이면서 소리친 말에서도 똑같이 드러납니다.

> "다윗이 블레셋 사람에게 이르되 너는 칼과 창과 단창으로 내게 나아오거니와 나는 만군의 여호와의 이름 곧 네가 모욕하는 이스라엘 군대의 하나님의 이름으로 네게 나아가노라"(삼상 17:45)

여호와 하나님을 모욕하는 말에 분개할 수는 있겠지만 다윗처럼 하나님의 이름으로 전투하겠다고 나서는 일이 어찌 있을 수 있겠습니까? 다윗이 아직 어리지만 하나님과의 두 번째 만남을 경험한 사람이라는 증거로 보기에 충분한 장면입니다. 이것이 소년 다윗 자신의 용기에서 나올 수 있는 것이겠습니까? 이것은 자기중심적으로 사건을 바라보는 것이 아니라 하나님중심으로 문제를 바라볼 줄 안다는 이야기가 아니겠습니까?

다윗은 거룩한 분노를 일으켰을 뿐만 아니라 여호와의 전쟁에서 하나님이 자기편이라는 강한 확신도 있었습니다. 이미 다윗은 양들을 치다가 사자나 곰이 와서 양들을 물어가려고 할 때 따라가서 양을 되찾고 그 맹수를 죽인 일이 있었다고 외칩니다.

> "다윗이 사울에게 말하되 주의 종이 아버지의 양을 지킬 때에 사자나 곰이 와서 양 떼에서 새끼를 물어 가면 내가 따라가서 그것을 치고 그 입에서 새끼를 건져내었고 그것이 일어나 나를 해하고자 하면 내가 그 수염을 잡고 그것을 쳐죽였나이다"(삼상 17:34-35)

그러면서 그런 일들은 하나님께서 도우셨기 때문이고 지금 골리앗과 싸워도 하나님께서 도우실 것이라고 선포합니다. 보십시오. 사자의 발톱과 곰의 발톱에서 건져주신 것은 자기가 아니라 여호와이셨던 것입니다.

> "또 다윗이 이르되 여호와께서 나를 사자의 발톱과 곰의 발톱에서 건져내셨은즉 나를 이 블레셋 사람의 손에서도 건져내시리이다"(삼상 17:37上)

다소 이해가 안 되는 부분도 있습니다. 사자나 곰과 직접 싸워서 수염을 잡고 쳐 죽였다니, 아무리 대단한 사람도 사자와 직접 싸워서 이길 수는 없을 것입니다. 삼손조차도 여호와의 영에 사로잡혀 젊은 사자의 입을 찢었다고 나와 있지 않습니까? 숫사자인지 암사자인지는 모르겠으나 아직 완전히 성숙한 개체가 아닌 젊은 사자를 제압했을 뿐입니다. 그런데 다윗은 사자나 곰의 수염을 잡고 쳐 죽였다고 했습니다. 물론 하나님께서 순간적으로 힘을 주셔서 그런 일을 가능하게 하실 수는 있을지 모르겠습니다.

약간의 이해가 될 수 있는 부분은 다윗이 골리앗을 힘이나 칼로 죽인 것이 아니라 물맷돌로 죽인 것에서 찾아볼 수 있습니다. 그 시대에는 물맷돌 부대가 있을 만큼 물맷돌을 전쟁무기로 사용하기도 했었는데, 아마 다윗이 물맷돌로 사자나 곰을 치고 힘이 약해졌을 때 공격하여 그 짐승을 죽일 수는 있었으리라고 생각합니다. 어쨌든 다윗이 곰이나 사자를 쳐서 죽인 것만은 틀림이 없습니다.

그렇다고 하더라도 그런 일들은 하나님의 도우심이 아니면 일어날 수 없는 일임에는 틀림이 없습니다. 다윗의 이야기에서 찾아볼 수 있는 특징은 짐승을 죽인 주인공이 바로 자기 자신이라고 이야기한다는 것입니다. 물론 여호와의 도우심이라는 표현을 빼지 않았습니다. 하나님의 도우심으로 자신이 직접 짐승을 죽였다는 사실을 강조하고 있는 것입니다. 우연이 아니라 여호와의 도우심을 굳게 믿는 확신에 근거한 말이었습니다. 그러므로 사실상 불가능한 일을 다윗이 행할 수 있었다는 데에서 우리는 다윗이 하나님과 두 번째 만남을 가졌을 것이라고 추정해볼 수 있는 것입니다.

다윗의 찬양

그리고 또 다윗이 하나님과의 두 번째 만남을 가졌다는 한 가지 증거로 제시할 수 있는 일은 다윗의 찬양이었습니다. 다윗이 골리앗을 물리치기 전에 이미 사울의 무기를 드는 부하가 되어있는데, 이 내 사울이 악령에 사로잡히면 수금으로 연주하여 악령을 물리치곤 했습니다.

> "하나님께서 부리시는 악령이 사울에게 이를 때에 다윗이 수금을 들고 와서 손으로 탄즉 사울이 상쾌하여 낫고 악령이 그에게서 떠나더라"(삼상 16:23)

사울은 이미 하나님의 버림을 받았기 때문에 아마도 악령이 사울을 마음대로 조종했던 것 같습니다. 이 악령은 사실은 사탄의 부하들이 아니었고 하나님께서 부리시는 영이었습니다. 성령이 떠나니까 악령이 그를 괴롭게 한 것이었습니다.

> "여호와의 영이 사울에게서 떠나고 여호와께서 부리시는 악령이 그를 번뇌하게 한지라"(삼상 16:14)

이 악령을 제어할 수 있는 방법이 없었습니다. 신하들의 말을 들어

보면 이 때에도 이미 음악치료가 있었던 듯합니다. 수금 타는 자를 고용하라고 권면하는 것을 보면 그런 것 같습니다.

> "원하건대 우리 주께서는 당신 앞에서 모시는 신하들에게 명령하여 수금을 잘 타는 사람을 구하게 하소서 하나님께서 부리시는 악령이 왕에게 이를 때에 그가 손으로 타면 왕이 나으시리이다 하는지라" (삼상 16:16)

이렇게 해서 수소문 끝에 다윗이 사울에게 불려가게 됩니다. 어린 청소년으로서, 특별히 가르쳐주는 사람도 없었을 텐데 수금을 연주할 줄 알고, 더구나 사람들과 예배할 기회도 별로 없었을 텐데 어떻게 그것으로 악령을 물리칠 수 있는지 참 신기한 이야기입니다. 그리고 신하들 중에 이미 다윗을 알고 있는 사람들이 있는 것으로 보아서 다른 사람들에게도 이 음악치료를 행했던 것 같습니다.

> "소년 중 한 사람이 대답하여 이르되 내가 베들레헴 사람 이새의 아들을 본즉 수금을 탈 줄 알고 용기와 무용과 구변이 있는 준수한 자라 여호와께서 그와 함께 계시더이다 하더라" (삼상 16:18)

아무튼 여기에서 다윗이 어떤 사람이었는가에 대한 정체성이 잘 나타납니다. 다윗의 노래는 그냥 노래가 아니라 찬양이었던 것을 어렵지 않게 추정할 수 있습니다. 다윗은 들판에서 양을 칠 때 수시로 수금을 연주하면서 하나님을 찬양하는 사람이었습니다. 그 당시에 사무엘 선지자가 이스라엘을 영적으로 다스리고 있었지만 이 다윗처럼 하나님과의 두 번째 만남을 경험하고 찬양할 수 있는 사람은 없었습니다. 그 증거가 하나님께서 '내 마음에 맞는 사람'이라고 다윗을 지칭하신 데에서 찾을 수 있는 것입니다.

예배 중에 찬양을 부르는 것도 아니고 다함께 모여서 찬양하는 것도 아니었습니다. 다윗은 양떼들과 함께 들판에서 혼자 지내면서 하나님을 찬양했습니다. 곧 하나님과 교감을 나누고 하나님과 교제하고 있었던 것입니다. 그러니 이런 모든 점들을 종합해 보면 다윗은 틀림없이 하나님을 민낯으로 만난 사람이었습니다. 그렇지 않고서는 하나님과의 두 번째 만남을 경험한 사람들에게서 나타나는 공통적인 특징들을 다윗에게서 발견하지는 못할 것입니다.

다윗은 자기중심적인 신앙인이 아니라 분명히 하나님중심의 사람이었습니다. 그는 인생의 진정한 가치가 하나님께 있음을 고백했습니다.

> "복 있는 사람은 악인들의 꾀를 따르지 아니하며 죄인들의 길에 서지 아니하며 오만한 자들의 자리에 앉지 아니하고 오직 여호와의 율법을 즐거워하여 그의 율법을 주야로 묵상하는도다"(시 1:1-2)

다윗은 인간 세상의 모든 영광이 하나님의 명령 한 마디보다 못함을 누구보다 잘 아는 사람이었습니다.

> "내가 여호와의 명령을 전하노라 여호와께서 내게 이르시되 너는 내 아들이라 오늘 내가 너를 낳았도다 내게 구하라 내가 이방 나라를 네 유업으로 주리니 네 소유가 땅 끝까지 이르리로다"(시 2:7-8)

다윗은 하나님 중심적으로 행동하고 하나님께 맡기기만 하면 아무 두려움도 염려도 없다는 것을 담대하게 선포합니다. 그것은 충분히 하나님 중심적인 사고방식임을 증명하고도 남는 시였습니다.

> "내가 누워 자고 깨었으니 여호와께서 나를 붙드심이로다 천만인이 나를 에워싸 진 친다 하여도 나는 두려워하지 아니하리이다"(시 3:5-6)

이런 식으로 계속 한다면 다윗이 일찍부터 하나님을 만났을 뿐만 아니라 충분히 하나님을 이해하고 있었던 사람임이 증명될 것입니다. 들판에서 양을 치던 어린 시절부터 수금으로 하나님을 찬양하던 다윗이 일평생동안 시를 지어 하나님을 찬양하는 사람이 되는 것은 지극히 당연한 이야기입니다. 더구나 다윗의 시는 삶에서 우러나오는 생생한 체험으로부터 비롯된 것임을 생각하면 더욱 다윗의 영성을 인정하게 되는 것입니다.

만남 이후의 과정들

그런데 하나님 마음에 맞는 사람이 된 것은 놀라운 일이지만 하나님과의 결정적인 만남을 가졌다고 해서 다 된 것은 아닙니다. 어린 나이에 벌써 하나님과의 두 번째 만남을 경험한 것은 대단한 일임에는 틀림이 없지만, 그리고 그런 은혜를 주신 분은 분명히 하나님이시지만, 그렇다고 해서 다윗이 바로 왕위에 오르는 것은 아니었습니다. 그 후로도 10여 년 동안 계속해서 쫓기는 생활을 했습니다.

정말 왕이 되기 위해서는, 그리고 좀 더 온전한 왕이 되기 위해서는 연단과 훈련의 과정이 반드시 필요했던 것입니다. 우리가 먼저 살펴보았던 모세는 40년 동안 들판에서 모든 연단을 다 받고 나서 하나님과 정식으로 만났고, 성경에 유일하게 하나님과 대면한 사람으로 기록되었습니다. 여호수아는 비록 모세의 가장 지근거리에서 40여 년 동안 모세를 보필했던 사람이었지만 그도 하나님과 제대로 만난 것은 모세가 떠나간 후였습니다. 하지만 40년간의 연단이 그를 모세의 후계자로 만들 수 있었습니다. 그와 반대로 다윗은 먼저 하나님과의 두 번째 만남을 경험한 사람이었지만 하나님의 큰일을 하기 위해 반드시 남은 연단과 훈련의 과정이 필요했던 것입니다.

우리가 여기에서 알아야 할 점은 다윗이 그렇게 10여 년 동안 거의 날마다 생명의 위협 속에서 쫓기는 생활을 하기는 했지만 그럼에도 불구하고 그 과정 가운데에서 하나님과 두 번째 만남을 가진 사람의 특징을 고스란히 나타내 보이고 있었다는 사실입니다. 그렇게 본다면 다윗이 쫓기는 삶은 훈련의 과정이 아니라 '삶의 과정'이었다고 볼 수 있습니다. 왕이 되기 위한 과정이 아니라 언제나 하나님과 대면하는 사람답게 살아드리는 삶 자체였다고 할 수 있을 것입니다.

후에 다윗은 큰 죄를 저지릅니다. 충성되고 용맹한 부하 우리야의 아내를 취하고 우리야를 전쟁터에서 전사하게 만드는 장면입니다. 일찍이 하나님과 벌거벗고 만났던 다윗의 행적이라고는 도저히 상상할 수 없는 일을 저질렀습니다. 여기에서 우리는 또 하나의 중요한 이치를 깨닫게 됩니다. 하나님과 두 번째 만남을 가졌다고 해서 완전한 인간이 되는 것은 아니라는 사실입니다. 하나님과 민낯으로 만났으면 날마다 하나님과 동행하며 하나님과 더불어 살아야 하는데 어떤 경우에라도 거기에서 벗어나면 여지없이 육의 사람이 되어버릴 수 있는 것입니다.

물론 사람은 아무리 성숙한 사람이라도 그런 큰 죄악에 빠질 가능성을 얼마든지 가지고 있는 존재들입니다. 그럼에도 불구하고 다윗은 그 문제를 해결하는 과정에서 두 번째 만남을 가진 사람의 특징을 또한 보여줍니다. 하나님의 지시를 받고 다윗에게 경고하러 온 나단 선지자의 선포에 다윗은 그 자리에서 즉시 회개하는 모습을 보입니다.

"다윗이 나단에게 이르되 내가 여호와께 죄를 범하였노라 하매"(삼하 12:13上)

사무엘서에는 이렇게 단순하게 기록되지만 다윗의 시편에 보면 다윗이 얼마나 처절하게 회개했는지 잘 나옵니다. 여호와의 분노를 몹시 두려워하며 진노하지 마실 것을 간구합니다. 그리고 얼마나 깊이 회개를 하는지 요를 적실 정도로 눈물을 흘렸다고 했습니다. 비록 큰 죄를 범했지만 다윗은 진정한 회개의 모본을 보여준 것입니다.

"여호와여 주의 분노로 나를 책망하지 마시오며 주의 진노로 나를 징계하지 마옵소서"(시 6:1)

"내가 탄식함으로 피곤하여 밤마다 눈물로 내 침상을 띄우며 내 요를 적시나이다"(시 6:6)

우리는 지금 하나님과의 두 번째 만남에 관하여 살펴보고 있지만, 원론적으로 말해서 그리스도인이란 하나님과 두 번째 만남을 가졌고 지속적으로 하나님과 대면하는 사람들을 뜻하는 것으로 해석할 수도 있지 않을까요? 물론 예수 믿은 지 얼마 안 되는 사람에게 이런 것을 요구하기는 쉽지 않겠지만, 그럼에도 불구하고 먼저 믿은 사람들이 하나님과 두 번째 만난 사람의 특징을 삶에서 보여준다면 아직 신앙이 어린 사람들은 그들을 롤 모델로 여길 수 있을 것이고, 세상의 믿지 않는 사람들은 기독교가 무엇이고 예수님이 누구인가를 이해하는 데 큰 도움이 되지 않겠습니까?

하나님과 두 번째 만남을 경험하는 일은 나이나 신앙경력이나 배움의 정도나 사회적인 신분과는 큰 관계가 없다는 사실을 알아야 합니다. 어쩌면 하나님과의 첫 만남의 모습이 결국 두 번째 만남의 성격을 어느 정도 예측하게 할 수 있는 것은 아닌지 모르겠습니다. 믿음의 문제이겠지만 자기를 버릴 수 있는, 하나님 없이는 안 되는 상황을 만들 수 있는 사람이 하나님과의 두 번째 만남을 가질 수 있을 것이고, 그런 사람이 하나님과 대면하는 사람이 될 수 있을 것입니다.

결론은 하나님의 말씀대로 순종하려고 하면 하나님과의 두 번째 만남을 가질 수 있는 기회가 더욱 빨리 주어진다는 것입니다. 결국 말씀의 지배를 받는 사람이 성화된 그리스도인이라고 할 수 있는 것입니다.

[생각해 보십시오]

1. 다윗을 특징짓는 한 마디 말은 무엇입니까? (삼상 13:14)

2. 이 말은 어떤 상황에서 하신 말씀입니까? (삼상 13:9-10)

3. 그런데 전쟁의 결과는 어떻게 되었습니까? (삼상 14:14, 23)

4. 교만한 사울은 신빌선생을 어떻게 했습니까? (삼상15:7-9)

5. 사울과 달리 다윗은 어떻게 순종했습니까? (삼상 24:3-7)

6. 다윗이 성화된 첫째 증거는 무엇입니까? (삼상 17:26下, 45)

7. 다윗이 성화된 둘째 증거는 무엇입니까? (삼상 16:18, 23)

8. 다윗은 성화되었음에도 왜 10여 년 동안 쫓기게 됩니까?

9. 하나님을 두 번째 만날 수 있는 비결은 무엇입니까?

10. 당신은 하나님의 말씀에 얼마나 순종하고 있다고 생각하십니까?

9. 세미한 음성의 하나님 : 엘리야

위대한 선지자 엘리야. 그는 베드로가 보는 중에 변형되신 예수님과 함께 나타난 두 명의 인물 중의 한 사람입니다. 한 사람은 모세이고, 다른 한 사람이 바로 엘리야입니다.

"엿새 후에 예수께서 베드로와 야고보와 그 형제 요한을 데리시고 따로 높은 산에 올라가셨더니 그들 앞에서 변형되사 그 얼굴이 해 같이 빛나며 옷이 빛과 같이 희어졌더라 그 때에 모세와 엘리야가 예수와 더불어 말하는 것이 그들에게 보이거늘"(마 17:1-3)

이스라엘에서 가장 우선되는 사람을 꼽으라면 모세와 엘리야입니다. 그래서 베드로가 황홀경에 취한 채 예수님께 제안을 합니다.

"베드로가 예수께 여쭈어 이르되 주여 우리가 여기 있는 것이 좋사오니 만일 주께서 원하시면 내가 여기서 초막 셋을 짓되 하나는 주님을 위하여, 하나는 모세를 위하여, 하나는 엘리야를 위하여 하리이다"(마 17:4)

하지만 이 베드로의 말은 정신이 다 빠진 상태에서 자기가 무슨 말을 하는지도 모른 채 한 이야기에 불과했습니다.

"이는 그들이 몹시 무서워하므로 그가 무슨 말을 할지 알지 못함이더라"(막 9:6)

엘리야는 이스라엘 역사를 통틀어서 가장 영적 능력이 뛰어난 사람이었습니다. 물론 모세와 다윗이 이스라엘을 상징하는 인물이지만 엘리야는 또 다른 의미에서 하나님의 큰 능력을 뜻하는 사람이었습니다.

엘리야의 등장

엘리야가 언제 어떤 방식으로 등장하게 되는지는 잘 알려져 있지 않습니다. 다만 열왕기에서 최초로 엘리야의 등장을 알리고 있습니다. 길르앗에 거주하는 디셉 사람 엘리야라고만 소개되어 있습니다. 이 엘리야의 등장은 북이스라엘의 아합 왕으로부터 비롯됩니다. 아합이 이세벨과 결혼한 후 그녀의 영향 아래에서 바알과 아세라 우상을 만들어 섬겼기 때문입니다.

> "오므리의 아들 아합이 그의 이전의 모든 사람보다 여호와 보시기에 악을 더욱 행하여 느밧의 아들 여로보암의 죄를 따라 행하는 것을 오히려 가볍게 여기며 시돈 사람의 왕 엣바알의 딸 이세벨을 아내로 삼고 가서 바알을 섬겨 예배하고 사마리아에 건축한 바알의 신전 안에 바알을 위하여 제단을 쌓으며 또 아세라 상을 만들었으니 그는 그 이전의 이스라엘의 모든 왕보다 심히 이스라엘 하나님 여호와를 노하시게 하였더라"(왕상 16:30-33)

여기에서 하나님은 엘리야를 부르셔서 아합에게 경고하게 하십니다.

> "길르앗에 우거하는 자 중에 디셉 사람 엘리야가 아합에게 말하되 내가 섬기는 이스라엘의 하나님 여호와께서 살아 계심을 두고 맹세하노니 내 말이 없으면 수 년 동안 비도 이슬도 있지 아니하리라 하니라"(왕상 17:1)

이 때부터 비가 전혀 오지 않고 심한 가뭄이 들기 시작하면서 하나님은 엘리야의 갈 길을 인도하시고 보호하기 시작하십니다. 그릿 시냇가로 가게 하시고 까마귀를 통해 음식을 제공하십니다. 얼마 후에 가뭄으로 그릿 시냇물이 마르자 하나님은 엘리야를 사르밧으로 보내어 한 과부를 통해 먹이십니다. 외아들과 함께 마지막 한 끼 남은 것을 엘리야와 나누었는데 이후로 가루와 기름이 통에서 떨어지지 않는 기적을 체험합니다. 이 기적은 비가 내리는 날까지 지속됩니다.

그런데 문제가 생겼습니다. 그 사르밧 과부의 아들이 병들어 죽은 것입니다. 과부는 엘리야를 원망합니다. 이 때에도 엘리야는 아이를 침상에 눕히고 하나님께 부르짖어 간구합니다. 그 결과 아이는 거짓말처럼 영혼이 돌아와 숨을 쉬게 됩니다. 사르밧 과부는 하나님을 찬양하고 엘리야를 인성하게 됩니다.

> "여인이 엘리야에게 이르되 내가 이제야 당신은 하나님의 사람이시요 당신의 입에 있는 여호와의 말씀이 진실한 줄 아노라 하니라"(왕상 17:24)

다 아는 이야기를 왜 합니까? 엘리야가 얼마나 대단한 사람인가를 이야기하고자 하는 것입니다. 그 당시는 물론이거니와 왕정시대에 왕에게 경고를 한다는 것은 보통 일은 아닙니다. 하나님께서 그 왕에게 경고를 하게 하시는 이유는 북이스라엘은 어쨌든지 하나님의 나라이기 때문입니다. 그 하나님의 나라에서 바알을 섬겨 예배하고 사마리아에 건축한 바알의 신전 안에 바알의 제단을 쌓고 또 아세라 상을 만들었는데, 이전의 이스라엘의 모든 왕보다 심히 여호와를 노하시게 하였다고 했습니다.

우리는 엘리야가 하나님으로부터 어떤 식으로 명령을 받았는지 알 수 없습니다. 직접 음성을 들려주실 수도 있을 것이고, 꿈이나 환상을 통하여 명령하실 수도 있을 것이고, 하나님의 영에 사로잡혀 감동이 엘리야를 둘러쌌을 수도 있습니다. 어떤 방식으로든지 왕을 찾아가서 직언을 하고 하나님의 말씀으로 경고한다는 일은 대단한 확신이 없으면 할 수 없는 일입니다. 목숨을 잃어버릴 각오가 되어 있지 않으면 도저히 할 수 없습니다.

그 당시에는 가능했었는지는 모르겠지만 왕에게까지 접근하는 일조차 거의 불가능에 가까울 것입니다. 왕실에 어떤 끈이 있거나 아니면 왕을 만날 수 있을 만큼 이름 있는 선지자일 수도 있을 것입니다만, 아무튼 상대는 이세벨에 눈이 어두워 여호와 하나님의 나라에서 바알을 섬기고 신전을 짓고 바알의 제단을 쌓고 아세라 상을 만들 정도로 이방우상에 심취되어 있는 왕입니다. 아합은 그렇다고 쳐도 이세벨 앞에서 직언을 하는 일은 쉬운 일이 아닙니다. 성령에 충만해 있고 확신에 가득 차 있을 뿐 아니라 죽을 각오가 되어 있어야 할 수 있는 일입니다. 엘리야는 그런 사람입니다.

완벽한 믿음

엘리야의 가장 큰 특징은 하나님의 말씀에 철저하게 순종한다는 점입니다. 아합에게 우상숭배의 죄악을 버리지 않으면 수 년 동안 비도 오지 않고 이슬도 내리지 않을 것이라고 선포한 이후에 하나님의 말씀이 엘리야에게 임했습니다. 동쪽으로 가서 요단 앞 그릿 시냇가에 숨으라고 하십니다. 그러시면서 까마귀가 너를 먹일 것이라고 말씀하십니다.

"너는 여기서 떠나 동쪽으로 가서 요단 앞 그릿 시냇가에 숨고 그 시냇물을 마시라 내가 까마귀들에게 명령하여 거기서 너를 먹이게 하리라"(왕상 17:3-4)

말이 안 되는 이야기입니다. 그릿 시냇가에 숨으시라는 말씀도 이해가 되지 않거니와 어떻게 까마귀가 사람을 먹일 수 있단 말입니까? 폭군이며 우상숭배자인 아합에게 담대하게 외치라고 하실 때는 언제이고 또 아합을 피해 숨으라는 말씀은 또 무슨 말씀입니까? 하나님의 말씀이 아주 모순된 것 같습니다. 아무 대책 없이 그깟 까마귀에게 목숨을 의지하라니요. 그러나 엘리야는 어쩌면 비굴해보일 수도 있는 그 명령에 순종합니다.

그런데 그렇게 그릿 시냇가에 숨으라고 하시고 까마귀가 먹을 것을 가져다주리라고 하시고 또 시냇물을 마시라고 하셨으면 시냇물이 마르게 하실 것이 아니라 바위를 쳐서라도 시냇물이 마르지 않게 하셔야지요. 그런데 얼마 못 가서 시냇물은 말라버립니다.

"땅에 비가 내리지 아니하므로 얼마 후에 그 시내가 마르니라"(왕상 17:7)

엘리야가 망연자실, 이제 어떻게 하나 하고 앉아있는데 또다시 여호와의 말씀이 엘리야에게 임합니다. 그런데 그 말씀 또한 기가 막힙니다. 시돈 땅의 사르밧으로 가라는 말씀까지는 뭐 대책이 있으시겠지 하고 들을 수 있겠는데, 그 사르밧에 가면 한 과부가 네게 음식을 줄 것이라는 말씀이었습니다.

"너는 일어나 시돈에 속한 사르밧으로 가서 거기 머물라 내가 그 곳

과부에게 명령하여 네게 음식을 주게 하였느니라"(왕상 17:9)

참 구질구질하십니다. 숨겨둔 재산이 많은 부자도 아니고 저택이 으리으리한 귀족 집도 아니고 하루 먹을 것도 간당간당한 과부라니요! 하지만 엘리야는 터덜터덜 사르밧까지 갑니다. 엘리야가 다른 아무 방도가 없어서 할 수 없이 간 것인지 아니면 하나님의 명령이니까 믿고 순종하여 갔는지는 잘 모르겠습니다. 그러나 엘리야와 과부의 대화를 보면 그는 분명한 확신이 있었고 자세한 지침을 받은 것 같았습니다.

"엘리야가 그에게 이르되 두려워하지 말고 가서 네 말대로 하려니와 먼저 그것으로 나를 위하여 작은 떡 한 개를 만들어 내게로 가져오고 그 후에 너와 네 아들을 위하여 만들라 이스라엘의 하나님 여호와의 말씀이 나 여호와가 비를 지면에 내리는 날까지 그 통의 가루가 떨어지지 아니하고 그 병의 기름이 없어지지 아니하리라 하셨느니라"(왕상 17:13-14)

그래서 과부는 엘리야의 말을 믿고 반신반의 그대로 따라 합니다. 그리고 엘리야의 말대로 통에서 가루가 떨어지지 않았고 병에서 기름이 없어지지 않았습니다. 물론 하나님의 명령에 그대로 순종했을 뿐이지만 엘리야의 그 순종은 대단한 믿음이 없이는 불가능한 일이라고 생각합니다. 아합에게 대담하게 찾아간 것도 그렇고 그릿 시냇가에 숨으러 간 것도 그렇고 사르밧의 과부에게 가서 음식을 만들어주면 비가 내리는 날까지 굶지 않으리라고 자신 있게 이야기한 것도 그렇고 엘리야의 그 순종만으로도 대단한 사람임이 분명합니다.

물론 그 과부의 외아들이 죽었을 때에 그 아들을 자기 침상에 눕히고 나서 하나님께 부르짖어 기도하여 살려낸 것도 엘리야의 담대한 믿음에 근거한 것이 분명합니다. 어떻게 살아날 것을 알았겠습니까? 여호와 하나님께서 모든 것을 책임지시고 엘리야를 곤란하지 않게 하신다는 확신이 있기 때문이 아니겠습니까? 이 정도면 엘리야는 하나님을 두 번째 만난 사람이 틀림없습니다. 자기의 모든 것을, 심지어는 목숨까지도 하나님께 전적으로 맡길 수 있는 두 번째 만남 말입니다. 그런데 엘리야의 믿음은, 능력은 여기에서 그치는 것이 아니었습니다. 정말 엘리야의 진면목을 볼 수 있는 그 다음 장면이 나옵니다.

850 대 1

그렇게 엘리야가 아합에게 비가 오지 않으리라고 예언한 이후로 3년의 세월이 흘렀습니다. 하나님께서 이제는 때가 되어 엘리야에게 나시 가서 아합을 만나라는 지시를 내리십니다. 비를 내릴 때가 되었습니다. 그리하여 아합을 만난 엘리야는 담대하게 왕에게 하나님의 말씀을 선포합니다.

> "그가 대답하되 내가 이스라엘을 괴롭게 한 것이 아니라 당신과 당신의 아버지의 집이 괴롭게 하였으니 이는 여호와의 명령을 버렸고 당신이 바알들을 따랐음이라 그런즉 사람을 보내 온 이스라엘과 이세벨의 상에서 먹는 바알의 선지자 사백오십 명과 아세라의 선지자 사백 명을 갈멜산으로 모아 내게로 나아오게 하소서"(왕상 18:18-19)

마침내 인류 역사상 유례가 없을 정도의 놀라운 대결이 벌어집니다. 물론 바알의 우상과 하나님의 대결이 어찌 성사될 수 있겠습니까만, 인간의 눈으로 볼 때에는 엄청난 대결임이 틀림없습니다. 사람의 눈에는 틀림없이 850대 1의 대결이니까요. 엘리야는 송아지 두 마리를 각을 떠서 각각 나뭇가지에 올려놓게 합니다. 하나는 바알의 제사장들

몫이고 다른 하나는 엘리야의 몫입니다. 그리고 먼저 바알의 제사장들에게 기도하라고 합니다.

"너희는 너희 신의 이름을 부르라 나는 여호와의 이름을 부르리니 이에 불로 응답하는 신 그가 하나님이니라 백성이 다 대답하되 그 말이 옳도다 하니라"(왕상 18:24)

그리하여 바알의 선지자 450명은 그들 식으로 기도에 전념합니다. 450명이 한꺼번에 소리 높여 부르짖었으니 참 볼만 했겠습니다. 요즘 같으면 생중계로 전국에 방송되었을 것이고 아마 시청률 99%는 되지 않았을까 싶습니다.

"그들이 받은 송아지를 가져다가 잡고 아침부터 낮까지 바알의 이름을 불러 이르되 바알이여 우리에게 응답하소서 하나 아무 소리도 없고 아무 응답하는 자도 없으므로 그들이 그 쌓은 제단 주위에서 뛰놀더라"(왕상 18:26)

정오부터는 아예 칼과 창으로 그들의 몸을 상하게 하며 부르짖습니다. 이상합니다. 왜 하나님의 대적자들은 몸을 상하게 하거나 고행을 하거나 작두를 타거나 하는 전혀 보편적이지 않은 짓을 골라서 할까요? 인간의 눈에 신비함을 보임으로써 그들을 강한 지배하에 두려고 하는 것이겠죠.

"이에 그들이 큰 소리로 부르고 그들의 규례를 따라 피가 흐르기까지 칼과 창으로 그들의 몸을 상하게 하더라"(왕상 18:28)

하지만 그들의 기도는 저녁 소제 드릴 때까지 아무런 소용이 없게 됩니다. 저들은 이미 알고 있었던 것이 아닐까요? 뻔한 결말을 훤히 보고 있었음에도 그들은 자신들을 어찌지 못합니다. 무당의 삶에서 벗어나고 싶은데 어쩌지 못하는 사람들도 많습니다.

"이같이 하여 정오가 지났고 그들이 미친 듯이 떠들어 저녁 소제 드릴 때까지 이르렀으나 아무 소리도 없고 응답하는 자나 돌아보는 자가 아무도 없더라"(왕상 18:29)

그리고 마침내 엘리야의 차례가 되었습니다. 엘리야는 무너진 여호와의 제단을 수축하고 열두 개의 돌을 가져다가 제단을 쌓고 제단 주위에 도랑을 만들고 도랑에 가득 찰 정도로 물을 네 통이나 부었습니다. 그리고 하나님 앞에 간구를 드립니다. 기도를 드리자말자 여호와의 불이 내려옵니다.

"이에 여호와의 불이 내려서 번제물과 나무와 돌과 흙을 태우고 또 도랑의 물을 핥은지라"(왕상 18:38)

그리고 그 모습을 생생히 지켜본 모든 백성들은 여호와 하나님만을 인정하게 됩니다. 450명의 무당들이 힘없이 무너지는 꼴을 보는 사람들은 누구나 살아계신 여호와만이 참 신이라는 명확한 사실을 몸으로 깨달았을 것입니다. 이단 우상이 들어와 혼탁해져 있는 북이스라엘이 정화되는 순간입니다. 그리고 바알과 아세라 우상 선지자들은 몰살당하게 됩니다.

"모든 백성이 보고 엎드려 말하되 여호와 그는 하나님이시로다 여호와 그는 하나님이시로다 하니 엘리야가 그들에게 이르되 바알의 선지자를 잡되 그들 중 하나도 도망하지 못하게 하라 하매 곧 잡은지라 엘리야가 그들을 기손 시내로 내려다가 거기서 죽이니라"(왕상 18:39-40)

여호와 하나님의 일방적인 승리요 선지자 엘리야의 믿음과 능력의 최고치를 보여준 엄청난 사건이었습니다. 굶어도 까마귀가 와서 먹여주고 시냇물이 말라도 과부를 통해 살려주시고 죽었던 아이도 기도하여 살린 엘리야입니다. 거기에다가 우상숭배자 850명과 대결을 벌일 정도로 담대한 사람이고, 얼마나 확신이 강했던지 바알의 제사장들이 기도해도 아무런 역사가 일어나지 않자 그들을 조롱하기까지 합니다. 인간 대 인간의 사이라면 어떤 이유에서든 조롱하는 것은 참을 수가 없습니다. 그러나 돌로 만들어진 가짜 신에 대해서는 얼마든지 조롱할 수 있습니다.

"정오에 이르러는 엘리야가 그들을 조롱하여 이르되 큰 소리로 부르라 그는 신인즉 묵상하고 있는지 혹은 그가 잠깐 나갔는지 혹은 그가 길을 행하는지 혹은 그가 잠이 들어서 깨워야 할 것인지 하매"(왕상 18:27)

그리고 마침내 엘리야가 아합을 향하여 선포한 하나님의 말씀이 그대로 이루어집니다. 3년 동안 전혀 오지 않던 비가 쏟아지기 시작합니다. 비가 오게 만든 것도 결국 엘리야의 기도였습니다. 바알과 아세라의 제사장들 850명을 죽였는데 3년 동안 오지 않던 비가 계속 내리지 않는다면 그것도 문제입니다. 그러나 엘리야의 확신은 변함이 없습니다. 그는 하나님만 전적으로 의지했습니다. 틀림없이 비는 내릴 것입니다. 그것도 엄청난 비가 올 것입니다. 3년 동안 묶였던 비가 오는데 상상 이상으로 많이 내릴 것입니다. 그래서 엘리야는 아합에게 비가 올 것이라고 보고합니다.

"엘리야가 아합에게 이르되 올라가서 먹고 마시소서 큰 비 소리가 있나이다"(왕상 18:41)

그리고 자기는 가서 기도하는데 비가 올 기미가 안 보입니다. 사환에게 산꼭대기로 올라가서 하늘을 보라고 일곱 번이나 보냅니다. 그토록 확신이 있다면 왜 자꾸 산으로 올라가서 확인하라고 할까요? 믿음이 부족해서일까요? 저는 엘리야 자신이 큰 비를 빨리 피하기 위해서라고 생각합니다.

> "그의 사환에게 이르되 올라가 바다 쪽을 바라보라 그가 올라가 바라보고 말하되 아무것도 없나이다 이르되 일곱 번까지 다시 가라"
> (왕상 18:43)

마침내 바다 끝에서 손바닥만한 구름이 보입니다. 엘리야는 아합에게 빨리 마차를 타고 왕궁으로 돌아가게 합니다. 자신도 여호와의 능력으로 마차 속도와 같은 빠르기로 달려갑니다. 이것이 엘리야가 얼마나 대단한 능력의 소유자인가를 이야기해주는 작은 정보들이었습니다. 하지만 엘리야의 진짜 이야기는 바로 여기에서부터 시작됩니다.

엘리야는 마치 하나님과도 같은, 여호와의 사자만이 일으킬 수 있는 이적들을 아무렇지 않게 행합니다. 마치 모세를 연상시키는 일들을 믿음과 확신을 가지고 담대하게 일으킵니다. 이 정도면 하나님과 대면한 모세와도 같은 그런 사람임에 틀림이 없습니다. 이런 엘리야가 하나님과의 결정적인 만남을 아직 가진 것이 아니라면 누가 인정할 수 있겠습니까? 그런데 이런 위대하고 대단한 사람 엘리야는 잠시 후에 전혀 그 답지 않은 모습을 보이게 됩니다. 모세와도 같고 사무엘과도 같은 엘리야. 우리의 상상을 불허하는 그런 초월적인 능력을 선보이던 엘리야에게 어떤 일이 닥칩니까?

이세벨의 협박

우상숭배자 850명을 앞에 놓고도 눈 하나 꿈쩍하지 않던 엘리야. 그들이 몸을 상하면서까지 부르짖어도 아무 응답이 없자 그들을 조롱하기까지 했던 확신의 사나이 엘리야. 죽은 아이를 살리고 곡식통과 기름병에서 가루와 기름이 떨어지지 않게 만들었던 엘리야. 까마귀가 먹여 살릴 것이라는 말씀을 그대로 믿고 그릿 시내에 갔던 엘리야. 그리고 3년 동안 비가 오지 않을 것을 분명하게 믿고 아합 왕 앞에서 선포했던 엘리야. 마지막으로 3년 동안 오지 않던 비를 기도 일곱 번으로 쏟아지게 했던 엘리야. 그 대단한 엘리야에게 한 여인이 협박을 합니다.

"이세벨이 사신을 엘리야에게 보내어 이르되 내가 내일 이맘때에는 반드시 네 생명을 저 사람들 중 한 사람의 생명과 같게 하리라 그렇게 하지 아니하면 신들이 내게 벌 위에 벌을 내림이 마땅하니라 한지라"(왕상 19:2)

아합의 왕비 이세벨도 대단합니다. 이세벨도 자기 우상에 대한 확신이 너무나도 강한 여자입니다. 엘리야가 한 일들을 전부 전해 듣고도 여호와 하나님을 두려워하기는커녕 오히려 여호와의 선지자 엘리야를 잡아 죽이겠다고 으름장을 놓는 것입니다. 이세벨에게서 사탄의 특징을 보는 것 같습니다. 결코 포기할 줄 모르는 특성입니다. 그런데요, 그런데 엘리야에게 이세벨의 이 협박이 먹힙니다. 글쎄.

"그가 이 형편을 보고 일어나 자기의 생명을 위해 도망하여 유다에 속한 브엘세바에 이르러 자기의 사환을 그 곳에 머물게 하고"(왕상 19:3)

죽을까봐 겁이 나서 도망치는 것입니다. 우리가 알고 있던 그 엘리야가요. 아니 그럼 여태까지 우리가 알던 엘리야는 다른 사람이었나요? 물론 같은 사람입니다. 그러나 대단한 능력의 사람 엘리야 자신의 능력이 아니라 그 안에 계신 하나님의 영의 능력이었던 것입니다. 당연한 이야기입니다. 다만 엘리야는 그 여호와 하나님을 완전하게 믿었다는 사실이 우리와 다른 것일 뿐입니다. 엘리야가 위대한 것은 여호와의 말씀을 완벽하게 믿고 완전하게 하나님만을 의지했다는 점입니다.

아무튼 엘리야는 브엘세바까지 단숨에 도망가서는 사환은 거기에서 기다리라고 하고 자기만 광야 길을 하루 동안이나 정처 없이 계속 도망칩니다. 아무도 모르는 곳으로요. 왜요? 우선 두려움이 자기를 지배하고 있고 또 사환에게는 창피하니까요. 거기 가서 뭐합니까?

> "자기 자신은 광야로 들어가 하룻길쯤 가서 한 로뎀나무 아래에 앉아서 자기가 죽기를 원하여 이르되 여호와여 넉넉하오니 지금 내 생명을 거두시옵소서 나는 내 조상들보다 낫지 못하니이다 하고" (왕상 19:4)

아니, 그러면 이 모습은 우리와 전혀 다를 것이 없는데요? 죽은 사람을 살리고 850명을 죽인 그 엘리야가 전혀 아닌데요. 아무리 실세 왕비라지만 한 여인의 협박에 이토록 나약해질 수도 있는 것입니까? 인간의 권세가 그렇게도 무서운 것입니까? 다른 사람은 전부 다 무서워해도 엘리야는 아니지 않습니까? 죽음조차도 우습게 여길 것만 같은 엘리야가 죽음 앞에 이렇게 두려워 떨다니요.

엘리야는 완전히 탈진상태로 누워서 잠 속으로 깊이 빠집니다. 자기 의지와는 상관이 없습니다. 지금 엘리야 앞에 이세벨의 군대가 나타나 날카로운 창끝을 들이대도 엘리야는 모를 지경입니다. 육신의 탈진이 문제가 아닙니다. 엘리야에게는 지금 사명이니 우상이니 기도니 하는 것들이 아무 의미가 없어진 것입니다.

'그까짓 것 하나님이 무슨 소용인가? 내가 언제 죽은 사람 살린 적이나 있었던가? 다른 사람 이야기겠지. 850명? 겁나서 어떻게 대결해? 그 땐 정말 제정신이 아니었지. 이세벨이 무슨 짓을 하든지, 아합이 바보같이 이세벨의 손아귀에 놀아나든지 그런 건 이제 나와는 아무 상관이 없는 일들이지.'

아마 이렇게 중얼거리면서 깊은 잠에 빠져들었을지도 모릅니다. 그리고 사실은 바로 이것이 엘리야의 진짜 모습이었던 것입니다. 잠시 정신이 나가서 자기가 무슨 일을 했는지 알지도 못한 채 사람들이 위대하다고 하는 일들을 했던 것뿐입니다.

사실 엘리야 자신이 한 일은 아무 것도 없습니다. 그냥 하나님 말씀을 믿고 그대로 순종했을 뿐입니다. 까마귀를 날려 보내는 일조차 하지 않았습니다. 가루를 긁어 모아들이지도 않았습니다. 다 하나님이 하신 일입니다. 위대한 엘리야는 그저 하나님을 믿은 것뿐입니다.

"예수께서 대답하여 이르시되 하나님께서 보내신 이를 믿는 것이 하나님의 일이니라 하시니"(요 6:29)

엘리야가 한 일은 그냥 하나님을 믿은 것이었습니다. 그런데 그 믿음이 사라졌습니다. 믿음이 사라지니까 엘리야는 아무 것도 아니었습니다. 아니, 보통 사람만도 못해졌습니다. 무기력하기도 하거니와 실패자요 인생 막장에 와 있는 사람이요, 절망 가운데 빠진 사람의 전형적인 모습이었습니다. 노숙자와 무엇이 다릅니까? 그런데요, 이렇게 되니까 엘리야에게 정말 중요한 순간이 다가옵니다.

두 번째 만남을 위하여

가령 엘리야가 없었다면 하나님은 바알과 아세라 제사장 850명을 처단하지 못하셨을까요? 또 다른 선지자가 그렇게도 없었을까요? 하나님은 엘리야 없이도 하나님의 일을 이루어 가시는 분이십니다. 다만 하나님은 진짜 엘리야를 만드시기 위해, 참 하나님의 사람 엘리야를 만들기 위해 기다리셨던 것입니다. 엘리야는 그렇게 절망에 빠져 완전히 녹초가 되어 쓰러졌습니다. 그런데 그 때 하나님께서 나타나십니다.

> "로뎀나무 아래에 누워 자더니 천사가 그를 어루만지며 그에게 이르되 일어나서 먹으라 하는지라 본즉 머리맡에 숯불에 구운 떡과 한 병 물이 있더라 이에 먹고 마시고 다시 누웠더니"(왕상 19:5-6)

마침내 하나님께서 두 번째로 엘리야를 만나주실 준비가 된 것입니다. 하지만 그 현장에서 바로 만나주시는 것은 아닙니다. 이제 이세벨의 선포가 일어난 지 이틀 정도밖에 안 되었습니다. 날 수가 문제가 아니라 엘리야는 자신의 정체성을 더욱 확실히 할 필요가 있습니다. 이세벨의 협박이 두려워서 도망친 지 며칠 되지 않았습니다. 충분히 자신을 깨우칠 시간이 더 필요합니다. 그 시간은 엘리야에게는 40일이었습니다.

> "이에 일어나 먹고 마시고 그 음식물의 힘을 의지하여 사십 주 사십 야를 가서 하나님의 산 호렙에 이르니라"(왕상 19:8)

엘리야가 왜 호렙산까지 가야만 하는지는 확실하지 않습니다. 혹시

9. 세미한 음성의 하나님 : 엘리야

모세가 여호와께로부터 십계명 돌판을 받은 그 시내산이 아닐까 생각됩니다. 원래는 그곳에서 호렙산까지는 40일씩 걸리지는 않는다고 합니다. 그러나 엘리야는 40주 40야를 갔다고 했습니다. 밤에도 움직였다는 말일까요? 아무튼 엘리야는 기도도 하면서 금식도 하면서 쉬기도 하면서 그렇게 자기 자신의 실체에 대한 인식작업을 벌이게 됩니다. 엘리야에게는 40일이 걸립니다. 결코 벌거벗은 것을 깨달은 그 자리에서 만나주시지 않습니다.

그리고 엘리야는 하나님과 합의한 목적지 호렙산에 있는 어느 (정해진) 굴로 들어갑니다. 마침내 하나님께서 질문을 하십니다.

"엘리야가 그 곳 굴에 들어가 거기서 머물더니 여호와의 말씀이 그에게 임하여 이르시되 엘리야야 네가 어찌하여 여기 있느냐"(왕상 19:9)

무슨 말씀입니까? 엘리야가 지금 왜 여기에 있는지 하나님께서 그것을 모르십니까? 엘리야의 모든 행적을 지시하시고 인도하신 하나님께서 굳이 여기 호렙산까지 엘리야가 왜 오게 되었는지를 모르신다는 말입니까? 하지만 이 질문은 엘리야가 엘리야 자신에게 질문하라고 주신 말씀입니다. 엘리야는 일어난 현상을 아룁니다.

"그가 대답하되 내가 만군의 하나님 여호와께 열심이 유별하오니 이는 이스라엘 자손이 주의 언약을 버리고 주의 제단을 헐며 칼로 주의 선지자들을 죽였음이오며 오직 나만 남았거늘 그들이 내 생명을 찾아 빼앗으려 하나이다"(왕상 19:10)

엘리야는 아직도 자기가 쫓겨서 여기까지 오게 된 과정을 이야기합니다. 물론 이세벨에게 쫓겨서 여기까지 온 것은 사실입니다. 하지만 아직 엘리야는 하나님께서 왜 여기까지 오게 하셨는지를 전혀 모르고 있습니다. 그저 의아할 뿐입니다. 하나님께서 이윽고 엘리야를 진정으로 만나주십니다. 엘리야는 자신의 정체를 정확하게 깨달을 만큼 영적으로 성장해 있습니다. 하나님과의 첫 만남은 영적 자의식이 없는 상태에서의 만남이라고 할 수 있겠지만, 하나님과 두 번째 만남은 제법 대화가 이루어질 수 있는 상태에서의 만남입니다.

목숨까지도 아무 의미를 발견할 수 없을 그 때에 두 번째로 만나주시는 하나님이십니다. 비로소 인간 대 하나님의 진정한 만남, 일방적이 아니라 쌍방적인 만남이 시작되는 것입니다. 인간이 자신의 진짜 모습을 발견했을 때가 하나님께서 실체적으로 만나주실 때인 것입니다. 하나님은 동굴 밖으로 엘리야를 불러내십니다. 그리고 기적과도 같은 현상을 엘리야의 코앞에서 만들어 보이십니다.

> "여호와께서 이르시되 너는 나가서 여호와 앞에서 산에 서라 하시더니 여호와께서 지나가시는데 여호와 앞에 크고 강한 바람이 산을 가르고 바위를 부수나 바람 가운데에 여호와께서 계시지 아니하며 바람 후에 지진이 있으나 지진 가운데에도 여호와께서 계시지 아니하며 또 지진 후에 불이 있으나 불 가운데에도 여호와께서 계시지 아니하더니 불 후에 세미한 소리가 있는지라"(왕상 19:11-12)

하나님께서 친히 엘리야로 하여금 하나님이 계시다고 여길 만한 현상들을 보여주십니다. 얼마나 강한 바람이었든지 산을 가르고 바위를 부술 정도였습니다. 일반적인 자연현상에서는 결코 찾아볼 수 없는 기이하고 두려운 광경입니다. 그런 바람이 분 후에 지진이 일어납니다. 마른하늘 아래 평온한 호렙산이 지진으로 흔들거리고 이미 갈라진 바위를 더 쪼개버립니다. 지진 후에 불길이 치솟아 오릅니다. 거대한 불꽃이 엘리야의 눈앞에서 왔다 갔다 합니다. 그런데 거기에는 여호와께서 계시지 않는 것입니다.

이런 현상은 하나님께서 임재하실 때 일어나는 현상들입니다. 고작 까마귀에게 음식 얻어먹고 통과 병에 가루와 기름이 떨어지지 않고 죽은 아이 목숨을 살려내고 바알과 아세라 제사장 850명과의 대결에서 찬란한 승리를 얻어낸 것과 비교가 되지 않을 정도의 놀라운 기적의 현상들입니다. 여태까지 엘리야는 자신이 경험했던 그런 현상 가운데 하나님께서 계신다고 굳게 믿고 있었습니다. 자신이 가는 곳에는 언제나 하나님께서 함께 계신다고 생각했었습니다. 그리고 그것이 곧 자신의 실체라고 믿었습니다. 하지만 자신이 일으킨 그 놀라운 기적들과는 비교할 수 없을 정도로 훨씬 강한 현상들이 자기 눈앞에서 일어났지만 거기에는 하나님께서 계시지 않았습니다.

"이게 어떻게 된 거지? 내가 대단해서 하나님께서 나와 함께 계시면서 기적을 일으키신 것이 아니었던가? 그럼 나는 뭐지?"

이세벨 앞에서 무너졌던 자신에 대한 혼란 이후에, 그런 기적들 속에도 하나님께서 계시지 않으신다는 사실을 깨달으면서 엘리야는 더욱 혼란 속으로 빠지게 됩니다. 물론 그 혼란은 하나님의 말씀을 완벽하게 흡수하기 직전의 혼란입니다. 마치 냄비의 불을 끄기 전에 들끓어 오르던 그런 혼란입니다. 불을 끄면 비로소 냄비에 담겨있는 것이 무엇인지 알게 되는 것과 같은 혼란입니다. 불길이 사라지니까 거품도 사라지는 것입니다. 자신이 능력으로 일으켰다고 생각했던 거품과도 같은 대단한 기적들 자체가 하나님이 아니었음을 엘리야는 깨닫게 됩니다.

"그럼 하나님은 어디에 계시지? 850명과 싸울 때도 안 계셨고 지진과 불이 일어났을 때에도 안 계신다면 도대체 하나님은 어디에 계신 것일까?"

하나님이 계신 곳

그렇습니다. 하나님은 굳이 어떤 장소에 또는 어떤 기적적인 현상 가운데 계신 분이 아니십니다. 물론 그곳에 계실 때도 있습니다. 그러나 그것은 하나님께서 꼭 필요로 하실 때에만입니다. 꼭 나의 사역 현장 가운데만 계신 분이 아니십니다. 엘리야의 기적 가운데만 계신 분이 아니십니다. 그런 엄청난 현상 가운데는 계시지 않더니 하나님은 세미한 음성으로 사신을 드러내어 주십니다. 그 세미한 음성을 듣고 엘리야는 비로소 하나님의 임재를 느끼게 됩니다.

> "엘리야가 듣고 겉옷으로 얼굴을 가리고 나가 굴 어귀에 서매 소리가 그에게 임하여 이르시되 엘리야야 네가 어찌하여 여기 있느냐"(왕상 19:13)

엘리야는 하나님께 대답을 하는데 그 내용은 아까 동굴 속에서 대답한 내용과 동일합니다. 하지만 똑같은 대답이 내포하고 있는 실체는 천지차이가 납니다. 하나님의 질문도 동일하고 엘리야의 대답도 동일합니다.

> "엘리야야 네가 어찌하여 여기 있느냐"(왕상 19:9下, 13下)
>
> "그가 대답하되 내가 만군의 하나님 여호와께 열심이 유별하오니 이는 이스라엘 자손이 주의 언약을 버리고 주의 제단을 헐며 칼로 주의 선지자들을 죽였음이오며 오직 나만 남았거늘 그들이 내 생명을 찾아 빼앗으려 하나이다"(왕상 19:10, 14)

그러나 그 대답 이후에 드러난 현상은 전혀 다릅니다. 먼저는 엘리야 앞에 바람과 지진과 불을 일으키셨습니다. 그러나 두 번째 대답 이후에는 구체적인 사역을 명하십니다.

"여호와께서 그에게 이르시되 너는 네 길을 돌이켜 광야를 통하여 다메섹에 가서 이르거든 하사엘에게 기름을 부어 아람의 왕이 되게 하고 너는 또 님시의 아들 예후에게 기름을 부어 이스라엘의 왕이 되게 하고 또 아벨므홀라 사밧의 아들 엘리사에게 기름을 부어 너를 대신하여 선지자가 되게 하라"(왕상 19:15-16)

무슨 차이입니까? 하나님을 두 번째로 만나기 전에는 자기중심적으로 하나님을 인식하고 있었습니다. 그래서 자신이 하는 일이 최고인 줄 알았습니다. 바알의 선지자 850명과 대결을 벌이다니! 그리고 그 우상의 무리들을 멸할 수 있었다니! 그 일은 온 우주 가운데서 사람이 할 수 있는 가장 위대한 일입니다. 물론 엘리야의 믿음으로 그런 위대한 일을 행했지만 하나님께 대한 믿음과 함께 자신에 대한 믿음도 포함되어 있었던 것입니다. 스스로 대단하다는 자부심 같은 것이 있었다는 말입니다. 그래서 바알의 선지자들을 조롱하지 않았습니까?

모든 것이 자기중심적입니다. 하나님께서 오직 자신만을 사랑하시고 자신만을 사용하십니다. 그래서 "오직 나만 남았거늘"을 반복하게 됩니다. 물론 동일하게 같은 말을 반복했습니다만, 앞에서는 자기중심적인 말인 반면에 뒤에서는 일어난 현상 자체를 말하는 것이라고 생각합니다. 앞에서는 대단한 나만 남았으니 이제 어떻게 하실 거냐고 말하는 것이고 뒤에서는 무능한 나 같은 존재만 남았으니 여호와의 뜻대로 하시기를 원한다는 뜻입니다. 그것은 하나님의 응답에서 드러나고 있습니다. 앞에서는 강한 바람과 지진과 불로 응답하셨지만 뒤에서는 사명을 일깨워주시는 응답으로 나타났으니까요. 이것이 두 번째 하나님을 만난 사람의 특징이 되는 것입니다.

그렇게 두 번째로 하나님을 만나게 되면 이제는 자기중심에서 벗어나게 됩니다. 이전에는 사역 하나하나가 중심이었다면 이제는 하나님의 사역 전체가 이해됩니다. 한 국가, 세계를 움직이시는 하나님을 느끼게 됩니다. 자기 사역은 그 중의 일부에 불과한 것을 깨닫게 됩니다. 그래서 한 국가와 세계에 대한 하나님의 원대한 계획을 이해하게 됩니다. 이제까지 자기 사역에 파묻혀 있던 생각에서 자유를 얻게 됩니다. 그래서 하나님은 앞으로 일어날 일을 알려주십니다. 성경에는 실제로 기름 붓는 장면이 나오지는 않으니까요.

> "여호와께서 그에게 이르시되 너는 네 길을 돌이켜 광야를 통하여 다메섹에 가서 이르거든 하사엘에게 기름을 부어 아람의 왕이 되게 하고 너는 또 님시의 아들 예후에게 기름을 부어 이스라엘의 왕이 되게 하고"(왕상 19:15-16上)

그리고 두 번째 만남 이전까지 율법적이었다면 이제부터는 복음적이 됩니다. 이제까지 지시적이었다면 지금부터는 자율적이 됩니다. 이제까지 다른 사역자들과 비교하거나 차별성을 드러내려 했다면 지금부터는 더 높고 더 넓은 하나님의 뜻을 생각하게 됩니다. 그래서 엘리사를 후계자로 준비하게 하십니다.

> "또 아벨므홀라 사밧의 아들 엘리사에게 기름을 부어 너를 대신하여 선지자가 되게 하라"(왕상 19:16下)

이렇게 하여 엘리야는 놀라운 기적을 일으키는 능력자가 아니라 하나님과 실체적으로 만나는 사람 가운데 한 명이 됩니다. 자기만 하나님을 만나는 것이 아니라 다른 수많은, 7,000명이나 되는 사람들이 하나님을 만나고 있다는 사실을 알게 됩니다.

> "그러나 내가 이스라엘 가운데에 칠천 명을 남기리니 다 바알에게 무릎을 꿇지 아니하고 다 바알에게 입맞추지 아니한 자니라"(왕상 19:18)

이것이 하나님을 두 번째로 만나야만 하는 이유입니다. 위대한 선지자 엘리야조차도 하나님과의 두 번째 만남을 통하여 참다운 신앙인으로 세워집니다. 사역자, 선지자, 능력자 이전의 신앙인 말입니다. 어떤 일을 하든지, 어디까지 쓰임 받는지와는 관계없이 하나님을 두 번째로 만나야 자유가 있고 평안이 있고 누림이 있게 되는 것입니다. 그 두 번째 만남을 지향하는 삶이 신앙인의 본질적인 모습이고 진정으로 성화된 그리스도인이 될 수 있는 길입니다. 그리스도인의 성화는 겉으로 드러나는 사역이나 일의 크기나 종류나 능력과는 관계없습니다. 그리스도인의 성화는 오직 하나님과의 관계 속에서만 일어날 수 있는 두 번째 만남을 통하여 주어지는 것입니다.

[**생각해 보십시오**]

1. 엘리야는 처음에 어떻게 성경에 등장합니까? (왕상 17:1)

2. 가뭄이 들자 하나님은 엘리야를 어떻게 보호하십니까? (왕상 17:6, 15-16)

3. 바알에게 승리한 엘리야가 이세벨에게 어떤 말을 듣습니까? (왕상 19:2)

4. 그런데 엘리야는 그 즉시 어떻게 합니까? (왕상 19:3-4)

5. 호렙산에서 하나님의 두 번의 같은 질문은 무엇입니까? (왕상 19:9, 13)

6. 엘리야의 두 번째 만남은 어떤 의미를 가지고 있습니까? (왕상 19:11-12)

7. 세미한 음성을 깨달은 엘리야가 받은 사명은 무엇입니까? (왕상 19:15-16)

8. 결국 엘리야가 이세벨에게 무너진 이유는 무엇이겠습니까?

9. 당신은 하나님을 큰 기적 가운데에서만 찾으려고 하지 않습니까?

10. 침묵하시는 하나님으로부터 살아계신 하나님을 깨달은 적이 있습니까?

10. 자유로움을 주시는 하나님 : 요나

우리는 요나가 어떤 선지자인지 잘 모릅니다. 하나님의 명령을 받고 니느웨에 선교사로 파송되는데 그것을 거절하는 데에서부터 이야기가 시작됩니다. 사실 하나님의 말씀이 요나에게 어떤 방식으로 임했는지도 우리는 알 수가 없습니다. 분명한 것은 기도하다가 말씀을 받았든지 꿈에서 명령을 받았든지 혹은 천사를 통해 받았든지 간에 하나님의 분명하고 구체적인 지시를 받았다는 사실입니다.

그렇다면 요나는 이미 하나님과의 두 번째 만남을 경험한 사람일까요? 하나님으로부터 분명한 지시를 받았습니다. 그것도 요나가 자기가 받은 음성이 과연 하나님의 음성인지 아닌지 의심하는 것도 아니고 분명한 하나님의 음성으로 들었습니다. 그리고 요나는 곧바로 반응을 보입니다. 그는 분명히 하나님의 음성을 알아들었습니다. 이 정도면 하나님과의 두 번째 만남을 경험한 사람이 틀림이 없지 않겠습니까?

일반적으로 그렇게 은사적인 체험을 가진 사람은 스스로를 하나님과 대면하는 사람이라고 생각하기 쉽습니다. 신앙이 상당히 성숙한 사람으로 알기가 쉽습니다. 그러나 성령님의 은사로 앞날을 예측하거나 무엇인가를 맞추었다고 해서 하나님과 제대로 만났다고 말할 수 있는 것은 아닙니다. 하나님과 두 번째 만남을 가진 사람의 증거가 나타나지 않으면 죽은 사람을 일으켰더라도 하나님과 깊은 만남을 가진 사람이 아닙니다.

받은 은사를 통하여 오히려 자기 욕심을 차리거나 자기 영광을 드러내려는 사람은 부지기수로 많습니다. 자기중심적인 신앙관으로 자기 유익을 구하는 사람들이 될 수도 있습니다. 그런 은사적인 부분을 가지고 자랑하거나 권위를 내세우거나 권리를 주장하는 사람들이 많습니다. 물론 요나가 은사를 가지고 자기 욕심을 차렸다는 말은 아닙니다. 요나가 하나님의 말씀을 듣기는 했지만 일단 하나님과의 결정적인 만남을 가진 사람은 아니었을 것이라는 말입니다. 왜냐하면 그의 행적이 그것을 증명하기 때문입니다.

불순종과 뒤집기 한판

어느 날 하나님의 말씀이 아밋대의 아들 요나에게 임했습니다. 그리고 하나님의 명령이 떨어집니다. 그 시대에 선지자가 없어서 요나에게 오신 것은 아니었을 것입니다. 하나님께서 왜 요나를 택하셨는지는 우리가 알 수 없지만 요나에게 하나님의 뜻을 수행할 만한 훌륭한 점이 분명히 있었으리라 생각됩니다.

"너는 일어나 저 큰 성읍 니느웨로 가서 그것을 향하여 외치라 그 악독이 내 앞에 상달되었음이니라 하시니라"(욘 1:2)

하지만 요나는 여호와의 말씀에 순종할 수가 없었습니다. 그래서 니느웨와는 정 반대편으로 도망가기로 생각했습니다. 여기에서 하나님을 제대로 만나지 못한 결정적인 증거가 나타나는 것입니다. 선지자는 자기중심이 아니라 하나님중심의 사람이어야 합니다. 하지만 요나는 하나님의 뜻이 아니라 자기 감정, 민족적 상황, 자기 생각 위주로 결정했던 것입니다.

"그러나 요나가 여호와의 얼굴을 피하려고 일어나 다시스로 도망하려 하여 욥바로 내려갔더니"(욘 1:3上)

그런데 마침 니느웨와는 정 반대편인 다시스로 가는 배를 바로 만납니다. 하나님의 얼굴을 피하는 일이 순탄하기만 합니다. 이상하게 말씀에 불순종했는데 처음부터 오히려 잘 되는 듯한 경우가 있습니다.

"마침 다시스로 가는 배를 만난지라 여호와의 얼굴을 피하여 그들과 함께 다시스로 가려고 배삯을 주고 배에 올랐더라"(욘 1:3下)

앞에서 사울이 전투 지전에 사무엘의 도착을 기다리지 않고 자신이 제사장이 되어 제사를 드린 일로 사무엘의 책망을 듣고서도 오히려 블레셋을 물리치고 대승을 거두었던 것 같이 도망하는 요나의 앞길이 오히려 뚫리는 것만 같습니다. 한 번 고민하는 빛도 없이 도망가는 요나의 모습에서 아직 하나님을 제대로 만나지 못한 모습이 드러납니다.

하지만 하나님께서 하나님의 일을 하기에 적합한 인물로 요나를 택하신 이상, 요나가 그 사명을 벗어나는 일은 있을 수가 없습니다. 하나님은 이 요나와 두 번째 만남을 갖기로 작정하셨습니다. 이미 요나는 하나님과의 첫 번째 만남을 가진 사람입니다. 그러니까 사명을 받았지요. 그런데 사람이 하나님과 제대로 만나려면 먼저 정지작업이 선행되어야 합니다. 사람이 스스로 모든 것을 다 버릴 수 있거나 또는 상황이 모든 것을 버릴 수밖에 없도록 만들어져야 비로소 하나님께서 두 번째 만나실 준비가 되는 것입니다.

요나도 마찬가지입니다. 요나에게는 하나님께서 두 번째 만나주시는 자리가 바다 밑 커다란 물고기 뱃속이었습니다. 하나님은 별 이상한 데에서 다 사람을 만나 주십니다. 온 천지에서 하나님께서 만나지 못하실 장소는 없습니다. 하나님께서 그렇게 결정하셨으니 요나가 탄 배가 바다에 나갈 때에 풍랑을 일으킬 수밖에 없으셨을 것입니다.

"여호와께서 큰 바람을 바다 위에 내리시매 바다 가운데에 큰 폭풍이 일어나 배가 거의 깨지게 된지라"(욘 1:4)

억울한 것은 요나가 탄 배에 함께 탔던 선장 등 선원들과 탑승객들입니다. 영문도 모르고 풍랑을 만나서 화물을 전부 바다에 던질 수밖에 없게 되었으니까요. 우리 그리스도인들은 세상에 대한 책임감이 있어야 합니다. 지금 사회에서 일어나는 크고 작은 사건들이 우리 그리스도인들의 죄 때문이 아니라고 누가 자신 있게 말할 수 있겠습니까? 참다운 그리스도인이라면 사회에 대해 책임감을 느낄 수 있어야 합니다.

6·25 전쟁도 남북분단도 일제 식민지 시대 신사참배의 죄 때문이 아니라고 자신 있게 말할 수 있겠습니까? 세상이 이토록 극렬하게 대립되어 있고 인성이 파괴되어 인간다움이 사라진 것이 누구 때문이겠습니까? 바로 하나님 앞에 서 있는 우리들의 책임이 아니겠습니까? 사람들을 지적하고 세상을 고치려고 할 것이 아니라 스스로가 회개하고 고칠 것을 찾아 고칠 수 있어야 합니다. 아무튼 요나 한 사람으로 말미암아 여러 사람이 손해 보고 큰 위험을 당하게 되었습니다.

마침내 선원들이 이 큰 풍랑이 누구 때문인가를 제비뽑았을 때 어김

없이 요나가 뽑히고 말았습니다. 왜 이 사람들이 원인자를 찾으려고 했을까요? 선원들이 보기에 풍랑이 일어날 때가 아니었기 때문입니다. 이유 없이 풍랑이 일어나는데 그것도 너무나도 거칠게 와서 배가 거의 깨지게 생겼으니 분명한 이유가 있을 것이라고 생각하게 된 것입니다. 그리하여 마침내 이 큰 풍랑은 요나 때문이라는 것이 드러나 버렸습니다.

> "그들이 서로 이르되, 자 우리가 제비를 뽑아 이 재앙이 누구로 말미암아 우리에게 임하였나 알아보자 하고 곧 제비를 뽑으니 제비가 요나에게 뽑힌지라"(욘 1:7)

그리고 요나는 그 자리에서 다 포기하고 순순히 자백합니다. 그래도 요나에게 선지자 자격이 있었던 것 같습니다. 하나님과의 첫 만남은 이를테면 새로 태어남입니다. 거듭남입니다. 거듭남 이후에도 다양한 형태의 삶이 전개될 수 있는데, 육적인 형태와 영적인 형태 사이의 어디 쯤의 삶이 될 것입니다. 요나의 삶은 거의 영적인 쪽으로 진행되었던 것 같습니다.

> "그가 대답하되 나를 들어 바다에 던지라 그리하면 바다가 너희를 위하여 잔잔하리라 너희가 이 큰 폭풍을 만난 것이 나 때문인 줄을 내가 아노라 하니라"(욘 1:12)

그런데 선원들이 오히려 정의로운 모습을 보여줍니다. 자기들이 살아남기 위해 요나를 바다에 빠뜨리려고 할 것 같은데 오히려 요나를 희생시키지 않으려고 애를 씁니다. 왜 그랬을까요? 아마도 그 큰 풍랑을 일으키시는 여호와 하나님께 대한 두려움 때문이었을 것입니다. 비록 요나 때문이기는 하지만 이런 풍랑을 만들어낼 수 있는 여호와께 대한 두려움 때문입니다. 하지만 풍랑은 더 거세질 뿐이었습니다. 요나가 바다에 빠지는 것이 하나님의 뜻입니다. 마침내 요나는 큰 폭풍이 이는 바다에 던져집니다. 그리고 바다는 즉시 잔잔해집니다.

"요나를 들어 바다에 던지매 바다가 뛰노는 것이 곧 그친지라"(욘 1:15)

그리고 하나님은 이 때에도 이방인들로부터 영광을 받으십니다. 요나의 잘못 때문에 하나님께서 풍랑을 일으키셨고, 그 풍랑 때문에 하나님은 이방인들로부터 영광을 받으십니다. 하나님께서 사람을 쓰시는 과정도 굉장히 중요합니다. 자신이 바다에 던져지더라도 하나님의 영광을 가로막게 해서는 안 될 것입니다. 그 위기를 벗어나고자 하면 더 지저분해질 뿐입니다. 그런 의미에서 요나는 기본적인 하나님과의 관계는 유지되고 있었던 것 같습니다.

"그 사람들이 여호와를 크게 두려워하여 여호와께 제물을 드리고 서원을 하였더라"(욘 1:16)

물고기 뱃속에서 나온 이후

드디어 요나가 하나님과 정식으로 만나는 시간이 왔습니다. 그 동안 하나님을 지속적으로 만나기는 했지만 그 만남을 전부 자기중심적으로 해석했던 요나였습니다. 하나님께서 음성을 주시는 것은 극단적으로 말하면 단지 도구일 뿐일 수 있습니다. 음악을 연주하는 악기나 못을 박는 망치 등과 같은 수단일 뿐입니다. 그런데 자신이 연주자가 되거나 작업자가 된 듯한 착각을 하는 경우가 많습니다. 물론 도구 자체가 좋아야 하는 것은 사실입니다.

그런데 하나님은 다른 곳도 아니고 물고기의 뱃속이라는 괴상한 장소에서 요나를 만나주십니다. 그런 물고기가 어디 있느냐, 고래가 아니냐, 물고기 뱃속에서 어떻게 숨을 쉴 수 있느냐 하는 등의 궁금증은 뒤로 하고, 본문을 살펴볼 때 요나는 이미 하나님께 간구하고 있었던 것을 알 수 있습니다. 이미 자기를 포기한 상태였습니다.

"내가 받는 고난으로 말미암아 여호와께 불러 아뢰었더니 주께서 내게 대답하셨고 내가 스올의 뱃속에서 부르짖었더니 주께서 내 음성을 들으셨나이다"(욘 2:2)

왜 인간은 꼭 이런 큰 고난을 만나고서야 하나님을 깨닫게 되는 것일까요? 그것도 영이신 하나님을 만나기 위해 왜 육체의 고난이 필요한 것일까요? 아마도 하나님을 두 번째로 만나려면 인간적인 모든 조건, 의지할 기능성이 있는 모든 상황을 완전히 포기할 수 있어야 하는데 인간 스스로는 그렇게 될 가능성이 기의 없기 때문일 것입니다. 아무튼 요나는 간절한 회개와 함께 목숨까지도 하나님께 완전히 맡기게 됩니다.

"나는 감사하는 목소리로 주께 제사를 드리며 나의 서원을 주께 갚겠나이다 구원은 여호와께 속하였나이다"(욘 2:9)

물고기 뱃속에서 사흘 동안 있으면서 요나는 하나님과 정식으로 만나게 되었고 완전히 변화된 사역자로 급성장하게 됩니다. 사명을 회복한 요나는 곧바로 니느웨로 가서 하루 동안 외칩니다. 고난을 통하여 하나님 중심적인 사고방식으로의 완전한 전환이 이루어지는 것입니다.

"요나가 그 성읍에 들어가서 하루 동안 다니며 외쳐 이르되 사십 일이 지나면 니느웨가 무너지리라 하였더니"(욘 3:4)

사실 니느웨까지 가는 데에도 시간이 오래 걸렸겠지만 니느웨에 들어가서도 사흘 동안은 외쳐야 했습니다. 니느웨는 다니는 데 사흘이 걸리는 큰 성이었기 때문입니다. 하지만 가는 길이 아무리 멀어도 멀게 느껴지지 않았을 것입니다. 하나님과 대면하는 사람은 그가 걸어가는 모든 길이 멀거나 무겁게 느껴지지 않습니다. 왜냐하면 하나님의 마음이기 때문입니다. 하나님의 입장에서 생각하는 사람이 되었기 때문입니다.

"요나가 여호와의 말씀대로 일어나서 니느웨로 가니라 니느웨는 사흘 동안 걸을 만큼 하나님 앞에 큰 성읍이더라"(욘 3:3)

성경은 요나가 단 하루 동안 외쳤다고 했습니다. 40일이 지나면 니느웨가 무너지리라고 외쳤습니다. 그런데 단 하루의 외침을 듣고 니느웨가 완전히 변화되기 시작했습니다. 먼저는 백성들이 회개하기 시작했습니다. 사역자를 통하여 일하시는 하나님과 그 사역자가 완전히 한마음이 되었을 때 하나님의 기적은 일어나는 법입니다.

"니느웨 사람들이 하나님을 믿고 금식을 선포하고 높고 낮은 자를 막론하고 굵은 베 옷을 입은지라"(욘 3:5)

이방인에게도 들리는 말씀

이 일이 왕에게 들리자 왕까지 회개에 동참합니다. 원래 성령께서 깨닫게 하시지 않으면 하나님의 말씀은 들리지 않습니다. 믿지 않는 사람들에게 아무리 성경을 설명해주어도 영적 이치를 깨달을 수 없습니다. 그런데 니느웨 왕에게 요나를 통한 하나님의 음성이 들리기 시작했습니다.

"그 일이 니느웨 왕에게 들리매 왕이 보좌에서 일어나 왕복을 벗고 굵은 베 옷을 입고 재 위에 앉으니라"(욘 3:6)

그리고 왕이 조서를 내려 회개 금식령을 선포합니다. 이것은 대단한 것입니다. 믿는 사람들에게 힘써서 외쳐도 들리지 않는 사람들이 더 많은 법인데, 니느웨 사람들은 왕이 앞장서서 금식령과 회개의 명령을 내립니다.

"왕과 그의 대신들이 조서를 내려 니느웨에 선포하여 이르되 사람이나 짐승이나 소 떼나 양 떼나 아무것도 입에 대지 말지니 곧 먹지도 말 것이요 물도 마시지 말 것이며 사람이든지 짐승이든지 다 굵은 베 옷을 입을 것이요 힘써 하나님께 부르짖을 것이며 각기 악한 길과 손으로 행한 강포에서 떠날 것이라"(욘 3:7-8)

그런데 이 회개는 하나님의 주권에 그들의 운명을 전적으로 맡기는 회개였습니다. 왕과 백성들이 겸손하게 회개한 증거로 볼 수 있는 내용이었습니다. 사실 전적으로 하나님의 처분에만 맡기기가 얼마나 힘이 듭니까? 자기 힘이 완전히 빠져야 하나님의 구원이 시작되는 것입니다.

"하나님이 뜻을 돌이키시고 그 진노를 그치사 우리가 멸망하지 않게 하시리라 그렇지 않을 줄을 누가 알겠느냐 한지라"(욘 3:9)

그리고 마침내 하나님은 니느웨 멸망의 계획을 거두십니다. 원래 계획하셨던 재앙을 취소하십니다. 재앙을 취소해주시는 하나님, 심판을 미루어주시는 하나님, 이것이 우리를 살리는 것입니다.

"하나님이 그들이 행한 것 곧 그 악한 길에서 돌이켜 떠난 것을 보시고 하나님이 뜻을 돌이키사 그들에게 내리리라고 말씀하신 재앙을

내리지 아니하시니라"(욘 3:10)

일찍이 요나는 이스라엘의 앞날을 예언한 적도 있는 사람이었습니다. 그는 선지자라는 직분을 가진 사역자였습니다.

"이스라엘의 하나님 여호와께서 그의 종 가드헤벨 아밋대의 아들 선지자 요나를 통하여 하신 말씀과 같이 여로보암이 이스라엘 영토를 회복하되 하맛 어귀에서부터 아라바 바다까지 하였으니"(왕하 14:25)

그러나 이제는 옛 명성도 다 사라졌고 아무 것도 아닌 자신을 보게 된 것입니다. 선지자라는 직책도 하나님의 말씀을 들을 수 있다는 자랑도 정말 아무 것도 아닌 것이 된 것입니다. 요나는 스스로 스올이라고 부르는 지옥으로까지 내려가서 자기의 벌거벗은 모습을 보게 됩니다. 너무나도 무능하고 보잘 것 없으며 하나님의 명을 거역한 추잡한 자신의 영적 모습에 눈을 떴습니다. 하나님 없이는 손가락 하나라도 까딱할 수 없는 존재라는 사실을 비로소 깨닫게 된 것입니다.

대부분의 신앙인은 자신의 모든 것을 전부 잃어버렸을 때 비로소 자기를 발견하고 하나님과 제대로 만나게 됩니다. 하나님과 두 번째로 만나야 하는 이유는 그런 벌거벗은 만남이 있어야 진정한 변화가 이루어지기 때문입니다. 그런데 이 진정한 변화는 자기 모든 조건을 전부 버리지 않으면 이루어질 수 없습니다. 왜냐하면 자기를 벌거벗기지 않으면 하나님과 민낯으로 만날 수 없기 때문입니다. 신앙이 성숙한 사람은 이미 큰 고난을 경험함으로써 하나님을 정면으로 만난 사람입니다.

요나의 심술 🐟

이야기를 조금 더 이어갑니다. 니느웨가 회개로 인하여 하나님의 진멸에서 벗어난 것으로도 충분히 해피엔딩의 드라마가 마무리될 수 있지만 성경은 조금 더 나아갑니다. 하나님과 두 번째로 만났던 요나가 하나님께 심술을 부리는 장면이 이어집니다. 두 번째 만남을 가졌으면 하나님 중심적 사고로 완전히 바뀌어야 하는데, 요나는 니느웨가 회개한 것이 몹시 못마땅합니다. 요나가 아주 싫어하면서 심지어는 화까지 내면서 하나님께 아룁니다.

> "요나가 매우 싫어하고 성내며 여호와께 기도하여 이르되 여호와여 내가 고국에 있을 때에 이러하겠다고 말씀하지 아니하였나이까 그러므로 내가 빨리 다시스로 도망하였사오니 주께서는 은혜로우시며 자비로우시며 노하기를 더디 하시며 인애가 크시사 뜻을 돌이켜 재앙을 내리지 아니하시는 하나님이신 줄을 내가 알았음이니이다"
> (욘 4:1-2)

얼마나 싫어했는지 자기 생명을 거두어 달라고 요청합니다. 심지어 죽는 것이 사는 것보다 낫다고까지 말합니다. 도대체 하나님을 두 번째로 만난 사람이 맞습니까? 하나님과의 관계가 열려있는 사람이 어찌 그런 말을 함부로 합니까? 그것도 하나님을 향해서요.

> "여호와여 원하건대 이제 내 생명을 거두어 가소서 사는 것보다 죽는 것이 내게 나음이니이다 하니"(욘 4:3)

사실 요나의 이 마음을 우리가 이해하지 못하는 것은 아닙니다. 예를 들어 일제 강점기에 일본이 빨리 망하기를 바라고 조선이 해방되기를 너무나도 간절하게 소원하는데 하나님께서 일본을 회개시키기 위해 일본에 가서 외치라고 한다면 누가 반가워하겠습니까? 일본에는 하나님의 대재앙이 임하여 심판하시는 것이 누가 보아도 당연한데 그 일본을 회개시키라니요? 오늘날까지도 좋지 않은 감정이 남아 있어 공개적으로 일본에 재앙이 내려질 것이라고 선포하는 사역자까지 있지 않습니까?

물론 '죽으면 죽으리라'의 저자 안이숙 여사는 정말로 일본 국회의 사당에서 회개하라고 외친 적이 있습니다만, 그 당시 대부분의 조선인들의 마음은 요나와 마찬가지였을 것입니다. 저 니느웨는 멸망당해야 할 나라이지 회개하고 번성해야 할 나라는 결코 아닙니다. 그래서 심술을 부린 것인데 하나님께서는 요나의 이 심술을 대수롭지 않게 넘기시는 것 같습니다.

"여호와께서 이르시되 네가 성내는 것이 옳으냐 하시니라"(욘 4:4)

그냥 지나가는 말처럼 한 번 지적하실 뿐이었습니다. 마치 요나의 심술이 아무 것도 아닌 듯이 그냥 지나가십니다. 어쩌면 못 들은 척하시는 것 같기도 합니다. 어떻게 된 일이죠? 큰 성읍 니느웨를 향하여 회개를 외친 선지자 요나의 입에서 결코 나와서는 안 될 것 같은 말이 나왔습니다. 선지자의 죄는 더 큰 법입니다. 심판도 먼저 받게 되어 있습니다. 그런데 요나는 신앙상식과는 동떨어진 말을 늘어놓는 것입니다. 하나님과 두 번째 만남을 가졌던 요나가 말입니다.

그런데 이야기가 여기에서 그치면 재미가 덜 할 텐데 요나는 한 걸음 더 나아갑니다. 과연 니느웨를 향한 하나님의 심판이 어떤 식으로 진행될 것인지 몹시 궁금합니다. 그래서 성읍 전체를 바라볼 수 있는 장소를 잡고 구경하게 됩니다. 그런데 재미있으신 하나님께서 박 넝쿨을 예비하시고 요나가 뜨거운 햇볕 아래에서 고생하지 않게 해 주십니다. 심술을 부리는 요나를 오히려 배려하시는 것입니다.

> "하나님 여호와께서 박 넝쿨을 예비하사 요나를 가리게 하셨으니 이는 그의 머리를 위하여 그늘이 지게 하며 그의 괴로움을 면하게 하려 하심이었더라 요나가 박 넝쿨로 말미암아 크게 기뻐하였더니"(욘 4:6)

그러나 하나님께서 이유 없이 그늘을 만들어주지는 않으십니다. 하나님께서 크게 기뻐하는 요나의 입장을 모른 체하시고 벌레로 하여금 순식간에 박 넝쿨을 갉아먹어버리게 하십니다. 이랬다 저랬다 하시는 하나님이십니다. 물론 요나와의 진전된 관계를 위해서입니다. 이제부디는 이전의 요나와는 좀 다르게 대하십니다.

> "하나님이 벌레를 예비하사 이튿날 새벽에 그 박 넝쿨을 갉아먹게 하시매 시드니라"(욘 4:7)

아침에 해가 다시 뜨는데 다른 날보다 훨씬 뜨겁습니다. 그리고 그 날따라 날씨가 몹시 무더웠습니다. 이미 박 넝쿨은 시들어버렸습니다. 니느웨가 어떻게 될 것인지도 궁금했지만 정신이 혼미할 정도로 뜨거운 것은 참기 어렵습니다.

> "해가 뜰 때에 하나님이 뜨거운 동풍을 예비하셨고 해는 요나의 머리에 쪼이매"(욘 4:8上)

요나는 이번에도 죽기를 구했습니다. 요나는 아마 성장과정에서 억압상태를 많이 경험했는지도 모르겠습니다. 걸핏하면 죽겠다고 합니다.

"요나가 혼미하여 스스로 죽기를 구하여 이르되 사는 것보다 죽는 것이 내게 나으니이다 하니라"(욘 4:8下)

하지만 하나님이 요나를 힘들게 하기 위해 박 넝쿨을 주셨다가 갑자기 거두어 가신 것은 아닙니다. 다시스로 가는 배를 탄 요나 때문에 풍랑을 일으키신 것처럼 우리 신앙인들에게 일어나는 일은 어떤 일이라도 반드시 이유가 있습니다. 이방 나라 니느웨조차도 사랑하시는 하나님의 마음을 깨우쳐주시기 위해 박 넝쿨을 사용하신 것입니다.

"여호와께서 이르시되 네가 수고도 아니하였고 재배도 아니하였고 하룻밤에 났다가 하룻밤에 말라 버린 이 박 넝쿨을 아꼈거든 하물며 이 큰 성읍 니느웨에는 좌우를 분변하지 못하는 자가 십이만여 명이요 가축도 많이 있나니 내가 어찌 아끼지 아니하겠느냐 하시니라"(욘 4:10-11)

이렇게 해서 요나의 이야기는 마치게 됩니다. 이방전도의 문을 여시는 하나님이셨습니다. 그리고 그 과정에서 요나의 영적 성숙을 주시는 하나님이십니다. 하나님의 일을 감당하는 사람은 그 일을 충성스럽게 감당할 때 반드시 주시는 선물이 있습니다. 요나에게는 두 번째 만남이라는 아주 중요하고 귀한 선물을 준비해주셨습니다. 그리고 또 한 가지가 있습니다.

신앙의 자유로움

우리는 요나가 물고기 뱃속에서 회개하고 하나님과 두 번째 만남을 경험했다고는 하지만 사명을 감당하고 나서 니느웨를 심판하지 않으시는 하나님께 화를 내는 모습을 보았고, 하나님께서 심판하지 않으심에도 불구하고 니느웨가 망하는 꼴을 지켜보기 위해 높은 데 올라가서 성읍을 바라보는 모습도 보았고, 박 넝쿨이 있다가 사라졌다고 불 같이 화를 내는 모습도 보았습니다. 도무지 하나님을 정식으로 만난 사람이라고 볼 수 있는 진지함이 전혀 없어 보입니다.

그래도 되는 걸까요? 하나님과 가까워졌다고 그렇게 응석받이가 되어도 괜찮을까요? 물론 이방전도에 대한 하나님의 메시지를 강력하게 전달하시기 위해 요나를 그렇게 사용하신 것이라고 생각해볼 수 있겠지만, 저는 바로 여기에서 하나님과 두 번째 만남을 경험한 사람의 또 다른 특징 한 가지를 찾을 수 있었습니다. 그것은 자유로움입니다.

만약에 하나님과 벌거벗고 만난 사람에게서 이 사유라는 특징을 빼 버린다면, 어쩌면 사실상 아무 것도 남아있지 않는 것일 수도 있다고 생각하게 되었습니다. 만약에 이 자유로움이 빠진다면 그러면 그 사람의 삶은 전부 의무와 책임 투성이가 되어 버릴 것입니다. 하나님의 일을 하더라도 두려움 때문에 하는 것이 되고, 다른 사람을 돕더라도 단지 의무 때문에 하는 것이 되고 말 것입니다.

하나님과 정식으로 만난다는 것은 자신을 깨닫고 하나님을 이해하게 되는 것인데, 하나님을 이해한다고 하면서 종교적, 율법적인 규율에 얽매이거나 그런 기준으로 다른 사람을 평가하고 비판한다는 것은 있을 수가 없는 일입니다. 혹시 처음 만난 하나님의 은혜만으로 오랫동안 사역하다가 보면 자신도 모르게 그런 율법적인 견해에 갇힐 수는 있습니다. 그러나 우리는 하나님 앞에 자유로운 마음을 가지고 즐겁게 하나님의 일을 하는 사람들입니다. 하나님과 민낯으로 만난 사람은 특히 이 자유로움 가운데에서 자원하여 즐겁게 목숨을 다해 하나님을 사랑하게 되는 것입니다.

지금까지 언급했던 하나님과의 두 번째 만남을 경험한 사람들에게는 전부 이 자유로움이 있었다고 생각합니다. 아브라함도 야곱도 모세도 여호수아도 전부 자유로움이 있었습니다. 특히 다윗은 이 하나님 안에서의 자유를 가장 많이 누린 사람이었습니다. 다윗의 영성이 무엇입니까? 하나님께 아무 거리낌 없이 가리는 것 없이 자신을 다 드러내는 영성이었습니다. 그래서 다윗의 시편을 보면 정말 다양한 내용들이 나옵니다.

우리도 요나에게서 이런 자유로움을 느껴야 합니다. 의무감에서 하나님의 일을 하는 것이 아니라 자유로움 가운데에서 즐겁게 자원하여 누리면서 하나님의 일을 감당해야 합니다. 그것이 하나님과 두 번째 만남을 가져야 하는 또 다른 중요한 이유인 것입니다. 또한 하나님과 그렇게 만나지 못하고서는 이 자유로움을 얻을 수도 없을 것입니다. 모든 조건과 경험과 생명까지도 포기해야 하는 그런 상태에서의 하나님과의 두 번째 만남이 그래서 중요한 것입니다. 아직까지 자유로움을 느끼지 못하는 분들은 하나님과의 두 번째 만남에 도전해보시기 바랍니다.

[**생각해 보십시오**]

1. 요나는 하나님으로부터 어떤 명령을 받았습니까? (욘 1:2)

2. 하지만 요나는 생각해보지도 않고 어떻게 결정합니까? (욘 1:3)

3. 하나님은 요나의 불순종을 돌이키기 위해 어떻게 하십니까? (욘 1:4)

4. 결국 하나님께서 요나를 두 번째 만나 주신 장소는 어디였습니까? (욘 1:17)

5. 요나의 두 번째 하나님 만남의 결론은 무엇입니까? (욘 2:8-9)

6. 하나님을 두 번째 만난 요나는 이제 어떻게 합니까? (욘 3:3-4)

7. 결국 요나의 외침으로 인하여 니느웨는 어떻게 되었습니까? (욘 3:10)

8. 하지만 요나의 반응은 어땠습니까? (욘 4:1, 3, 5, 9)

9. 사명을 감당한 뒤의 요나의 반응을 어떻게 해석해야 하겠습니까?

10. 당신은 하나님 앞에서 얼마나 자유롭습니까?
(자기 마음대로 해석이 아니라 하나님의 뜻을 행하는 범위 안에서의)

11. 주의 길을 예비하시는 하나님 : 세례 요한

큰 자이면서 작은 자

이제 신약으로 넘어갑니다. 신약에 오면 하나님과의 두 번째 만남의 양상이 많이 달라지겠죠? 물론 원리적으로는 똑같습니다. 저는 먼저 신약과 구약의 다리 역할을 하는 마지막 선지자 세례 요한을 살펴보려고 합니다. 세례 요한은 전무후무한 선지자로서, 예수님께서도 세례 요한을 가리켜 여자가 낳은 자 중에서 가장 크다고 하셨습니다.

> "내가 진실로 너희에게 말하노니 여자가 낳은 자 중에 세례 요한보다 '큰 이'가 일어남이 없도다 그러나 천국에서는 극히 '작은 자'라도 그보다 크니라"(마 11:11)

신약과 구약의 중간 인물로서 하나님 나라의 도래와 가장 근접한 사람이며 구약의 수많은 선지자들이 그토록 대망하였던 메시아를 직접 모시고 그분의 길을 준비하였다는 측면만은 분명하며 이러한 점에서 '세례 요한보다 큰 이가 없다'고 하셨다고 보면 거의 맞을 것 같습니다. 육신으로 이 땅에 오신 하나님을 직접 만났으니까요. 그리고 앞으로의 일이지만 인기절정의 상태에서 자기는 망하고 주님께서 흥하여야 하리라는 그 선포는 정말 최고의 선지자라고 하기에 전혀 어색함이 없다고 할 수 있을 것입니다.

그렇다면 천국에서는 극히 작은 자라도 세례 요한보다 크다는 말씀은 또 어떻게 해석해야 할까요? 세례 요한은 아직까지 메시아의 도래와 함께 오는 새로운 하나님의 나라에 대한 개념이 없었을 것입니다. 물론 당시 어느 누구도 우리가 알고 있는 그런 메시아관을 가진 사람은 없었습니다. 예수님께서 십자가에서 돌아가셨다가 부활하시고 승천하신 후 성령님께서 강림하시기 전까지는 어느 누구도 몰랐으니까요.

오늘날의 성도들이야 당연히 예수 그리스도 메시아 예수님의 십자가 피 흘리심으로 말미암아 죄 사함의 길을 열어 주셨고, 이 땅에서의 삶은 저 영원한 천국의 맛보기 및 안내자로서 하나님 나라를 보여주는 것임을 대부분 인식하고 있지만, 세례 요한은 아직 예수님의 십자가 처형이나 부활 승천이나 성령강림에 대한 개념이 전혀 없으니 그는 여전히 눈에 보이는 정치적 메시아로서 예수님을 기대하고 있었을 것입니다.

그래서 감옥에 갇힌 지 한 해가 다 되어가는 시점에서 굳이 제자들을 예수님께 보내어 세례 요한답지 않은 질문을 하게 했던 것입니다.

> "요한이 옥에서 그리스도께서 하신 일을 듣고 제자들을 보내어 예수께 여짜오되 오실 그이가 당신이오니이까 우리가 다른 이를 기다리오리이까"(마 11:2-3)

말하자면 "왜 아직까지 그러고 계십니까? 왜 기껏 병이나 고치고 먹을 것이나 해결해 주고 계십니까? 언제 로마를 물리치고 이스라엘을 하나님의 나라로 만드실 작정이십니까?" 이런 말이 아니겠습니까? 그러니까 아직 세례 요한은 하나님의 계획을 정확하게 알고 있지 못한 상태입니다.

세례 요한이 그토록 중요한 인물이지만 천국에서 지극히 작은 자가 세례 요한보다 크다는 말씀의 뜻이 여기에 있을 것입니다. 메시아 예수님에 대한 개념이 전혀 없는 세례 요한보다는 영적인 세계에서 예수 그리스도의 사역과 기능을 정확하게 알고 있는 신약의 성도들이 세례 요한보다 더 큰 사람이 아니겠습니까? 아직까지 세례 요한은 그리스도의 개념을 온전하게 가지고 있지는 못했습니다.

회개하라!

그렇다고 세례 요한이 그런 정치적인 종말이 올 것이라고만 생각한 것은 아니었습니다. 세례 요한이 외친 복음도 회개의 복음이었기 때문입니다. 사람들이 와서 세례를 받고 어떻게 사는 것이 회개하는 삶이냐고 질문을 했습니다. 회개에 합당한 열매를 맺어야 천국에 갈 수 있다고 가르쳤을 때 백성들이 질문한 내용입니다.

"무리가 물어 이르되 그러면 우리가 무엇을 하리이까"(눅 3:10)

보통 회개한다고 할 때 두 가지 방향으로 나타납니다. 하나는 내적인 회개입니다. 기도하면서 자신의 죄를 자복하고 뉘우치고 가슴을 치며 후회하고 앞으로 그렇게 살지 않을 것을 결단합니다. 하나님을 떠나가던 길에서 돌이켜 하나님만을 섬기며 말씀에 순종할 것을 결심합니다. 삶에 대한 개념이 달라지고 무가치하게 생각했던 일들에 가치를 새롭게 부여합니다. 회개라고 하면 보통 이 내적인 변화를 이야기합니다.

또 한 가지 회개는 행동으로 나타나는 모습입니다. 물질을 추구하고 성공을 쫓아가던 삶에서 물질을 나누고 말씀을 따라가는 삶으로 변화됩니다. 회개한다는 말대로 삶에서 변화된 모습을 보여줍니다. 옳지 않은 일을 멈추고 죄악된 생활에서 돌이킵니다. 관계가 좋지 않은 사람에게 먼저 다가가서 용서를 구하고 혹시 막혔던 물질관계가 있다면 스스로 풀어버립니다. 만약에 쾌락적인 직업을 가졌다면 어렵더라도 건전한 직업을 다시 찾을 것입니다.

우리가 회개한다고 할 때 먼저는 내적인 회개가 있을 것이고, 곧 뒤따라서 외적인 회개의 모습이 드러나게 될 것입니다. 그런데 문제는 이 내적인 회개가 일어난 것 같은데 외적인 회개의 모습이 나타나지 않을 때일 것입니다. 회개기도회에서 울부짖으며 자기 죄를 고백하고 결단하는데 생활은 전혀 변하지 않는다는 점입니다. 그래 가지고는 회개라고 할 수 없습니다. 하나님은 그 회개는 받지 않으실 것입니다.

사실 두 번째 하나님을 만난다는 것은 겉으로는 보이지 않는 내적인 현상입니다. 하나님을 만나는데 마치 하나님이 보이는 듯이 큰 절을 하거나 악수를 하지는 않습니다. 다른 사람은 전혀 알 수 없는 방식과 장소와 때를 따라 하나님께서 만나주십니다. 우리 자신이 모든 것을 버릴 수 있을 때나 버릴 수밖에 없을 그 때에 하나님은 하나님의 방식대로 만나주십니다. 그런데 그 내적인 상태를 무엇으로 알 수 있습니까? 그의 행동을 보면 알 수 있습니다.

마찬가지입니다. 세례 요한은 오늘 회개에 합당한 열매를 요구했습니다. 그냥 회개하라고 하는 것이 아니라 회개에 합당한 열매를 맺으라는 것입니다. 아무리 눈물을 쏟으며 회개하고 큰 소리로 통곡하면서 회개한다고 고백해도 겉으로 보이는 삶의 열매가 없으면 그것은 회개가 아닙니다. 그냥 신세타령이나 억울함 마음을 해소하는 것으로 그치는 것입니다.

지금 우리 기독교에 필요한 것이 무엇입니까? 가장 시급한 것은 회개입니다. 회개는 기도원이나 집회에 가서 울부짖는 것으로 그치는 것이 아닙니다. 물론 그런 과정도 있어야 하지만 삶으로 행동으로 회개의 열매를 맺지 않으면 그것은 회개하는 것이 아닙니다. 스스로 먼저 자기 죄를 고백하고 물질을 내려놓고 지위를 내려놓고 재산이 많으면 나누어주는 회개가 필요한 것입니다. 진정한 회개가 일어나지 않는다면 하나님의 진노를 피할 길이 없습니다.

세례 요한은 분명히 이것을 알고 행하고 가르치는 사람이었습니다. 세례 요한은 회개에 합당한 열매란 누구를 무너뜨리라는 것이 아니라 삶 속에서 드러나야 한다고 말합니다. 거창하게 집을 팔아서 교회에 바치는 것이 아닙니다. 물론 교회에 드려야 할 때도 있겠지만 먼저 삶에서 나타나는 것을 하나님은 원하십니다.

"대답하여 이르되 옷 두 벌 있는 자는 옷 없는 자에게 나눠 줄 것이요 먹을 것이 있는 자도 그렇게 할 것이니라 하고"(눅 3:11)

세리들도 와서 묻자 세례 요한은 아주 명확하게 대답합니다. 세리는 그 당시 대표적인 죄인들입니다. 이 세리들도 내적인 회개가 일어난 사람들이고 그것을 어떻게 외적인 열매로 나타낼 수 있을까를 질문하는 것입니다.

> "세리들도 세례를 받고자 하여 와서 이르되 선생이여 우리는 무엇을 하리이까 하매 이르되 부과된 것 외에는 거두지 말라 하고"(눅 3:12-13)

군인들도 와서 묻자 역시 또렷하게 대답해줍니다. 군인들은 그 당시 일반 백성들에 비해 대표적인 권력자들입니다. 만약에 그들이 회개했다면 어떤 모습으로 나타나게 되겠습니까?

> "군인들도 물어 이르되 우리는 무엇을 하리이까 하매 이르되 사람에게서 강탈하지 말며 거짓으로 고발하지 말고 받는 급료를 족한 줄로 알라 하니라"(눅 3:14)

세례 요한의 선포는 참으로 지당한 말씀이고 정확한 가르침이었습니다. 선지자가 그렇게 구체적으로 가르치는 사람이 없었습니다. 대부분의 선지자는 권력자들과 지도자들에게 초점을 맞춥니다. 많은 경우에 국가의 죄는 거의 권력자들의 죄입니다. 예수님의 외침도 거의 이 권력자들에 대한 책망입니다. 물론 국가권력자들보다는 종교지도자들에 대한 거침없는 외침이었습니다. 그런데 세례 요한은 한 사람 한 사람 개인에게 모든 초점을 맞춥니다.

세례 요한의 증거들

여기에서 세례 요한이 정말 하나님과의 두 번째 만남을 경험한 사람인가를 생각해보고자 합니다. 왜냐하면 세례 요한이 비록 신약적인 종말 사상은 가지고 있지 못했다고 하더라도, 그렇다고 하나님과 정식으로 만나지 못했다고 말할 수는 없기 때문입니다. 구약에 나오는 몇몇 인물들을 제외하면 세례 요한만큼 하나님과 직접적인 관계를 가지고 있는 사람도 찾기 힘들 정도입니다. 그가 하는 모든 말과 행위가 하나님을 두 번째로 만난 사람의 특징을 고스란히 나타내주고 있기 때문입니다.

복음서에 보면 예수님이 세례 요한에게 세례를 받으실 때 성령이 비둘기 같이 임하셨고 하늘에서 하나님의 음성이 들렸습니다.

"예수께서 세례를 받으시고 곧 물에서 올라오실새 하늘이 열리고 하나님의 성령이 비둘기 같이 내려 자기 위에 임하심을 보시더니 하늘로부터 소리가 있어 말씀하시되 이는 내 사랑하는 아들이요 내 기뻐하는 자라 하시니라"(마 3:16-17)

이 때 성령이 비둘기같이 하늘로부터 내려온 사실을 본 사람이 누구일까요? 그가 바로 세례 요한이었습니다. 물론 그것을 보았다고 해서 곧 하나님을 두 번째로 만난 사람이라고 할 수는 없습니다. 은사가 곧 하나님과의 만남을 뜻하는 것은 아니기 때문입니다.

"요한이 또 증언하여 이르되 내가 보매 성령이 비둘기 같이 하늘로부터 내려와서 그의 위에 머물렀더라"(요 1:32)

하지만 하나님은 계속해서 세례 요한에게 그리스도에 대하여 확실하게 말씀해 주셨습니다. 성령으로 세례를 준다는 개념이 없는 시대에 세례 요한은 전혀 새로운 개념을 제시하고 있는 것입니다. 그것은 물론 세례 요한이 만들어낸 말이 아니라 하나님께서 가르쳐주신 것입니다.

"나도 그를 알지 못하였으나 나를 보내어 물로 세례를 베풀라 하신 그이가 나에게 말씀하시되 성령이 내려서 누구 위에든지 머무는 것을 보거든 그가 곧 성령으로 세례를 베푸는 이인 줄 알라 하셨기에 내가 보고 그가 하나님의 아들이심을 증언하였노라 하니라"(요 1:33-34)

성령이 비둘기같이 내려오셔서 그 위에 머무는 것을 보면 바로 그가 메시아이며 성령으로 세례를 베푸실 분이라고 가르쳐주셨다는 것입니다. 그리고 자기는 단순히 하나님의 그 말씀을 증언할 뿐이라고 말하는 것입니다. 그러니까 세례 요한은 분명히 하나님을 민낯으로 만난 사람임에 틀림없습니다. 하나님께서 그 어떤 사람에게 하늘에서부터 성령이 임하시는 것을 보이게 하고 성령이 임하신 그 사람이 메시아라고 가르쳐주시겠습니까? 그리고 세례 요한은 그 점과 함께 자신은 단지 전달하는 사람일 뿐이라고 선포합니다. 철저하게 하나님중심으로 이야기합니다.

단지 그것 때문만은 아닙니다. 세례 요한의 말과 행동 그 자체가 세례 요한의 영성을 말해주는 것입니다. 하나님께서 성령님을 육안으로 보여주셨고 하나님의 음성을 직접 듣고 메시아를 분별한 세례 요한은 사실 아무런 기적도 행한 적이 없습니다. 그러니까 신비한 능력 때문이 아니라 그의 삶 자체가 세례 요한의 신앙의 깊이를 알게 해 주는 것입니다. 어떤 형태였는지 우리는 전혀 알 수 없지만 하나님께서는 세례 요한을 마치 모세와 대면하셨던 것처럼 만나주신 것이 틀림없습니다. 하나님과의 두 번째 만남의 증거는 어떤 사건을 통해서가 아니라 그의 삶에서의 말과 행동을 통하여 드러나게 되어 있는 것입니다.

세례 요한과 삼손

성경은 세례 요한에 대하여 큰 특징 세 가지를 말씀합니다. '큰 자'라는 표현은 이미 살펴보았습니다. 그리고 사실 성경에 정확하게 기록된 것은 아니지만 세례 요한은 마지막 나실인이었을 것입니다. 포도주와 독주를 마시지 않았습니다. 어쩌면 예수님과 대조되는 모습입니다. 그리고 모태에서부터 성령의 충만을 받았다고 했습니다.

"이는 그가 주 앞에 큰 자가 되며 포도주나 독한 술을 마시지 아니하며 모태로부터 성령의 충만함을 받아"(눅 1:15)

이미 세례 요한은 어머니 엘리사벳의 태중에서부터 성령이 충만했습니다. 엘리사벳이 세례 요한을 잉태한 지 6개월이 되었을 때 예수님의 어머니 마리아가 엘리사벳을 방문했습니다. 이 때 태중의 세례 요한이 예수님의 어머니가 나아옴을 보고 복중에서 뛰놀았습니다. 그리고 엘리사벳도 이 사실을 간증합니다.

"엘리사벳이 마리아가 문안함을 들으매 아이가 복중에서 뛰노는지라"(눅 1:41)

"보라 네 문안하는 소리가 내 귀에 들릴 때에 아이가 내 복중에서 기쁨으로 뛰놀았도다"(눅 1:44)

우리는 세례 요한과 비슷한 경우를 구약에서 살펴보았습니다. 이스라엘 사사인 삼손입니다. 삼손도 어머니와 아버지의 믿음으로 잉태하게 됩니다. 특히 삼손의 어머니도 세례 요한의 어머니 엘리사벳처럼 임신하지 못하는 여인이었습니다. 그런데 여호와의 사자가 나타나서 아들을 낳을 것이라고 말씀합니다.

"여호와의 사자가 그 여인에게 나타나서 그에게 이르시되 보라 네가 본래 임신하지 못하므로 출산하지 못하였으나 이제 임신하여 아들을 낳으리니"(삿 13:3)

그리고 그가 나실인이 됨을 알려주면서 반드시 지켜야 할 점을 지시하십니다. 삼손도 세례 요한과 마찬가지로 태중에서부터 선택을 받아 쓰임 받는 선지자였던 것입니다.

"그러므로 너는 삼가 포도주와 독주를 마시지 말며 어떤 부정한 것도 먹지 말지니라 보라 네가 임신하여 아들을 낳으리니 그의 머리 위에 삭도를 대지 말라 이 아이는 태에서 나옴으로부터 하나님께 바쳐진 나실인이 됨이라"(삿 13:4-5)

하지만 세례 요한과는 달리 삼손이 다 자랐을 때에 여호와의 영, 곧 성령님이 그를 움직이기 시작하셨음에도 불구하고 삼손의 그 후의 행적을 보면 하나님과 만남을 가지려고 하기보다는 자기 방식대로 블레셋을 괴롭히는 것을 보게 됩니다. 비록 순간적으로 여호와의 영이 그를 감동하실 때가 자주 있었고 치렁치렁한 머리카락이 상징하듯이 하나님의 능력이 그를 떠나지 않고 있었지만 그는 영의 사람이 아니라 철저하게 육의 사람이었습니다. 더구나 삼손은 여자 문제로 항상 실수를 거듭하다가 결국 들릴라 때문에 그의 모든 사역을 망치게 됩니다.

물론 최후의 순간에 하나님과 벌거벗고 만나게 되고 죽음과 동시에 블레셋을 크게 치게 됩니다만, 삼손은 계속하여 성령의 임하심을 받고도 하나님과 만나지 못한 안타까운 모습을 보였던 것입니다. 이에 비해 세례 요한은 삼손과 유사하지만 지속적으로 성령 충만을 받았던 것 같습니다. 그는 자라면서 심령이 강해지는데 백성들에게 세례를 베풀기 전까지 세상과 떨어진 채 빈들에서 생활했습니다.

"아이가 자라며 심령이 강하여지며 이스라엘에게 나타나는 날까지 빈 들에 있으니라"(눅 1:80)

성령의 은사와 능력은 중요합니다. 하나님께서 하나님의 뜻을 이루어나가시기 위해 인간에게 부어주시는 능력이기 때문입니다. 이 은사도 사람의 믿음을 따라 다양하게 주시지만, 영적 성숙이 이루어지지 않은 상태에서는 그것이 오히려 독이 될 수도 있습니다. 기도를 열심히 간절하게 많이 하면 대개 기본적인 은사는 주십니다. 그러나 신앙인이 더욱 힘써야 할 것은 버리는 훈련입니다. 왜냐하면 버리지 않고서는 하나님께서 우리를 만나주실 수가 없기 때문입니다.

신비한 은사는 없어도 하나님의 일을 감당할 수 있지만 하나님과의 진정한 만남이 없이는 하나님의 일을 끝까지 감당할 수 없습니다. 혹시 눈에 보이는 하나님의 일은 감당할 수 있을지 모르지만, 그 사명을 감당하는 본인은 전혀 아무런 상납도 없을 뿐 아니라 오히려 버림받을 수도 있습니다. 하나님과의 두 번째 만남을 경험하지 못하고서도 교회를 부흥시키거나 베스트셀러 작가가 될 수도 있지만, 결말이 좋지 않게 되는 경우를 왕왕 볼 수 있는 것입니다.

세례 요한의 영성

세례 요한은 아마 철이 들 무렵부터 들판에서 살았던 것 같습니다. 그러다가 하나님과의 두 번째 만남을 경험했을 법한 장면이 나옵니다. 분명하게 누가복음에서는 하나님의 말씀이 세례 요한에게 임한 장면에 대해 말씀하고 있습니다.

> "안나스와 가야바가 대제사장으로 있을 때에 하나님의 말씀이 빈들에서 사가랴의 아들 요한에게 임한지라" (눅 3:2)

물론 하나님의 음성이 들렸다고 해서 세례 요한이 이 때 하나님과 두 번째 만났다고 단정할 수는 없지만, 세례 요한이 들었던 하나님의 말씀은 완전히 종말적인 선포를 지시하는 말씀이었습니다.

"선지자 이사야의 책에 쓴 바 광야에서 외치는 자의 소리가 있어 이르되 너희는 주의 길을 준비하라 그의 오실 길을 곧게 하라 모든 골짜기가 메워지고 모든 산과 작은 산이 낮아지고 굽은 것이 곧아지고 험한 길이 평탄하여질 것이요 모든 육체가 하나님의 구원하심을 보리라 함과 같으니라"(눅 3:4-6)

곧 그 말씀은 성경의 예언이 자신에게서 이루어졌다는 너무나도 엄청난 말씀이었습니다. 더구나 세례 요한이 전파한 복음은 어떤 복음입니까? 죄 사함을 받게 하는 회개의 세례라는 복음이었습니다.

"요한이 요단 강 부근 각처에 와서 죄 사함을 받게 하는 회개의 세례를 전파하니"(눅 3:3)

구약에서 그 어떤 선지자도 죄 사함과 관련된 말씀을 전파한 적이 없습니다. 다만 백성의 죄를 용서해 달라는 기도는 있었습니다. 솔로몬이 성전낙성식을 앞두고 하나님께 드린 기도에서였습니다.

"주는 계신 곳 하늘에서 그들의 기도와 간구를 들으시고 그들의 일을 돌보시오며 주께 범죄한 주의 백성을 용서하옵소서"(대하 6:39)

더 나아가서 일찍이 모세는 하나님과 백성 사이를 가로막고 자기 영생을 걸고 백성들을 용서해 달라고 간구한 적이 있습니다. 하지만 세례 요한처럼 인간의 죄 사함과 구원의 말씀을 직접 받은 경우는 없었습니다.

"그러나 이제 그들의 죄를 사하시옵소서 그렇지 아니하시오면 원하

건대 주께서 기록하신 책에서 내 이름을 지워 버려 주옵소서"(출 32:32)

하나님으로부터 어떤 말씀을 들었을 때 그 말씀을 들은 방식에서도 차이가 날 수 있지만 그 말씀의 내용에서도 엄청난 차이가 있을 수 있습니다. 단편적으로 하나님의 말씀을 듣는 것도 하나님을 전적으로 신뢰하고 아무 것에도 의지하지 않을 때 가능한 법입니다. 하물며 인간의 죄 사함과 구원에 관한 정확한 복음의 말씀을 듣는 사람이라면 자기의 모든 조건을 비우지 않고 들을 수는 없습니다.

철저한 하나님중심

우리가 다 알다시피 세례 요한은 세상에서 내세울 수 있는 아무 조건도 없었습니다. 언제부터인지는 모르지만 철이 들 무렵부터 들판에서 살았던 사람에게 무슨 조건이 남아 있었겠습니까? 먹고 사는 것도 인간의 경제 활동을 통한 수입에 의존한 것이 아니었습니다.

"이 요한은 낙타털 옷을 입고 허리에 가죽 띠를 띠고 음식은 메뚜기와 석청이었더라"(마 3:4)

또한 세례 요한은 명예라는 조건을 내세우는 사람도 아니었습니다. 사실 그 당시 세례 요한 정도라면 얼마든지 백성들에게 막대한 영향력을 행사할 수 있었을 것입니다.

"이 때에 예루살렘과 온 유대와 요단 강 사방에서 다 그에게 나아와 자기들의 죄를 자복하고 요단강에서 그에게 세례를 받더니"(마 3:5-6)

하지만 세례 요한은 자신에게 세례를 받은 예수님에게로 사람들이 다 몰려갈 때에도 자신의 명예보다는 그리스도의 명예를 더 소중하게 생각했었습니다. 그래서 저 유명한 말을 남겼던 것입니다.

"그는 흥하여야 하겠고 나는 쇠하여야 하리라 하니라"(요 3:30)

결코 쉽지 않은 발언이었습니다. 우리는 세례 요한의 속마음이나 감정을 알기 어렵습니다. 물론 우리는 세례 요한의 마음에서 우러나오는 말씀이었다고 생각합니다. 그러나 만약에 속마음으로는 불편하지만 자기를 죽이고 밖으로 그런 말을 선포했더라도 그것은 너무나도 훌륭한 태도였습니다. 하나님 중심적인 신앙이 아니고서는 그런 말을 할 수 없습니다. 만약에 그런 말을 했다고 하더라도 행동을 보면 그렇지 않을 수 있다는 것을 알 수 있습니다.

세례 요한은 너무나도 명확하게 하나님께서 하신 말씀 때문에 그런 훌륭한 태도를 보일 수 있었습니다. 말과 행동이 일치하는 모습이었습니다. 그리고 그것은 하나님 중심적인 생각 때문이었습니다.

"이튿날 요한이 예수께서 자기에게 나아오심을 보고 이르되 보라 세상 죄를 지고 가는 하나님의 어린 양이로다 내가 전에 말하기를 내 뒤에 오는 사람이 있는데 나보다 앞선 것은 그가 나보다 먼저 계심이라 한 것이 이 사람을 가리킴이라"(요 1:29-30)

그리고 세례 요한 자신의 너무나도 또렷한 사명의식 때문이었습니다. 오로지 하나님의 뜻이 자신을 통해서 이 땅에 이루어지는 것에 모든 초점을 맞추고 있었습니다. 이스라엘의 전체 역사를 통해서 지속적으로 주셨던 하나님의 언약이 이루어지는 순간들입니다. 그래서 세례 요한 자신보다는 메시아 예수님이 더욱더욱 중요했던 것입니다.

"나도 그를 알지 못하였으나 내가 와서 물로 세례를 베푸는 것은 그를 이스라엘에 나타내려 함이라 하니라"(요 1:31)

자신의 사명은 그리스도 예수를 이스라엘에게 보다 확실하게 나타내기 위해 세례를 베푸는 것이라는 말입니다. 이보다 더 하나님과 민낯으로 만났다는 확실한 증거가 어디에 있겠습니까? 사실 세례 요한은 특별한 능력이 있는 사람은 아니었습니다. 그 어떤 표적을 베풀었다는 기록도 전혀 없습니다. 후에 이스라엘 백성들이 예수님 앞에서 세례 요한에 대해 언급한 장면이 나옵니다.

"많은 사람이 왔다가 말하되 요한은 아무 표적도 행하지 아니하였으나 요한이 이 사람을 가리켜 말한 것은 다 참이라 하더라"(요 10:41)

놀라운 것은 세례 요한이 아무런 이적도 일으키지 않았어도 많은 사람이 세례 요한으로 말미암아 예수님을 믿었다는 사실입니다. 신비나 능력만으로 이런 역사가 나타나기 힘듭니다. 처음에는 열매가 맺히는 것처럼 보일지는 몰라도 시간이 지나면서 회개의 열매로 계속 이어지기는 쉽지 않을 것입니다.

"그리하여 거기서 많은 사람이 예수를 믿으니라"(요 10:42)

이러한 모든 점들을 종합하여 결론을 내린다면 어느 순간이라고 꼬집어 말할 수는 없지만 세례 요한은 분명히 하나님과 두 번째 만난 사람이었고 하나님과 대면하는 사람이었습니다. 그리고 이 점은 우리에게 대단한 시사점을 준다고 생각합니다. 철저하게 하나님 중심적인 선지자 세례 요한으로부터 신앙의 가장 본질적이고 기본적이며 핵심적인 요소를 우리는 배울 수 있는 것입니다.

먼저 세례 요한의 제자가 되라.

한국 기독교에서 가장 지대한 영향력을 끼친 것이 있다면 무엇이겠습니까? 여러 가지가 있겠지만 제자훈련이 가장 큰 영향을 끼치지 않았을까 생각해 봅니다. 예수제자운동, 작은예수운동 등도 전부 예수님의 제자가 되고자 하는 훈련 프로그램들이요 성경공부 과정들입니다. 이러한 모든 제자훈련의 요점은 예수님을 닮아가게 하기 위한 목적을 실현하고자 하는 시도들이 아니겠습니까?

하지만 그 많은 제자훈련 프로그램들이 넘쳐나고 있음에도 불구하고 세상은 별로 달라지지 않은 것 같습니다. 왜냐하면 기독교인들이 세상을 향한 영향력을 거의 가지고 있지 못하고 있기 때문입니다. 세상에 선한 영향력을 끼치기는커녕 오히려 세상으로부터 비난만을 듣고 있기 때문입니다. 영적으로 참된 신앙을 붙잡고 있음으로써 오는 비난이 아닙니다. 대부분이 도덕적, 윤리적인 비난들입니다. 세상의 빛과 소금이라고 가르치셨던 예수님의 말씀과는 달리, 어두워만 가는 세상에 거의 빛을 비치지 못할 뿐 아니라 세상을 썩지 않게 만들고 세상의 맛을 내는 소금의 역할도 전혀 감당할 수 없었다는 이야기입니다.

지금은 원인을 찾아 분석하려는 것이 아니라 제자훈련의 미진한 부분을 이야기하려는 것입니다. 저마다 제자훈련을 통해서 교회가 성장했다고 하고 또 그 성장을 따라가려고 제자훈련 프로그램으로 성도들을 가르치고 있습니다. 그렇다면 세상 전체는 아닐지라도 어떤 한정된 영역에서라도 예수님의 제자로서의 삶이 세상에서 실현되고 좋은 영향력을 끼쳐야 하지 않겠습니까? 그런데 세상은 점점 더 어지러워가고 분열과 갈등만 늘어나고 있습니다. 물론 성경을 가르친다는 저에게도 목사로서 일차적인 책임이 클 수밖에 없습니다. 그렇다면 이제 우리는 어떻게 해야 할까요?

다만 하나님과 두 번째 만남을 경험하는 일의 중요성을 거듭거듭 주장하고 있는 이 시점에서 한 가지 방향전환을 해야 할 문제가 있습니다. 우리는 예수님의 제자가 되기 전에 세례 요한의 제자가 먼저 되어야 하겠다는 것입니다. 왜냐하면 세례 요한의 사명이 우리들에게 임해야 된다고 믿기 때문입니다. 앞의 누가복음에서 이사야의 말씀을 인용한 부분이 있는데 다시 그 말씀을 언급하지 않을 수 없습니다.

"광야에서 외치는 자의 소리가 있어 이르되 너희는 주의 길을 준비하라 그의 오실 길을 곧게 하라 모든 골짜기가 메워지고 모든 산과 작은 산이 낮아지고 굽은 것이 곧아지고 험한 길이 평탄하여질 것이요 모든 육체가 하나님의 구원하심을 보리라"(눅 3:4-6)

세례 요한의 사명은 주의 길을 예비하는 것이었습니다. 높은 산이나 깊은 웅덩이를 메워서 평탄하게 만들어 주께서 백성들에게 오실 길을 순조롭게 만드는 일이었습니다. 세례 요한의 사명이 진정 우리들의 사명이 아니겠습니까? 우리는 세상에 예수님의 마음이 전달될 수 있도록 그 길을 만들어나가는 사람들입니다. 우리가 거주하는 지역에 예수님의 사랑의 통로가 되어야 합니다. 이웃사람들에게도 우리를 통하여 예수님의 마음이 전달되도록 해야 합니다. 이것이 오늘날 우리에게 주신 하나님의 사명이고, 동시에 2,000여 년 전에 세례 요한에게 주신 사명이었던 것입니다.

저마다 열심히 일합니다. 주신 사명 따라 충성스럽게 일합니다. 돈이 떨어져도 아파도 힘들어도 훌륭하게 하나님의 일을 감당합니다. 굶으면서도 교회를 포기하지 않습니다. 월세가 몇 년씩 밀려서 건물주 몰래 화장실을 가야 하면서도 문을 닫지 않습니다. 억울해도 손해 보아도 가던 길에서 돌이키지 않습니다. 많은 사람들은 아주 멀리 떨어진 먼 나라에까지 가서 선교의 사역을 잘 감당합니다.

이 모든 것은 왜 하는 것입니까? 주의 길을 평탄하게 하기 위해 하는 것입니다. 내 교회가 커지는 것이 아닙니다. 내가 하는 선교회가 많은 일을 감당하기 위한 것이 아닙니다. 실력이 있어서 많은 사람을 가르치기 위해 하는 것이 아닙니다. 신앙인이 하는 모든 일은 주의 길을 평탄케 하기 위해, 다시 말하면 그리스도의 복음이 악한 자의 훼방을 이겨내고 사람들의 심령에 깊이 뿌려지게 만들기 위해서 하는 것입니다. 그 일을 세례 요한이 감당했습니다.

민낯으로 벌거벗고 두 번째 하나님을 만났던 세례 요한이 훌륭하게 이루어낸 일들을 보십시오. 우리가 두 번째 하나님과 만나야 하는 이유가 바로 여기에 있는 것입니다. 그렇게 하나님을 두 번째로 만나지 못하면 세례 요한과 같은 사명을 감당할 수 없습니다. 어쩌면 겨우 흉내 정도나 내고 포기할 것입니다. 예수님의 제자가 되기 전에 먼저 세례 요한의 제자부터 될 수 있어야 하겠습니다. 작은 예수가 되기 전에 세례 요한을 닮아가기 위해 애를 써야 할 것입니다. 그것이 그리스도인의 성화가 뜻하는 진정한 의미가 아니겠습니까?

[생각해 보십시오]

1. 세례 요한에게 있어서 회개의 의미는 무엇이었습니까? (눅 3:10-14)

2. 세례 요한이 하나님과 두 번째 만났을 법한 사건은 무엇입니까? (눅 3:2)

3. 하나님과 두 번째 만남을 가졌다는 가장 큰 증거는 무엇입니까? (요 1:33-34)

4. 세례 요한이 성화된 사람이라는 증거가 될 수 있는 말은 무엇입니까? (요 3:30)

5. 그것이 어떻게 두 번째 만남의 증거가 될 수 있습니까?

6. 두 번째 만남의 증거가 될 수 있는 백성들의 말은 무엇입니까? (요 10:41)

7. 그리고 그 결과는 어떤 모양으로 나타났습니까? (요 10:42)

8. 제자훈련에 보완해야 할 점은 무엇이라고 생각합니까?

9. 세례 요한처럼 제자훈련이 지향해야 할 방향은 무엇입니까? (눅 3:4-6)

10. 당신은 얼마만큼이나 하나님 중심적인 사람입니까?

12. 양을 맡기시는 하나님 : 사도 베드로

신앙인의 별명 🍃

베드로는 세례 요한의 제자였던 안드레의 형입니다. 세례 요한이 안드레에게 예수님을 소개했고, 안드레는 베드로를 예수님께 데리고 왔는데 이 때가 베드로가 처음으로 예수님을 만나는 순간이었습니다.

> "요한의 말을 듣고 예수를 따르는 두 사람 중의 하나는 시몬 베드로의 형제 안드레라 그가 먼저 자기의 형제 시몬을 찾아 말하되 우리가 메시아를 만났다 하고 데리고 예수께로 오니"(요 1:40-42上)

예수님께서는 베드로를 만나신 후에 베드로에게 '게바'라는 별명을 붙여주셨습니다. 그 말은 물론 '반석'이라는 뜻입니다. 그러나 사실 베드로의 모습은 반석과는 거리가 좀 있는 듯했습니다. 오히려 성급한데다가 충동적이기까지 했으니까요. 그런데 예수님의 말씀을 보면 '장차'라는 말이 먼저 나옵니다. 당장 그렇다는 것이 아니라 언젠가 닥쳐올 미래에 그렇게 될 것이라는 말씀입니다.

> "예수께서 보시고 이르시되 네가 요한의 아들 시몬이니 장차 게바라 하리라 하시니라(게바는 번역하면 베드로라)"(요 1:42下)

후에 예수님을 가장 지근거리에서 모셨던 삼총사 중의 두 사람이고 세베대의 아들들인 야고보와 요한 형제에게는 '우레의 아들'이라고 하셨습니다. 두 형제의 성질머리가 여간이 아니었던 것 같습니다.

"또 세베대의 아들 야고보와 야고보의 형제 요한이니 이 둘에게는 보아너게 곧 우레의 아들이란 이름을 더하셨으며"(막 3:17)

왜 별명 이야기까지 하느냐 하면 별명이란 가까운 사람 사이에 애칭으로 부르는 호칭이기 때문입니다. 물론 직접적으로 모르는 사람이라도 그 사람에게 붙여진 별명으로 지칭할 때도 많지만, 적어도 가까운 사이에서 별명이 만들어지고 그렇게 부르는 것이 출발점이 되는 것이 아니겠습니까? 그렇다면 베드로라는 별명 아닌 별명으로 처음부터 불리는 사실을 볼 때 베드로는 처음부터 예수님을 친근하게 만난 것이었고, 그러므로 그것이 하나님과의 결정적인 만남을 경험한 것이 아니겠느냐고 생각할 수도 있을 것입니다.

베드로는 예수님께서 별명을 붙여주실 정도로 가까운 사이입니다. 그래서 베드로가 하나님과의 두 번째 만남을 경험한 사람이라고 생각할 수 있다는 것입니다. 왜냐하면 예수님이 하나님이시기 때문입니다. 후에 빌립이 아버지를 보여 달라고 했을 때 예수님께서 하신 대답은 놀라운 말씀이 아닐 수 없습니다. 예수님이 곧 하나님이신 것입니다.

"예수께서 이르시되 빌립아 내가 이렇게 오래 너희와 함께 있으되 네가 나를 알지 못하느냐 나를 본 자는 아버지를 보았거늘 어찌하여 아버지를 보이라 하느냐"(요 14:9)

그러므로 육신의 눈으로 생각하면 베드로는 분명히 예수님 곧 하나님과 대면하는 것이 맞습니다. 하지만 날마다 얼굴을 맞대고 있다고 해도 서로를 보는 의미는 천양지차일 수 있습니다. 베드로가 자기의 모든 조건을 내려놓고 민낯으로 벌거벗은 채 하나님과 만날 수 있으려면 시간이 좀 필요합니다.

육신적인 대면

며칠 후에 바닷가에서 예수님이 제자들을 부르시는 장면이 나옵니다. 이 때 제자들은 놀라운 반응을 보입니다. 그 자리에서 모든 것을 다 버리고 예수님을 따랐던 것입니다. 처음에 베드로와 안드레가 예수님을 따라 나섭니다.

> "갈릴리 해변으로 지나가시다가 시몬과 그 형제 안드레가 바다에 그물 던지는 것을 보시니 그들은 어부라 예수께서 이르시되 나를 따라오라 내가 너희로 사람을 낚는 어부가 되게 하리라 하시니 곧 그물을 버려두고 따르니라"(막 1:16-18)

그리고 야고보와 요한도 따라 나섭니다.

> "조금 더 가시다가 세베대의 아들 야고보와 그 형제 요한을 보시니 그들도 배에 있어 그물을 깁는데 곧 부르시니 그 아버지 세베대를 품꾼들과 함께 배에 버려두고 예수를 따라가니라"(막 1:19-20)

마태와 마가가 동일하게 기록하고 있는 이 이야기는 요점만 기록한 것이고, 누가복음에는 좀 더 자세한 상황이 나옵니다. 어부들이 밤새 그물질을 했지만 물고기를 한 마리도 못 잡고 그물을 씻는 중이었습니다. 예수님께서 그 배들 중의 하나 위에 올라가셔서 모여 있는 사람들을 가르치셨습니다. 그 배는 바로 시몬 베드로의 배인데 가르치기를 다 하신 후에 베드로에게 깊은 데로 다시 나가서 그물을 내리라고 명하시는 것이었습니다.

> "말씀을 마치시고 시몬에게 이르시되 깊은 데로 가서 그물을 내려

고기를 잡으라"(눅 5:4)

아마도 요한복음에 기록된 대로 예수님은 이미 안드레와 베드로는 만나셨습니다. 그리고 며칠 후에 베드로의 배 위에서 사람들을 가르치셨던 것입니다. 베드로는 예수님의 이 설교를 다 들었습니다. 왜냐하면 조금 후에 깊은 데로 가서 그물이 찢어질 정도로 많은 물고기를 잡고 난 후에 베드로가 보인 반응에서 짐작할 수 있기 때문입니다.

"시몬 베드로가 이를 보고 예수의 무릎 아래에 엎드려 이르되 주여 나를 떠나소서 나는 죄인이로소이다 하니"(눅 5:8)

베드로가 예수님을 만나고 나서 사람들을 가르치시는 예수님의 말씀을 듣고 그물이 찢어질 정도로 물고기를 잡게 해 주셨을 때 왜 죄의식을 가지고 고백했을까요? 사람들은 절대자를 만나면 자연스럽게 자신의 더러움을 느끼게 되기 때문입니다. 베드로는 그렇게 해서 배와 그물을 버려두고 예수님을 따라나서게 됩니다.

그러면 이 때 베드로가 하나님과 정식으로 만난 것일까요? 베드로는 비록 예수님의 능력 앞에서 자신의 죄를 고백했지만, 그렇다고 하나님과 두 번째 만남을 가진 것은 아닙니다. 자기 실체를 어렴풋이나마 깨달았을 뿐입니다. 그러면 스스로 죄인임을 고백하고 나서 자기 배와 그물을 버려두고 예수님을 따라나선 것은 무엇을 뜻하는 것일까요? 이것은 하나님과의 첫 만남에 해당된다고 할 수 있을 것입니다.

하지만 아직 아닙니다. 비록 자신의 모든 조건을 버리는 것이 하나님과의 두 번째 만남의 조건이기는 하지만 그렇다고 그 조건을 버리는 것만으로는 아직 결정적으로 만난 것은 아닙니다. 왜냐하면 아직까지는 하나님 앞에서의 자신의 실체를 모르고 있기 때문입니다. 게다가 베드로는 예수님의 실체도 정확하게 모르고 있었습니다. 하나님과 두 번째 만남을 가진다는 것은 자기의 죄인으로서의 정체성과 자신과의 관계 속에서 하나님을 제대로 깨닫는 것을 뜻합니다.

하나님과의 첫 만남, 어떤 의미에서는 회개하고 거듭나는 상태를 뜻하는 이 만남 이후로 성도는 세상으로 가던 길을 버리고 하나님을 향하여 돌이키게 됩니다. 이것은 엄청난 사건입니다. 하나님의 자녀로 신분이 변화되고 의인의 신분을 얻게 되며 인생의 목적과 의미가 달라집니다. 사람이라면 누구나 이런 기회를 얻고 변화되어야 합니다. 하지만 이 근원적인 변화는 고통과 아픔 가운데 혹은 괴로움과 혼란 가운데 하나님께서 일방적으로 찾아오실 때 나타나는 변화입니다.

거듭남은 성령님께서 어떤 사람 속에 임하실 때 하나님이 믿어지는 현상입니다. 자신의 모든 죄를 회개하고 예수님을 구주로 영접하는 사건입니다. 하나님께서 일방적으로 찾아오십니다. 이것이 하나님과의 첫 만남입니다. 그렇게 신앙인으로 살아가기 시작합니다. 하지만 그것은 이제 겨우 태어난 것입니다. 성도로 태어났기 때문에 성도로서의 삶을 살아가면서 영적으로 성장하고 성숙하게 됩니다.

이제 영적으로 사명을 느껴야 합니다. 육신으로 치면 이제 성인이 되어서 세상에 나가야 합니다. 당당하게 혼자서 세상과 맞부딪치면서 자기의 길을 가꾸어 나갑니다. 하나님과의 만남이 이와 비슷합니다. 여태까지도 하나님과의 첫 번째 만남의 의식을 가지고 나름대로 주어진 하나님의 일을 감당했었습니다. 하지만 이제 성년이 되어 세상 밖으로 나가는 것처럼 분명한 자기의식을 가지고 영적 세상에 도전해야 합니다. 그렇게 되려면 하나님을 두 번째로 만나야 합니다. 신앙의 선진들이 모두 이런 과정을 거쳤습니다.

첫 번째 만남이 아무 것도 모를 때 하나님께서 일방적으로 찾아오심으로써 하나님의 깊은 사랑을 깨닫고 인생을 돌이키는 것을 말한다면, 하나님과의 두 번째 만남도 하나님께서 찾아오시는 것은 동일하지만 이제는 거듭날 때의 그 백지상태가 아니라 자신이 어떤 존재인가를 정확하게 깨달을 그 때의 하나님과의 쌍방적인 만남이라는 것입니다. 하나님과의 첫 만남 이후에도 여전히 자기중심적이라면 하나님과의 두 번째 만남 이후에는 자기중심적인 사고나 행동양식을 버리고 오로지 하나님중심의 삶을 살게 된다는 것입니다.

첫 만남 이후에도 생각으로는 하나님중심이어야 함을 알고 있지만 그것은 배워서 아는 것이기 때문에 결코 그렇게 살 수 없습니다. 비록 거듭난 백성인 것은 틀림이 없지만 여전히 세상적인 목표와 눈에 보이는 것을 좇을 수밖에 없습니다. 그러나 두 번째 만남을 경험하면 하나님중심의 삶을 충분히 살 수 있게 됩니다. 현실적으로는 전혀 아닌 것 같아도 하나님의 말씀만을 믿고 결단할 수 있게 되는 것입니다. 그런 신앙인들이 삶의 모델이 되고 목표가 되어 기독교 복음의 앞길을 열어가는 것입니다.

우리의 모든 조건을 다 내려놓고 버리고 떠났을 때에 하나님과의 두 번째 만남의 조건이 채워지는 것은 맞지만, 하나님의 실체를 알지 못하고서는 그런 관계가 이루어질 수 없습니다. 그러므로 예수님과 실제로 만났고 별명까지 얻었고 예수님의 가르치심을 듣고 자신의 죄인 됨을 의식하고 고백하고 배와 그물을 버려두고 예수님을 따랐지만 베드로는 아직 하나님과 민낯으로 만난 것은 아닌 것입니다.

신앙고백

그러면 베드로는 언제 예수님의 실체를 알게 되었을까요? 베드로가 저 위대한 신앙고백을 한 것은 그가 두 번째 하나님을 경험한 결과였을까요? 물론 베드로가 다른 사람들은 알지 못했거나 알고 있었다고 하더라도 구체적으로 고백하지 못한 예수님의 실체를 깨닫고 위대한 신앙고백을 드린 것은 맞습니다. 이야기를 살펴보면, 어느 날 예수님께서 제자들에게 질문을 하십니다.

> "예수께서 빌립보 가이사랴 지방에 이르러 제자들에게 물어 이르시되 사람들이 인자를 누구라 하느냐"(마 16:13)

제자들이 사람들의 반응을 전합니다. 하지만 그런 것은 별로 중요한 것이 아닙니다. 세상 사람들이 예수님을 어떻게 보는지가 중요한 것이 아닙니다.

> "이르되 더러는 세례 요한, 더러는 엘리야, 어떤 이는 예레미야나 선지자 중의 하나라 하나이다"(마 16:14)

예수님이 다시 질문을 하십니다. 예수님께서는 제자들의 답변이 중요합니다. 사람들의 평판이나 평가나 반대는 신앙인들에게 결코 중요한 것이 아닙니다. 성도들이 예수님을 누구로 인식하느냐가 중요합니다. 그 인식의 정도에 따라 그 사람의 신앙의 성숙도가 결정됩니다. 그것이 바로 그 사람의 영성입니다.

"이르시되 너희는 나를 누구라 하느냐"(마 16:15)

이 때 베드로가 아무도 하지 못한 정확한 대답을 합니다. 적어도 베드로는 개념상으로는 예수님의 실체를 어렴풋이나마 깨닫고 있었습니다.

"시몬 베드로가 대답하여 이르되 주는 그리스도시요 살아 계신 하나님의 아들이시니이다"(마 16:16)

자, 이만 하면 예수님의 실체를 만난 것인가요? 하지만 예수님은 조금은 엉뚱한 반응을 보여주십니다. 베드로를 칭찬하기는 하시는데 그 위대한 신앙고백을 온전한 베드로의 믿음으로 돌리지 않으십니다.

"예수께서 대답하여 이르시되 바요나(요한의 아들) 시몬아 네가 복이 있도다 이를 네게 알게 한 이는 혈육이 아니요 하늘에 계신 내 아버지시니라"(마 16:17)

베드로가 최초의 올바른 신앙고백을 한 것은 맞는데 그것이 베드로의 깨달음 때문이 아니라 하나님께서 깨닫게 해 주셨기 때문에 알게 된 것이라고 말씀하십니다. 물론 우리의 모든 영적인 깨달음이 성령님의 능력에 의한 것은 맞지만 예수님께서 베드로에게 이렇게 말씀하신 것은 아직 베드로가 영적으로 거듭나지 못한 것을 상징적으로 보여주시는 것이라고 말할 수 있습니다. 예수님은 계속해서 베드로에 대해 약속을 해 주십니다.

"또 내가 네게 이르노니 너는 베드로라 내가 이 반석 위에 내 교회를 세우리니 음부의 권세가 이기지 못하리라"(마 16:18)

베드로가 예수님을 그리스도시요 하나님의 아들이라고 확신한다고 해도 아직은 베드로는 예수님의 실체에 대해서 거의 모르고 있었다고 해도 과언이 아닙니다. 베드로의 이 신앙고백과 세례 요한의 예수님에 대한 정의를 살펴보면 더욱 명확해집니다. 세례 요한은 예수님을 가리켜 무엇이라고 했습니까?

"이튿날 요한이 예수께서 자기에게 나아오심을 보고 이르되 보라 세상 죄를 지고 가는 하나님의 어린 양이로다"(요 1:29)

세례 요한은 예수님을 가리켜 '세상 죄를 지고 가는 하나님의 어린 양'이라고 말했습니다. 세례 요한은 이미 하나님과 두 번째 만남을 가졌으므로 예수님의 정체성에 대해서 누구보다 정확하게 파악하고 있었습니다. '세상 죄를 짊어지신 어린 양'이라는 뜻은 제사에서 희생될 양이라는 뜻입니다. 세상에 대한 속죄양이 바로 예수님이라는 말입니다. 너무나도 정확하게 예수님에 대하여 이야기해 주었습니다. 비록 세례 요한이 아직도 구약의 하나님의 개념에서 벗어나지는 못했지만 그 당시로서는 그런 인식만으로도 가장 큰 자인 것이 틀림없을 것입니다.

반면에 베드로의 신앙고백은 예수님을 그리스도시요 살아계신 하나님의 아들이라고 말하는 데에 그치고 있습니다. 베드로가 이 말을 한 것이 잘못되었다는 것이 아니라 아직은 개념 없이 성령께서 깨닫게 해주신 말씀을 받아서 말하고 있을 뿐이라는 사실을 이야기하는 것입니다. 물론 하나님의 어린 양이라는 개념과 그리스도라는 개념은 서로 보완해주는 말임은 틀림이 없습니다.

하지만 마치 은사를 통하여 병을 고치는 것처럼 베드로는 성령께서 머리에 넣어주신 개념을 말하고 있을 뿐입니다. 성도들은 어떤 말을 보고 들었든지 자기들의 영적 수준 이상으로는 들을 수가 없습니다. 제자들도 마찬가지입니다. 일찍이 안드레는 세례 요한으로부터 예수님의 정체성에 대해서 익히 들었고 다른 제자들도 안드레로부터 들었을 것입니다.

"예수께서 거니심을 보고 말하되 보라 하나님의 어린 양이로다 두 제자가 그의 말을 듣고 예수를 따르거늘"(요 1:36-37)

예수님을 따라간 두 사람 중 한 사람이 베드로의 형제 안드레이고, 다른 한 사람은 아마도 사도 요한일 가능성이 큽니다. 그렇다면 안드레와 요한의 말을 베드로가 못 들었을 리가 없습니다. 더구나 사도 요한은 세례 요한으로부터 직접 그 말을 들었음에도 이 제자들은 예수님의 실체에 대해서 전혀 생각지도 못했다는 것입니다. 듣기는 들어도 들을 귀가 열리지 않으니까 깨닫지 못하는 것입니다.

그 당시 베드로의 영적 상태는 나중에 그가 정말 하나님과 정식으로 만나기 전까지 한 말과 행동을 보면 알 수 있지 않겠습니까? 예수님께서 많은 고난을 받고 죽임당하고 제삼일에 살아날 것을 처음으로 알려주셨을 때 베드로의 반응은 어땠습니까?

"베드로가 예수를 붙들고 항변하여 이르되 주여 그리 마옵소서 이 일이 결코 주께 미치지 아니하리이다"(마 16:22)

그러자 예수님은 아주 심하게 베드로를 나무라십니다. 예수님도 너무하십니다. 어떻게 베드로를 향하여 "사탄아!"하고 외치실 수가 있단 말입니까? 물론 함축성 있는 말씀이지만 베드로는 죽을 때까지 이 말씀을 잊지 못했을 것입니다. 사역자도 사탄과 같은 존재가 될 수 있다는 사실을 말입니다.

"예수께서 돌이키시며 베드로에게 이르시되 사탄아 내 뒤로 물러가라 너는 나를 넘어지게 하는 자로다 네가 하나님의 일을 생각하지 아니하고 도리어 사람의 일을 생각하는도다 하시고"(마 16:23)

그런데 이 때가 언제인지 아십니까? 바로 베드로가 위대한 신앙고백, "주는 그리스도시요 살아계신 하나님의 아들입니다."라고 말한 바로 직후였습니다. 바로 그 때 "사탄아!"라는 꾸지람을 들은 것입니다. 그러니까 베드로가 위대한 고백을 하기는 했지만 아직 실체적인 고백까지는 도달하지 못했다는 증거가 되는 것입니다. 베드로는 아직까지는 하나님을 제대로 만나지 못했습니다.

예수님을 진정 사랑한 베드로

그러면 베드로는 언제 하나님과 두 번째로 만났을까요? 베드로에 대해서 조금 더 살펴본다면, 베드로는 예수님과의 관계에서 아주 특별했던 사람입니다. 가장 먼저 제자로 부르심 받은 것은 차치하고라도 이미 언급한 대로 가장 먼저 신앙고백을 드렸습니다. 그리고 베드로는 제자들 중 유일하게 예수님을 따라 물 위를 걸었던 사람이었습니다. 다른 어느 제자도 하지 못한 일을 베드로는 믿음으로 해냈습니다.

"베드로가 대답하여 이르되 주여 만일 주님이시거든 나를 명하사 물 위로 오라 하소서 하니 오라 하시니 베드로가 배에서 내려 물 위로 걸어서 예수께로 가되"(마 14:28)

다른 제자 두 사람과 함께 예수님께서 변화되셔서 모세와 엘리야와 함께 이야기하시는 놀라운 모습을 목격합니다. 그리고 또 유명한 말을 남깁니다. 이 말은 베드로 자신도 무슨 말을 하는지 모르고 한 말이라고 기록되어 있기는 합니다.

"베드로가 예수께 여쭈어 이르되 주여 우리가 여기 있는 것이 좋사오니 만일 주께서 원하시면 내가 여기서 초막 셋을 짓되 하나는 주님을 위하여, 하나는 모세를 위하여, 하나는 엘리야를 위하여 하리이다"(마 17:4)

이제 거의 막바지에 도달합니다. 예수님께서 겟세마네 동산에서 기도하시기 전에 제자들이 예수님을 버릴 것을 말씀하시자 베드로가 앞장서서 큰 소리 칩니다. 베드로는 몹시 억울했을 것 같습니다. 예수님께서 내 마음, 충성을 이렇게도 모르시나 했을 것입니다.

"베드로가 대답하여 이르되 모두 주를 버릴지라도 나는 결코 버리지 않겠나이다"(마 26:33)

예수님께서 베드로가 세 번 부인할 것을 말씀하시자 더욱 거세게 장담합니다. 베드로는 말도 안 되는 소리라고 펄쩍 뛰었습니다. 농담이라면 몰라도 정색하며 그런 말씀을 하시는 예수님을 도저히 이해할 수 없었습니다. 다른 제자들도 마찬가지였습니다.

"베드로가 이르되 내가 주와 함께 죽을지언정 주를 부인하지 않겠나이다 하고 모든 제자도 그와 같이 말하니라"(마 26:35)

더 나아가 예수님께서 잡히시던 현장에서 칼을 휘둘러 대제사장의 종 말고의 귀를 떨어뜨린 사람도 베드로였습니다. 아마 베드로는 자신도 모르게 무조건 막아야 한다는 일념으로 저절로 그렇게 했을 것입니다. 사실 칼로 군병들을 막는다는 것 자체가 성립될 수가 없습니다.

"이에 시몬 베드로가 칼을 가졌는데 그것을 빼어 대제사장의 종을

쳐서 오른편 귀를 베어버리니 그 종의 이름은 말고라"(요 18:10)

아무튼 대단한 사람 베드로였습니다. 베드로는 진정으로 예수님을 사랑하는 사람이었습니다. 베드로는 예수님도 자기가 예수님을 얼마나 사랑하고 있는지를 알고 계신다고 확신하고 있었습니다. 심지어 자신이 예수님을 배반하고 난 후에조차도 그렇게 대답합니다. 예수님께서 승천하시기 전에 베드로에게 질문을 하십니다.

"그들이 조반 먹은 후에 예수께서 시몬 베드로에게 이르시되 요한의 아들 시몬아 네가 이 사람들보다 나를 더 사랑하느냐 하시니"(요 21:15上)

그러자 베드로는 서슴없이 대답합니다. 물론 실패한 직후에 처음으로 예수님을 만난 현장이었지만 베드로는 언제까지나 예수님을 사랑하는 사람이었습니다.

"이르되 주님 그러하나이다 내가 주님을 사랑하는 줄 주님께서 아시나이다"(요 21:15中)

철저하게 실패한 베드로

베드로는 그토록 예수님을 사랑하는 사람이었고 누구보다 더 열심인 사람이었고 죽기까지 예수님을 따라가려는 사람이었습니다. 그럼에도 불구하고 베드로는 바로 그 장면, 주께서 자신이 주를 사랑하는 줄을 아신다고 대답한 그 장면에서 마침내 하나님과의 두 번째 만남을 경험하는 사람이 됩니다. 민낯으로 하나님을 만나게 되는 그 현장은 모세처럼 하나님의 형상을 본다거나 요나처럼 물고기 뱃속에서 하나님께 회개하는 것이 아니라 인간 예수님 앞에서 이루어지게 됩니다.

그 하나님은 육으로 이 땅에 오신 하나님이셨습니다. 베드로가 마주본 얼굴은 죽으셨다가 사흘 후에 부활하신 예수님의 얼굴이었습니다.

일찍이 예수님을 만났던 초기에 베드로는 이미 자신의 죄인 됨을 고백했었습니다. 그리고 후에 예수님이 그리스도시요 살아계신 하나님의 아들이라는 고백도 했었습니다. 그러나 그것은 머리로만 느낀 입술의 고백에 그칠 수밖에 없습니다. 비록 배도 그물도 다 버려두고 오로지 예수님의 말씀을 좇아 예수님만을 따라나섰던, 아니 예수님께 자기의 일생을 걸었던 베드로였지만, 아직은 자기 발견의 과정이 더 필요했습니다.

예수님의 실체를 깨닫기 전에 자기 자신이 누구인가를, 어떤 사람인가를 철저하게 깨달아야만 했습니다. 그것은 완전히 자신을 벌거벗기는 처절한 실패였습니다. 베드로 자신도 자기가 그렇게 망가지리라고는 전혀 상상도 못했을 것입니다. 자기가 예수님을 배반하다니! 절대로 있어서도 안 되고 있을 수도 없는 일이 일어난 것입니다. 그러나 그것은 그 실패의 현장 한가운데에서 자신의 깊숙한 내면을 똑바로 바라보아야만 하는 과정이었습니다.

베드로가 세 번째로 예수님을 모른다고 잡아뗍니다. 자아가 다 사라진 상태였을 것입니다. 자신이 무슨 말을 하고 있는지, 무슨 짓을 벌이고 있는지 전혀 의식이 없습니다. 머릿속에는 이 곤란한 상황을 벗어나야 한다는 생각밖에는 없었습니다. 하나님을 의식하지 못하는 경우가 다 그렇지 않습니까? 오직 자기 문제밖에는 보이지 않습니다. 그래서 자기중심적인 신앙인이 되는 것입니다.

"베드로가 이르되 이 사람아 나는 네가 하는 말을 알지 못하노라고 아직 말하고 있을 때에 닭이 곧 울더라"(눅 22:60)

마가복음에는 심지어 저주하고 맹세했다고까지 기록되어 있습니다. 현실 속으로 깊이 깊이 더 빠져 들어가는 순간입니다.

"그러나 베드로가 저주하며 맹세하되 나는 너희가 말하는 이 사람을 알지 못하노라 하니"(막 14:71)

그런데 그 때 베드로는 자신이 배반했던 예수님과 눈동자가 마주쳤습니다. 그 순간 베드로는 예수님의 입장에서 자신을 바라보게 됩니다. 비로소 베드로는 완전히 객관적인 시각으로 자신을 바라봅니다. 그리고 심하게 통곡합니다. 여기까지 와야 합니다. 이 지점까지 와야 두 번째 하나님을 만날 수 있게 되는 것입니다. 겨우 일치적인 조건이 충족되는 순간입니다.

"주께서 돌이켜 베드로를 보시니 베드로가 주의 말씀 곧 오늘 닭 울기 전에 네가 세 번 나를 부인하리라 하심이 생각나서 밖에 나가서 심히 통곡하니라"(눅 22:61-62)

베드로의 인생은 여기에서 종을 쳤습니다. 그리스도 예수의 제자로서의 그의 삶은 철저하게 망가졌습니다. 자신이 그토록 자신 있게 외쳤던 모든 말들과 완전히 반대로 행동하고 말았습니다. 예수님을 정말로 사랑하는데 정작 그 예수님을 보기 좋게 배반하고 말았습니다. 내가 겨우 이 정도였다니! 내가 예수님을 배반하다니! 내가 겨우 이 정도였구나! 나는 이것밖에 안 되는 놈이구나!

그럼 물 위를 걸어갔던 것도 내가 아니었던가! 내가 아니라 예수님의 능력으로 내가 걸었던 것이구나! 위대한 신앙고백을 드렸던 일은 어떻게 된 거지? 분명히 예수님께서 칭찬하셨는데 …. 하지만 예수님께서 그 깨달음조차도 하늘에 계신 아버지께서 해주신 것이라고 말씀하시긴 했지. 베드로의 머릿속은 모든 것이 뒤엉켜져서 뒤죽박죽되었을 것입니다. 아니면 아예 머릿속이 하얗게 전부 지워졌을지도 모릅니다.

베드로는 다시 생각했을 것입니다. 변화되신 예수님께서 모세와 엘리야와 대화하는 장면을 본 것은 어떻게 된 거지? 내가 능력 있고 내가 신령하고 내가 가장 많은 사랑을 받았기 때문이 아니던가? 아니야. 나 같은 놈이 그런 사랑을 받을 자격도 없고 예수님께서 나를 특별히 사랑하시는 것도 아니야. 설령 예수님께서 나를 가장 사랑하신다고 해도 이제는 다 쓸모없어. 그렇게 나를 사랑하시는 예수님을 배반하다니!

이제는 그 모든 것이 전부 물거품이 되고 말았습니다. 호기롭게 결코 배반하지 않겠다고 큰소리쳤던 기억도, 용감하게 칼을 빼들고 휘둘렀던 용기도 먼지처럼 갑자기 사라졌습니다. 그는 이제 베드로가 아닙니다. 이제부터 얼빠진 사람처럼 살아야 합니다. 숨만 붙어있을 뿐이지 살아있는 사람이 될 수 없습니다. 이제부터는 막 살아가는 수밖에 없습니다. 그 어떤 것도 베드로에게는 의미가 없는 일이 되어버리고 말았습니다.

반석이라고요? 천만에요. 반석은커녕 조그만 조약돌만큼도 못됩니다. 나는 그런 사람입니다. 실패자요? 아니 나는 실패자가 아닙니다. 나는 아예 사람도 아닙니다. 그렇게 베드로는 무너져버렸습니다. 예수님과 진정한 만남을 이루기 전까지는 말입니다.

완벽한 실패 이후

하나님과의 두 번째 만남은 그런 과정을 거쳐서 이루어졌습니다. 예수님을 배반했든 배반하지 않았든 베드로는 베드로입니다. 객관적으로 보았을 때는요. 하지만 이제 그 베드로는 이 베드로가 아니었습니다. 오죽하면 부활하신 예수님을 만났을 때에도 무엇을 어떻게 할 수 없었고, 그렇게 예수님의 부활을 목도하고서도 그는 다시 물고기를 잡으러 갈릴리 바다로 나갔겠습니까? 그것도 다른 제자 여섯 명과 함께 말입니다.

> "시몬 베드로와 디두모라 하는 도마와 갈릴리 가나 사람 나다나엘과 세베대의 아들들과 또 다른 제자 둘이 함께 있더니 시몬 베드로가 나는 물고기 잡으러 가노라 하니 그들이 우리도 함께 가겠다 하고 나가서 배에 올랐으나 그 날 밤에 아무 것도 잡지 못하였더니" (요 21:2-3)

그런데 바로 그 현장에 예수님께서 나타나셨습니다. 왜 나타나셨을까요? 예수님을 배반한 녀석들을요. 목사인 나 같으면 아예 얼굴을 쳐다보려고 하지도 않았을 것입니다. 목회하다가 배반(?)하고 나간 성도들이 보고 싶을 때도 많지만 가슴에 큰 상처를 주고 나간 성도는 생각조차도 하기 싫습니다. 다시 만나기가 두려울 지경입니다. 그런데 예수님은 자신을 다 버리고 떠났고 그것도 모자라 옛날처럼 어부로 돌아간 제자들을 다시 찾아오셨습니다. 그리고 덧붙여서 물고기까지 엄청나게 많이 잡게 해주셨습니다.

> "이르시되 그물을 배 오른편에 던지라 그리하면 잡으리라 하시니

이에 던졌더니 물고기가 많아 그물을 들 수 없더라"(요 21:6)

처음에는 베드로는 예수님이신 줄 몰랐습니다. 요한이 예수님이라고 말했을 때에야 그분이 누구인가를 알게 된 것입니다. 물론 부활하신 예수님을 다락방에서 뵌 적이 있기는 했지만, 다시 어부로 돌아와 버린 이곳에서만큼은 도저히 다시 뵐 용기가 없는데, 그런데 베드로는 그리움에 자기도 모르게 바다로 뛰어들어 예수님께로 다가갔습니다.

"예수께서 사랑하시는 그 제자가 베드로에게 이르되 주님이시라 하니 시몬 베드로가 벗고 있다가 주님이라 하는 말을 듣고 겉옷을 두른 후에 바다로 뛰어 내리더라"(요 21:7)

육지로 올라가보니 예수님께서 떡과 물고기를 숯불에 구워 놓고 제자들을 기다리고 계셨습니다. 죄책감과 낙심으로 인하여 아무 말도 할 수 없었기에 제자들은 어색함으로 침묵할 수밖에 없었습니다. 그렇게 음식이 코로 들어가는지 입으로 들어가는지 감각이 없이 무감각한 조반을 마쳤을 것입니다.

"예수께서 이르시되 와서 조반을 먹으라 하시니 제자들이 주님이신 줄 아는 고로 당신이 누구냐 감히 묻는 자가 없더라"(요 21:12)

이 때 예수님께서 베드로를 만나주십니다. 비로소 자기 자신의 실체를 깨달은 베드로에게 주는 그리스도시라는 고백을 넘어 실체적인 하나님으로 예수님이 다가오신 것입니다. 이전에 만나던 예수님과 지금 만나는 예수님은 전혀 다른 분이십니다. 같은 예수님이시지만 베드로가 받아들이는 데에는 천양지차가 있습니다. 왜냐하면 자신을 다시 발견했기 때문입니다. 자기 위치를 알았고 자기 정체성을 느꼈기 때문입니다. 내가 변하니까 세상이 변하는 것입니다. 내가 나를 알게 되니까 하나님이 전혀 다르게 다가오시는 것입니다.

이미 3년 전부터 함께 하셨지만, 그리고 지금은 처음 만났던 그 갈릴리 해변에서 제자들과 조반을 드셨지만, 그 때 갑자기 하나님의 실체를 베드로에게 드러내신 것입니다. 베드로에게 존재론적으로 살아계신 하나님께서 나타나신 순간이었습니다. 그런데 그 두 번째 하나님께서 하필이면 베드로에게만 곤란한 질문을 하십니다.

"요한의 아들 시몬아 네가 이 사람들보다 나를 더 사랑하느냐"(요 21:15上)

똑같은 질문이 두 번이나 더 있었습니다. 갈릴리 해변에 쥐구멍이 있는지 모르셨시만 베드로는 아마 쥐구멍에리도 들어가고 싶었을 것입니다. 그런데 예수님은 대답하기 성말 어려운 똑같은 질문을 기듭히 십니다. 자신이 비록 예수님을 모르는 사람이라고 세 번이나 잡아떼기는 했지만 그때는 정말 정신이 없었을 때였고, 지금 자신이 엄청나게 후회하고 있는데 예수님은 거듭 같은 질문을 하시는 것입니다.

"또 두 번째 이르시되 요한의 아들 시몬아 네가 나를 사랑하느냐" (요 21:16上)

"세 번째 이르시되 요한의 아들 시몬아 네가 나를 사랑하느냐"(요 21:17上)

사명을 주시는 하나님

예수님께서 똑같은 질문을 세 번 하시니까 베드로가 심히 근심이 되었습니다. 이제 예수님과의 관계는 옛날 수준으로 많이 회복되었습니다. 두 번째 하나님이 아니라 예전의 예수님이십니다. 단지 베드로가 변했을 뿐입니다.

"베드로가 근심하여 이르되 주님 모든 것을 아시오매 내가 주님을 사랑하는 줄을 주님께서 아시나이다"(요 21:17中)

베드로가 주님을 정말 사랑하는 줄은 누구보다 주님께서 더 잘 아시는데, 왜 세 번씩이나 사랑하느냐고 질문을 하셨을까요? 우리가 잘 알다시피 예수님은 같은 질문을 세 번 하시고 비슷한 말씀을 세 번 주십니다. 같은 말이지만 조금씩 다릅니다. 어린양, 양, 양 … 먹이라, 치라, 먹이라.

"내 어린 양을 먹이라 … 내 양을 치라 …… 내 양을 먹이라"(요 21:15-17)

예수님께서 왜 같은 말씀을 반복하셨을까에 대한 일반적인 해석은 자기보다 못한 사람, 자기와 비슷한 사람, 자기보다 더 성숙한 사람들을 섬기라는 말씀입니다만, 중요한 것은 예수님께서 예수님 자신과 베드로와 양의 삼각 구도 속에서 베드로에게 질문을 하셨다는 점입니다. 신앙인의 정체성은 자기 자신과 다른 사람과 하나님과 어떤 관계의식을 가지느냐에 따라 달라지는 것이고 거기에 따라 삶의 방향이 달라지는 것이 아니겠습니까?

예수님은 바로 이 점을 말씀하신 것이고, 모든 것이 전부 깨져 버리지 않으면 그 어떤 대화도 소용이 없는데 베드로는 현재 완벽하게 깨져있는 상태이기 때문에 이런 대화가 가능해진 것입니다. 마치 40년 동안 광야 목동 생활에서 정체성이 완전히 깨져버렸던 모세를 하나님께서 불러주신 것처럼 말입니다. 이제 어떤 의미에서는 베드로는 세 번째 예수님을 만난 셈이 됩니다. 사명을 주시는 예수님으로 만난 것이니까요.

이렇게 베드로는 하나님과 일대일 만남을 경험할 수 있었습니다. 베드로가 능력을 발휘하기 시작한 것은 오순절 마가의 다락방에서 성령을 충만하게 받은 이후였지만, 그보다 먼저 하나님과 두 번째 만난 것은 바로 부활하신 예수님과 만나 대화를 나눈 오늘의 사건이었습니다. 극적이거나 충격적인 반전으로 느끼지 못했지만 정녕 베드로를 베드로 되게 만든 것이 바로 예수님과 대화한 그 장면이었던 것입니다.

우리는 두 번째 하나님과 꼭 만나야 합니다. 물론 모세나 요나나 베드로처럼 극적인 장면에서 만나야 하는 것은 아닙니다. 격한 감동이 있어야 하는 것도 아닙니다. 그 인생을 송두리째 바꾸어버릴 수 있는 하나님과의 두 번째 만남은 대반전이 있어야 하는 것도 아닙니다. 때로는 오랜 기간에 걸쳐서 만남이 쌓여서 두 번째 만남과 같은 결과가 될 수도 있습니다. 아니면 첫 번째 만남과 두 번째 만남이 단기간에 걸쳐서 일어날 수도 있습니다.

어느 쪽이든지 신앙인은 반드시 두 번째 하나님과의 만남을 경험해야 합니다. 왜냐하면 하나님과의 두 번째 만남을 통해서만 완전히 변화될 수 있기 때문입니다. 그렇지 못하면 첫 번째 하나님과의 만남을 경험해놓고도 자기중심적인 신앙인으로 그쳐버릴 수 있습니다. 자신의 모든 조건을 다 버리고 벌거벗은 채 일대일로 하나님과 만나는 일은 신실하고 충성된 증인으로서의 그리스도인이 되기 위한 필요충분조건이라고 할 수 있는 것입니다. 그렇게 우리는 그리스도인으로서 성화되어 가고 있는 것입니다.

[**생각해 보십시오**]

1. 베드로가 예수님을 처음 만난 것은 언제였습니까? (요 1:40-42)

2. 그리고 베드로는 예수님의 어떤 모습을 보게 됩니까? (눅 5:1-7)

3. 그 후 베드로는 예수님과 어떤 관계가 됩니까? (막 1:16-18)

4. 예수님을 향한 베드로의 믿음은 어떤 고백으로 이어집니까? (마 16:16)

5. 하지만 베드로는 예수님이 체포되셨을 때 어떤 반응을 보였습니까? (마 26:69-75)

6. 예수님 부활 후에 베드로는 어떻게 행동했습니까? (요 21:2-3)

7. 결국 베드로는 어떻게 하나님과의 두 번째 만남을 가지게 됩니까? (요 15-17)

8. 그 만남이 어떻게 하나님과의 두 번째 만남이 됩니까?

9. 베드로에게 하나님과의 두 번째 만남은 누구와의 삼각관계가 전제되는 만남입니까?

10. 당신과 예수님 사이에는 누가 또는 무엇이 전제됩니까?

13. 어머니를 맡기시는 하나님 : 사도 요한

사도 요한은 우리에게 가장 귀한 말씀을 남긴 사람입니다. 요한복음, 요한서신, 요한계시록을 남겼으니까요. 사도 바울 다음으로 많은 성경을 남겼으며, 신약성경의 가장 마지막 책을 써서 창세기와 짝을 이루는 일도 감당했습니다. 그런데 사도 요한에 대한 성경 속의 정보는 매우 빈약합니다. 예수님께서 부활승천하신 이후의 요한의 행적은 거의 두드러지게 나타난 바가 없으니까요.

다만 요한은 다른 예수님의 제자들이 대부분 순교당한 것과는 달리 가장 오래 생존했으며, 자연의 수명을 다한 것은 맞는 것 같습니다. 그리고 사도 요한의 가장 큰 특징이라고 하면 아무래도 예수님의 육신의 어머니 마리아를 평생 모시고 섬겼다는 점이 아닐까 합니다. 또한 예수님의 부탁, 곧 마리아에게 하신 부탁의 말씀이 예수님과의 두 번째 만남의 계기가 되지 않았을까 하는 생각이 듭니다.

> "예수께서 자기의 어머니와 사랑하시는 제자가 곁에 서 있는 것을 보시고 자기 어머니께 말씀하시되 여자여 보소서 아들이니이다 하시고 또 그 제자에게 이르시되 보라 네 어머니라 하신대 그 때부터 그 제자가 자기 집에 모시니라"(요 19:26-27)

예수님과의 첫 번째 만남

이미 앞장에서 언급했지만, 복음서에서 요한은 베드로와 안드레 형제가 예수님을 만난 다음에 아마도 요한의 형인 야고보와 함께 예수님을 만난 것으로 나와 있습니다. 특별한 것은 베드로와 안드레 형제가 그물을 버려두고 예수님을 따른 것 같이 야고보와 요한 형제도 아버지와 함께 그물을 깁다가 모든 것을 버려두고 예수님을 따랐다는 점입니다.

"곧 부르시니 그 아버지 세베대를 품꾼들과 함께 배에 버려두고 예수를 따라가니라"(마 1:20)

마태와 마가는 그냥 부르심을 따라 간 것처럼 기록하고 있지만 누가복음에는 좀 더 상세하게 묘사하고 있습니다. 베드로와 안드레 형제와 마찬가지로 야고보와 요한도 그들의 아버지와 함께 밤새 고기를 잡지 못하고 그물을 씻고 있었습니다. 그런데 예수님이 나타나서서 베드로의 배에 올라가서 말씀을 전파하시고 깊은 데로 가서 그물을 내려 고기를 잡으라고 명하십니다.

말씀을 받은 끝이라 예수님의 말씀에 순종하여 깊은 데로 가서 그물을 내렸더니 그물이 찢어지려 할 정도로 고기가 많이 잡혔습니다. 베드로가 놀라서 자기 죄를 고백합니다. 전능자를 만났을 때의 자연스러운 결과입니다. 그 때부터 이 두 집안의 형제들은 모든 것을 버려두고 예수님을 따라다니게 됩니다.

"세베대의 아들로서 시몬의 동업자인 야고보와 요한도 놀랐음이라 예수께서 시몬에게 이르시되 무서워하지 말라 이제 후로는 네가 사람을 취하리라 하시니 그들이 배들을 육지에 대고 모든 것을 버려두고 예수를 따르니라"(눅 5:10-11)

물론 요한 자신이 기록한 요한복음에 보면 요한은 먼저 예수님을 만났었습니다. 예수님을 전혀 모르다가 어느 날 갑자기 따라간 것이 아니라 결단의 과정이 있었음을 이야기하려는 것입니다. 여기에서 세례 요한을 따르던 두 제자가 나오는데 한 사람은 베드로의 형제 안드레라고 분명하게 나오지만(요 1:40) 다른 한 사람의 이름은 나오지 않는데 아마도 세례 요한의 그 두 번째 이름 없는 제자가 바로 요한 자신일 가능성이 큽니다. 왜냐하면 그 두 제자가 누구인지 아는 사람은 함께 있던 안드레와 세례 요한, 그리고 자신밖에 없었기 때문입니다.

> "또 이튿날 요한이 자기 제자 중 두 사람과 함께 섰다가 예수께서 거니심을 보고 말하되 보라 하나님의 어린 양이로다 두 제자가 그의 말을 듣고 예수를 따르거늘"(요 1:35-37)

그렇다면 안드레와 요한은 그날 예수님이 세신 곳에 가서 함께 거하게 됩니다. 아마도 이 날 요한이 예수님을 처음으로 만나 함께 하였을 것입니다.

> "예수께서 이르시되 와서 보라 그러므로 그들이 가서 계신 데를 보고 그 날 함께 거하니 때가 열 시쯤 되었더라"(요 1:39)

아무튼 사도 요한은 그냥 우연히 그물을 깁다가 예수님에 의해 길거리 캐스팅된 사람이 아니고 세례 요한의 가까운 제자로 따라다닐 정도로 진리를 추구하는 어부였습니다. 그리고 그들이 예수님을 따라간다는 것은 모든 인생을 걸고 따라가는 것이라는 사실을 증명해주고 있는 것입니다. 그들의 장래, 비전, 익숙한 직업, 가족들, 자기 집을 떠나야만 하는 믿음의 길이었다는 것입니다.

우리들도 그렇습니다. 오늘날에는 다소 완화되기는 했지만 예수님을 믿고 교회에 다니기로 작정한다는 것은 어떤 사람들에게는 그의 모든 삶의 터전과 싸워야만 하는 것을 뜻할 때가 있습니다. 요한이 비록 아직 젊기는 했지만 아버지와 품꾼들을 모두 버려두고 깁던 그물도 팽개친 채 예수님을 따라 나선다는 사실 그 자체가 결코 쉬운 길은 아니었습니다.

다른 말로 하면 요한은 예수님과의 첫 번째 만남을 가졌다는 말입니다. 이것을 성령세례를 받았는가, 거듭났는가 하는 현상들과 곧바로 대비하기는 곤란한 점이 많습니다. 왜냐하면 아직까지 성령강림의 시기는 오지 않았을 때였고 예수님 부활도 없었을 때였기 때문입니다. 아무튼 요한은 예수님을 만났고, 그분의 제자가 되기 위해 모든 것을 버렸습니다. 오늘날 교회에 다니기 시작하는 현대 그리스도인들보다 훨씬 뛰어납니다. 오늘날에는 신앙인이라고 해도 모든 것을 버려두는 사람은 거의 없으니까요.

첫 번째 만남 이후

그렇게 요한의 제자 생활이 시작됩니다. 특이한 점은 요한 자신이 자기를 가리켜 지속적으로 예수께서 '사랑하시는 자', '사랑하시는 제자', '사랑하시는 그 제자'라는 표현을 사용하고 있다는 점입니다. 왜 이런 표현을 계속해서 사용하는지는 정확하게 알려진 바가 없습니다.

다만 사도 요한이 밧모섬에서 계시록을 기록하고 나서 에베소에서 요한복음과 요한서신을 기록했다는 점을 비추어볼 때 예수님의 은혜가 가면 갈수록 더욱더욱 깊어져서 너무나도 감격하며 살다가 보니까

저절로 그렇게 표현된 것은 아닌지 모르겠습니다. 죽을 날이 얼마 남지 않은 상태에서 희미해지는 것이 아니라 오히려 더욱 또렷해지는 그 기억 속에서 예수님의 크신 사랑을 더욱 충만하게 느끼다 보니까 그렇게 되었을지도 모른다는 것입니다.

하지만 마치 요한만이 예수님의 사랑을 독차지하는 것처럼 표현하는 그 요한 자신의 행적을 보면 예수님의 사랑과는 반대로 흘러가는 것만 같습니다. 우선 야고보와 요한 두 형제의 성질머리만 보아도 그렇습니다. 이들이 한 번은 어떤 마을과 거기 사람들을 멸망시킬 것을 예수님께 건의합니다.

"제자 야고보와 요한이 이를 보고 이르되 주여 우리가 불을 명하여 하늘로부터 내려 저들을 멸하라 하기를 원하시나이까"(눅 9:54)

이들이 왜 화가 났습니까? 단지 사마리아 고을 사람들이 예수님을 받아들이지 않았기 때문입니다. 하지만 믿지 않는 것 때문에 일방적으로 비난할 수는 없습니다.

"사자들을 앞서 보내시매 그들이 가서 예수를 위하여 준비하려고 사마리아인의 한 마을에 들어갔더니 예수께서 예루살렘을 향하여 가시기 때문에 그들이 받아들이지 아니 하는지라"(눅 9:52-53)

더구나 이 때가 언제입니까? 제자 생활의 거의 마지막 시기일 때입니다. 예수님으로부터 가르침을 받을 만큼 받았고 경험할 만큼 경험했을 때입니다. 좀 더 생각이 깊어지고 언어가 신중해져야 할 때입니다.

"예수께서 승천하실 기약이 차가매 예루살렘을 향하여 올라가기로 굳게 결심하시고"(눅 9:51)

이런 약점을 알기 때문에 예수님께서는 사역 초기에 벌써 이 두 형제의 별명을 지어주셨던 것입니다.

"또 세베대의 아들 야고보와 야고보의 형제 요한이니 이 둘에게는 보아너게 곧 우레의 아들이란 이름을 더하셨으며"(막 3:17)

사실 이 때 이미 요한이 변화된 것은 맞습니다. 자기 삶을 다 버리고, 더구나 아버지와 그 사업을 버리고 예수님을 따른다는 그 자체가 엄청나게 변화된 증거입니다. 가는 방향이 달라지고 살아가는 목적이 달라졌지만, 그래서 삶의 패턴과 방식이 완전히 달라질 정도로 변화된 것은 맞지만, 요한의 인격과 신앙 자체는 별로 변화되지 않았습니다. 아직은 육의 사람입니다. 아직까지는 예수님을 자기 식으로만 이해하고 있는 것입니다.

예수님을 만나고 믿게 되고 교회에 출석한다는 그 자체로서도 물론 굉장한 변화입니다만, 그리고 예수님의 제자로서 반드시 필요한 모든 조건들을 갖추게 되었지만, 아직 예수님을 이해한 것은 아닙니다. 예수님을 아는 것이 아닙니다. 물론 제자가 아닌 다른 사람들보다 예수님을 더 깊이 이해하기는 하지만 어디까지나 자기중심적으로 이해하고 있는 것입니다.

기독교가 정체되고 퇴보하는 현상은(외적인 면에서) 신앙인들이 전부 자기중심적으로 생각하고 살아가기 때문입니다. 물론 자기중심적이 아닌 사람이 어디에 있겠습니까만, 적어도 자기중심과 하나님중심 사이의 어디쯤에서 고민은 해야 합니다. 아니, 고민할 수 있는 능력이 있어야만 합니다. 하지만 요한은 아직은 자기중심에서 벗어나지 못하고 있습니다. 야고보와 요한의 권력다툼에서 그 증거가 드러납니다.

"그 때에 세베대의 아들의 어머니가 그 아들들을 데리고 예수께 와서 절하며 무엇을 구하니 예수께서 이르시되 무엇을 원하느냐 이르되 나의 이 두 아들을 주의 나라에서 하나는 주의 우편에, 하나는 주의 좌편에 앉게 명하소서"(마 20:20-21)

늘 베드로와 야고보와 자기를 가까이 하시고 데리고 다니셨는데 그 자리에 베드로는 쏙 빼놓고 자기들 두 형제만 예수님의 좌우에 앉게 해달라는 요구였습니다. 마태복음에는 야고보와 요한의 어머니가 그렇게 요구했다고 나와 있지만, 마가복음에서는 야고보와 요한이 직접 예수님께 요구했다고 나와 있습니다. 완전히 자기중심적인 신앙입니다. 물론 그 당시는 그런 생각을 가질 수밖에 없는 시대였습니다. 예수님께서 십자가 고난을 당하시고 부활하시기 전이었으므로 그들의 생각도 당연히 세상적인 종말관이었을 수밖에 없습니다. 다만 저는 그 원리를 설명하려는 것입니다.

그런데 이때가 언제였는지 아십니까? 예수님의 예루살렘 입성 직전이었습니다. 신앙이 좀 더 자라서 성숙해질 만도 할 때였습니다. 예수님의 십자가 처형을 앞두고 있을 때였고 예수님께서 이미 그 사실을 계속 이야기하시던 때였습니다. 그런데 요한의 머릿속에는 출세밖에 없었습니다. 이는 비단 요한과 야고보에 국한된 이야기는 아니었습니다. 다른 제자들도 똑같은 마음을 품고 있었기 때문입니다. 그래서 야고보와 요한의 발언을 들은 제자들이 모두 화를 냅니다.

"열 제자가 듣고 야고보와 요한에 대하여 화를 내거늘"(막 10:41)

물론 야고보와 요한에게 화를 낸 이 열 제자들 가운데에는 베드로도 들어 있습니다. 그러니까 예수님과의 첫 만남에서 그친다면, 아무리 그 만남이 극적이고 초자연적이었더라도 분명한 한계가 있습니다. 말하자면 자기중심과 하나님중심이 부딪칠 때에는 반드시 자기중심을 택하게 되어 있습니다. 평소에는 잘 드러나지 않는데 자기의 욕심이나 생각과 부딪힐 때에는 바로 정체가 드러나는 것입니다.

예수님과의 첫 만남을 통해서 하나님의 일을 하는 사역자들도 마찬가지입니다. 예수님과의 첫 만남을 전부인 것으로 생각하면 아무리 크고 중요한 사역을 하고 있더라도 언제인가 급격한 상황을 만나면 자기중심적으로 변해버립니다. 자기 사역을 다른 사역과의 보완이나 협력으로 생각하는 것이 아니라 모든 것을 자기사역중심으로 해석하게 됩니다. 그래서 세상으로부터 비난받는 그런 현상들이 일어나는 것입니다.

예수님의 십자가와의 만남

예수님과의 만남은 어떤 만남일까요? 우리는 예수님을 직접 보거나 만지거나 음성을 들은 바가 없습니다. 그럼에도 불구하고 우리는 예수님을 만났다고 표현을 합니다. 물론 성령님의 역사하심으로 말미암아 예수님을 인격적으로 만난 것입니다. 깨달았고 느꼈고 감격했고 도전을 받고 결단을 했습니다. 분명히 예수님을 만난 것이 맞습니다. 그렇게 믿음을 고백하고 구원받은 백성이 되었습니다.

하지만 또 다른 차원의 만남이 있습니다. 예수님의 십자가와의 만남입니다. 그럼 우리가 예수님 믿을 때 예수님의 십자가를 모르고 믿었다는 말이냐고 질문할 수 있습니다. 그러나 내 죄 때문에 예수님께서 십자가에 달려 고통당하시고 돌아가신 것을 믿는 것과 나 자신이 예수님과 십자가에 함께 매달려 죽는 것은 많이 다릅니다. 십자가상의 예수님을 믿는 것으로도 구원의 조건이 만족되지만, 나도 예수님과 함께 십자가에 매달려 죽어보아야 두 번째 만남의 조건이 충족하게 되는 것입니다.

"내가 그리스도와 함께 십자가에 못 박혔나니 그런즉 이제는 내가 사는 것이 아니요 오직 내 안에 그리스도께서 사시는 것이라"(갈 2:20)

신앙인의 모든 것은 십자가가 말해줍니다. 십자가가 살려주고 십자가가 치유하고 십자가가 힘을 주고 십자가가 승리하게 하는 것입니다. 요한은 예수님을 십자가에서 다시 만납니다. 물 위를 걸으신 예수님이 아니라, 오병이어의 기적을 일으키신 예수님이 아니라, 무기력하게 군병들에 체포되신 예수님을 봅니다. 죽은 나사로를 살리신 예수님, 문둥병자를 고치신 예수님이 아니라 끝에 짐승 뼈가 박힌 채찍에 수도 없이 맞으시고 온몸이 피투성이가 되고 살점이 뜯겨져나간 너무나도 괴로워하시는 그 예수님을 봅니다. 무거운 십자가를 지시고 이미 엄청나게 피를 흘려 몇 걸음 걷지도 못하신 예수님을 봅니다.

요한은 마침내 손목과 발목에 못 박힘 당하시고 높이 달리신 십자가상의 예수님을 봅니다. 지나가는 사람들이 네가 메시아이면 네가 먼저 너를 구원해서 십자가에서 내려와 보라는 조롱소리가 요한의 귀에 울립니다. 네가 너를 먼저 구원하면 나도 너를 믿겠다고 말합니다. 그런데도 예수님은 아무런 저항도 안 하십니다. 이상한 말만 중얼거리십니다.

"제구시에 예수께서 크게 소리 지르시되 엘리 엘리 라마 사박다니 하시니 이를 번역하면 나의 하나님, 나의 하나님 어찌하여 나를 버리셨나이까 하는 뜻이라"(막 15:34)

사람들은 무슨 말인가 하며 엘리야를 부르는가 하고 빈정거립니다. 그런데 곧바로 예수님이 숨을 거두십니다. 아마도 요한은 적어도 예수님이 십자가에 달리신 이후에 그 현장에 있었던 듯합니다. 요한도 다른 제자들과 마찬가지로 예수님께서 체포되실 때 함께 도망쳤었습니다.

"제자들이 다 예수를 버리고 도망하니라"(막 14:50)

요한복음의 기록에 의하면 제자들이 다 같이 도망한 것은 맞지만 아마도 요한 자신과 베드로는 예수님의 뒤를 따라간 것으로 생각할 수 있습니다. 단지 다른 제자, 두 제자 중 한 사람 등 요한복음에서 익명으로 표시한 제자는 바로 요한 자신일 가능성이 크다고 할 수 있겠습니다. 그 요한은 아마도 안나스의 집안과 아는 사이였을 것으로 추정할 수 있습니다.

"시몬 베드로와 또 다른 제자 한 사람이 예수를 따르니 이 제자는 대제사장과 아는 사람이라 예수와 함께 대제사장의 집 뜰에 들어가고"(요 18:15)

새로 만나는 다른 예수님

어쨌든 요한은 이제까지 자신이 알고 경험하고 함께 생활했던 그 예수님과는 전혀 다른 예수님을 충격 속에서 경험하게 됩니다. 짧은 기간이 아닙니다. 무려 3년이나 지속되었습니다. 예수님의 음성을 알고 말씀하시는 어투를 알고 습관을 다 압니다. 어떨 때 분노하시고 어떨 때 슬퍼하시는지, 어떨 때에 안타까워하시는지를 다 압니다. 예수님에 관해서라면 요한은 모르는 것이 없습니다. 예수님이 항상 야고보와 요한과 베드로를 동행하셨기 때문에 다른 제자들보다 훨씬 잘 압니다.

그런데 지금 경험하는 예수님은 전혀 다른 분입니다. 예수님은 지금 슬퍼하지도 않으시고 분노하지도 않으시고 안타까워하지도 않으십니다. 바리새인들을 향하여 조금도 주저함이 없이 하늘의 진노를 쏟아놓으시던 그 예수님은 어디에 가셨습니까? 교권주의자들을 향한 그 무서운 저주는 다 어디로 사라졌단 말입니까? 서슬이 퍼렇던 헤롯을 향하여 이 여우야 하고 외치시던 그 기개는 다 어디 가셨단 말입니까?

요한은 지금 자기의 확신이 산산조각 깨어지는 순간을 맛보고 있습니다. 온 세상 전체가, 하늘과 땅과 숲과 바다와 나무가 조각조각 수천억 개의 파편으로 흩어져 자신에게 쏟아지는 경험을 하고 있습니다. 그것은 경험이 아닙니다. 지금 그가 실제로 당하는 일입니다. 며칠 전까지 하늘나라에서 형과 자기를 예수님 좌편과 우편에 앉게 해달라고 조르던 그 철부지에게는 너무나도 가혹한 형벌과도 같은 것이었습니다.

다른 제자들과 마찬가지로 요한은 지금 대혼란의 시기를 맞았습니다. 그의 인생이 송두리째 뒤집어 엎어지는 상태가 되고 말았습니다.
"왜 예수님은 죄 없이 억울하게 채찍질당하시고 십자가에 매달리셔야만 한다는 말인가? 과연 예수님은 누구이신가? 로마를 무너뜨리고 이스라엘을 회복시키실 그분이 아니었던가? 그럼 나는 또 뭔가? 나에게 있어서 예수님은 누구이시고 예수님에게 나는 과연 누구인가? 주께서 사랑하는 그 제자가 아니었던가?"

충격은 거대하고 높은 절벽이 무너져 그대로 자신에게 몽땅 쏟아지는 느낌처럼 다가왔습니다. 그런 모든 의문은 예수님께서 부활하시고 성령께서 강림하신 후에야 서서히 정리되어 갈 것이지만, 지금 당장 요한이 겪고 있는 이 혼란은 도무지 종잡을 수가 없었을 것입니다. 마치 하늘이 땅이 되고 땅이 하늘이 되는 것과 같은 그런 충격으로 다가왔을 것입니다.

이러한 충격은 예수님을 믿고 따르던 모든 사람들이 공통적으로 겪은 일이었습니다. 요한 자신만 겪고 있는 충격은 아니었습니다. 사람들은, 특히 제자들은 그렇게 예수님을 만났습니다. 일찍이 갈릴리 호숫가에서 만났던 예수님이 아니라 진짜 예수님, 온몸이 피투성이가 된 채 십자가에 매달리셨던 정말 살아계신 하나님을 만났던 것입니다. 그들 머릿속이 온통 왜? 왜? 왜? 라는 질문만으로 뒤죽박죽 채워져 있는 그 예수님 말입니다.

우리는 그 예수님을 만나야 합니다. 요한은 바로 그 예수님을 만나고 있습니다. 하지만 지금 요한이 만나는 예수님은 요한의 눈으로 보는 예수님입니다. 단지 예수님을 객관적으로 바라보는 그런 만남입니다. 물론 지금 요한이 겪고 있는 예수님만으로 충분하지 않다는 것이 아닙니다. 다만 그렇게 자기중심적으로만 만나는 예수님은 아직은 온전하지 않다는 이야기입니다.

십자가에 달리신 예수님은 객관적으로 자기 눈으로 바라보는 것이 아니라 예수님 입장에서 자신을 바라볼 수 있어야 합니다. 내 죄를 위하여 십자가에 달려 돌아가신 예수님 덕분에 내가 죄 사함 받고 천국에 가게 되었다는 믿음만으로는 분명한 한계가 있습니다. 그것이 아니라 예수님이 달리신 그 십자가에 자신이 달려있는 것이 보여야 합니다. 요한이 십자가상의 예수님을 만났지만 아직은 혼란 자체입니다. 예수님의 정체성은 발견했는지 몰라도 요한 자신의 정체성은 아직 발견하지 못했습니다.

예수님과의 두 번째 만남

사도 요한의 예수님과의 두 번째 만남은 어디에서 일어났을까요? 예수님의 무덤 속에서 예수님의 시신이 사라진 것을 발견했을 때일까요? 마가의 다락방에 문을 잠그고 숨어 있는데 예수님께서 갑자가 나타나셨을 때일까요? 아니면 밧모섬에 유배되었을 때 주일 아침에 갑자기 큰 음성이 들렸을 때일까요?

"주의 날에 내가 성령에 감동되어 내 뒤에서 나는 나팔 소리 같은 큰 음성을 들으니"(계 1:10)

그것도 아니면 요한복음이나 서신을 쓸 때였을까요? 제가 생각하기에는 전부 아닙니다. 그 이전입니다. 부활하신 예수님이 하늘로 승천하시기도 전의 일입니다. 요한의 예수님과의 두 번째 만남은 바로 예수님께서 못 박히시고 매달려 계신 그 십자가 아래였을 것이라고 생각합니다.

"예수께서 자기의 어머니와 사랑하시는 제자가 곁에 서 있는 것을

보시고 자기 어머니께 말씀하시되 여자여 보소서 아들이니이다 하
시고 또 그 제자에게 이르시되 보라 네 어머니라 하신대 그 때부터
그 제자가 자기 집에 모시니라"(요 19:26-27)

이상합니다. 물론 이 현장에는 없었지만 나중에는 제자로서의 역할을 충실하게 감당할 예수님의 육신의 동생들이 여럿 있습니다. 그러면 그 동생들에게 어머니를 부탁해야지 왜 요한에게 어머니를 부탁하느냐는 것입니다. 더구나 이 현장에는 몇몇 사람들이 더 모여 있습니다.

"예수의 십자가 곁에는 그 어머니와 '이모'와 글로바의 아내 마리아와 막달라 마리아가 섰는지라"(요 19:25)

여기에서 '이모'라는 사람은 살로메이며 세베대의 아내이며 바로 요한 자신의 친어머니입니다. 예수님과 친어머니 마리아와 이모인 살로메와 예수님의 이종사촌인 요한이 있는 자리입니다. 그런데 예수님께서 요한에게 자기 어머니를 부탁하시는 것입니다. 요한 자신의 어머니도 있는데 말입니다. 하지만 저는 바로 이 지점에서 요한의 두 번째 하나님 만남이 성립된다고 생각합니다.

하나님과의 두 번째 만남이란 자신의 모든 조건, 자존심이며 욕심이며 자아까지도, 심지어는 가장 소중한 목숨까지도 아무런 의미가 없어졌을 때 그 때 만난 하나님이 바로 두 번째 하나님과의 만남이라고 이야기했습니다. 그렇기 때문에 바로 이 자리가 요한에게는 그 두 번째 만남이 될 수 있다고 생각하는 것입니다. 왜냐하면 일찍이 예수님께서 하나님 안에서의 가족의 개념을 너무나도 뚜렷하게 설명하신 적이 있었기 때문입니다.

언제인가 예수님은 이런 말씀을 하신 적이 있습니다. 예수님의 어머니와 동생들이 예수님을 찾아왔으나 사람들에 둘러싸여 들어갈 수 없었는데 한 사람이 어머니와 동생들이 오셨다고 예수님께 고했을 때에 하신 말씀입니다.

"손을 내밀어 제자들을 가리켜 이르시되 나의 어머니와 나의 동생들을 보라 누구든지 하늘에 계신 내 아버지의 뜻대로 하는 자가 내 형제요 자매요 어머니이니라 하시더라"(마 12:49-50)

예수님께서 요한에게 어머니 마리아를 맡기실 때에 요한의 머리에 이 말씀이 떠오르지 않았겠습니까? 어머니 마리아는 창세기에서 기록한 '여자의 후손'의 바로 그 여자를 뜻하고 동시에 그녀는 후손 예수님에 의해 뱀의 머리를 상하게 한 승리의 주인공이므로 사도 요한에 의해 교회의 승리로 이어지게 하는 것이라는 신학적 해석도 가능하고, 마리아는 구약의 상징이고 요한은 신약의 상징이라는 해석도 가능할 수 있을 것입니다. 하지만 요한이 예수님의 부탁을 들었을 때 그런 생각 따위를 할 리가 없고, 그런 것을 알고 있었다고 해도 하나님의 가족에 대한 예수님의 정의가 더 확실하게 생각나지 않았겠습니까?

예수님에 대한 기대가 무너져버리고 예수님의 정체성과 자기 자신의 정체성이 뒤죽박죽 완전히 뒤엉켜버렸을 때 예수님으로부터 부탁받은 이 말씀은 실타래의 실마리를 찾은 것처럼 광명한 빛으로 다가왔을 것입니다. 비록 아직까지도 모든 것이 혼란스럽고 방향조차도 찾지 못한 상태이기는 하지만 예수님의 말씀은 요한에게 확실한 자기정체성을 찾은 귀중한 사건이 되었던 것입니다.

사랑의 사도 요한

우리가 분명하지는 않아도 확실한 방향을 정할 때가 있지 않습니까? 앞으로 무슨 일을 어떻게 해야 할지 모르지만 그러나 나아갈 길만은 확실한 그런 경우 말입니다. 요한의 두 번째 만남이 바로 그랬을 것입니다. 하나님의 뜻대로 하는 사람이 바로 예수님의 어머니이고 동생들이라는 예수님의 말씀이 더욱 또렷하게 요한의 머리에 떠올랐습니다. 요한은 지금 그 어머니를 모시는 것입니다.

사실은 만인이 전부 요한의 어머니입니다. 만인이 전부 예수님의 형제입니다. 하나님의 뜻을 깨닫고 하나님의 말씀에 순종하는 모든 사람이 전부 요한의 어머니이고 형제들입니다. 예수님의 형제로서 살아가는 것, 그것이 요한의 두 번째 만남의 결과입니다. 요한 자신의 정체성은 더욱 뚜렷해졌습니다. 그것은 사랑이었습니다. 예수님의 형제로서 예수님의 어머니를 모시는 것, 그것은 진정한 어머니였습니다. 살로메가 요한의 어머니라는 사실이 사라지는 것이 아니라 진정 예수님께서 정의하신 그 어머니를 모시는 것입니다. 그래서 요한을 한 마디로 말하면 사랑의 사도가 되는 것입니다.

하나님을 사랑하는 자를 사랑하는 것, 하나님의 뜻대로 하는 모든 이들을 어머니요 형제들로 사랑하는 것, 요한에게 남은 것은 이것밖에는 없습니다. 한 마을을 쓸어버리기를 원했던 요한, 앞으로 이루어질 새 이스라엘에서 예수님 좌우편 어딘가에 앉기를 요청했던 요한, 이것이 요한을 정의하는 언어들이었습니다. 하지만 이제 요한은 십자가에 달려있는 전혀 다른 예수님을 만났고 그 어머니를 섬길 것을 부탁받았습니다. 비로소 자기 정체성을 확실하게 깨달았습니다. 그 정체성은 바로 사랑이었던 것입니다.

이제 요한에게는 출세는 아무런 의미도 없습니다. 자랑과 영광과 인기와 명예는 요한에게는 전혀 아무것도 아니게 되었습니다. 한 마을을 불로 쓸어버리고 싶은 분노의 감정도 이제 요한에게는 사치가 되었습니다. 비록 아직 두 번째 만남이 정리가 되지 않았지만 요한의 가슴은 꽉 막힌 것이 뻥 소리를 내면서 뚫려버린 것 같이 되었습니다. 하나님과의 두 번째 만남은 바로 그런 것입니다.

요한에게 있어서 예수님의 십자가 사건은 엄청난 충격을 주었지만 그 가운데에서 요한 자신에게만 주신 말씀은 일평생 그의 귀에 쟁쟁했을 것입니다. 요한은 예수님의 사랑의 화신이었습니다. 아니 원래 그런 것이 아니라 예수님과의 두 번째 만남을 통하여 그렇게 된 것입니다. 오직 예수님의 사랑, 하나님의 사랑만이 요한을 움직이는 동력이 되었던 것입니다. 각자가 다르지만 적어도 요한에게는 하나님의 사랑이 그의 삶의 동기이며 참 의미가 되었던 것입니다.

"사랑하는 자들아 우리가 서로 사랑하자 사랑은 하나님께 속한 것이니 사랑하는 자마다 하나님으로부터 나서 하나님을 알고 사랑하지 아니하는 자는 하나님을 알지 못하나니 이는 하나님은 사랑이심이라"(요일 4:7-8)

하나님과의 두 번째 만남은 사명과 직결되어 있습니다. 하나님과 나 자신과 다른 사람이 연관되어서 결정적인 만남을 가지게 되어 있다는 말입니다. 사도 요한의 경우에는 예수님의 사랑이라는 가장 강력한 동기가 두 번째 만남의 증거가 되었습니다. 그 사랑이라는 강한 동기로 인하여 먼저는 예수님의 육신의 어머니 마리아와 연결되었고, 그리고 하나님의 뜻대로 하는 모든 형제들 곧 예수님의 진정한 형제들과 연결되었던 것입니다.

그리스도인의 성화는 반드시 사명과 연결되어야 합니다. 물론 사명을 통하여 성화되는 경우도 있고 성화되면서 사명을 감당하게 되는 경우도 있습니다만, 예수님의 정체성과 자신의 정체성을 깨닫게 되면서 시각이 완전히 하나님중심으로 바뀌게 되고 그러면서 진정으로 하나님의 사명을 감당할 수 있게 되는 것입니다. 모세도 그랬고 여호수아도 다윗도 엘리야도 다 그랬습니다.

성도는 하나님과의 두 번째 만남을 통하여 자신의 실체를 깨닫고 예수님의 마음을 느끼게 되면서 그 사람에게만 주시는 사명의 사람이 됩니다. 사명에 초점이 있는 것이 아니라 하나님을 결정적으로 만난 성화된 그리스도인이라면 당연히 예수님 대신 이 땅에서 사역을 감당하게 될 것입니다. 어떤 사건을 만나거나 또는 끊임없이 버리는 훈련을 거듭하면서 우리는 성화되어 가고 있습니다. 그것이 살아있는 그리스도인의 삶의 방향이 되어야 하고 푯대가 되어야 할 것입니다.

[**생각해 보십시오**]

1. 사도 요한은 스스로를 어떻게 표현하고 있습니까? (요 13:23, 19:26, 21:7)

2. 사도 요한은 하나님을 어떤 분이라고 표현하고 있습니까? (요일 4:7-8)

3. 하지만 자신의 주장과는 달리 원래 어떤 사람이었습니까? (막 3:17, 눅 9:52-54)

4. 또한 예수님 사역 말기에는 예수님께 어떤 부탁을 했습니까? (마 20:20-21)

5. 하지만 요한은 사랑의 예수님과는 전혀 다른 어떤 예수님을 만납니까? (요 19:17-18)

6. 십자가에 달리신 예수님 밑에는 누가 있었습니까? (요 19:25-26)

7. 그런데 예수님은 요한에게 어떤 부탁을 내리십니까? (요 19:27)

8. 이 때 요한은 자신과 하나님에 대하여 어떤 변화를 겪게 됩니까? (마 12:49-50)

9. 결국 하나님과의 두 번째 만남은 요한에게 어떤 의미를 가져다주게 됩니까?

10. 당신은 하나님의 무엇의 통로가 되고 싶습니까?
   (축복의 통로, 사역의 통로, 구원의 통로, 목회의 통로 등 여러 가지가 있을 것입니다.)

14. 기쁨을 부어주시는 하나님 : 사도 바울

이제 마지막으로 위대한 사도 바울의 하나님 만남에 대해서 이야기를 하고자 합니다. 예수님의 십자가 처형과 부활에서부터 시작된 그리스도의 복음이 바울이 세운 뼈대 위에서 기독교로 성장하였다는 사실은 누구나 인정하고 있을 것입니다. 일부 신학자들이 주장하는 것처럼 기독교는 예수교가 아니라 바울교라는 말도 그렇게 여길 수 있는 부분이 있을 수 있을 것입니다.

하지만 만약에 예수님 편에서 생각해본다면 제자들이나 후에 나타날 그 어떤 사람을 사용하실 것은 자명한 일이 아니겠습니까? 예수님께서 신학교를 세우시고 역사신학이나 조직신학을 만드신 것도 아니고, 부활의 주님으로 승천하시면서 보혜사 성령님을 이 땅에 보내심으로써 예수님의 구원사역을 이루어 가시려면 그 성령님에 힘입어서 일할 사람이 반드시 필요한 것 아니겠습니까? 예수님과 바울은 각기 다른 별도의 사역을 한 것이 아닙니다.

어떤 사람들은 오시겠다는 예수님의 재림이 늦어지면서 바울에 의해 세상에 생존하기 위한 종교로 변질되었다고 하지만, 만약에 우리에게 바울이 없었다면 과연 그리스도의 복음이 오늘날까지 남아서 인류에게 구원의 진리가 될 수 있었겠습니까? 그만큼 바울의 역할은 지대

했으며, 복음서조차도 바울이 이방종교에 대항해 나갔고 세워왔던 믿음의 체계에 근거하여 집필된 것을 생각하면 기독교에서 바울의 위치는 절대적이라고 할 수 있을 것입니다. 사도 바울이 결코 예수님이 될 수는 없지만, 바울이야 말로 예수님의 지상사역의 본질적인 뜻을 가장 적절하고 효과적으로 전달한 인물이 아니겠습니까?

전형적인 유대인 바울

하지만 당연하게도 바울이 처음부터 그런 위대한 사도였던 것은 아니었습니다. 아예 예수님의 제자였던 적도 없는 사람이었습니다. 오히려 예수님의 제자들을 체포하려고 외국에까지 뜨거운 사명감으로 찾아다녔던 사람이었습니다. 예수의 무리들이야말로 여호와 하나님의 대적자요 원수라고 생각했던 사람이었습니다. 이단들을 처단해야 하나님의 공의가 바로 서고 그것이 하나님의 뜻이라고 굳게 믿었던 사람이었습니다.

물론 바울은 자신이 하나님을 사랑하는 마음이 뜨겁고 그것이 하나님을 진정으로 사랑하는 길이라고 확신했었습니다. 심지어 예수쟁이 스데반이 유대인들에 의해 돌에 맞아 죽어가던 장면에서도 바울은 돌로 치는 사람들이 벗어놓은 옷들을 지켰습니다. 어떤 책에서는 옷을 지킨다는 것은 그들의 간부, 우두머리를 뜻하는 것이라고 말하기도 했습니다. 아무튼 바울은 스데반을 살인하는 사람들을 도왔습니다.

"성 밖으로 내치고 돌로 칠새 증인들이 옷을 벗어 사울이라 하는 청년의 발 앞에 두니라 그들이 돌로 스데반을 치니 스데반이 부르짖어 이르되 주 예수여 내 영혼을 받으시옵소서 하고 무릎을 꿇고 크게 불러 이르되 주여 이 죄를 그들에게 돌리지 마옵소서 이 말을 하

고 자니라"(행 7:58-60)

그리고 당연히 스데반이 죽는 것이 마땅하다고 생각했습니다. 어찌 이리 잔인할까요? 잘못된 확신이 얼마나 사람을 악하게 만드는 것인지 모릅니다. 두 번째 하나님을 만나지 못하면 어쩌면 이런 함정에 빠질 수도 있습니다. 왜냐하면 하나님을 벌거벗고 만나기 전에는 자기중심적인 생각을 버리기가 힘들기 때문입니다.

"사울은 그가 죽임 당함을 마땅히 여기더라"(행 8:1)

사울, 곧 바울은 전형적인 유대인이었습니다. 전형적이라는 말은 종교적이라는 말이고, 종교적이라는 말은 율법적이라는 말이고, 율법적이라는 말은 메시아 예수를 인정하지 않는다는 말입니다. 종교적이면 종교적일수록 이단 예수쟁이들을 박해할 수밖에 없습니다. 그 자신의 말대로 바울은 유대인 중의 유대인이었습니다.

"나는 팔일 만에 할례를 받고 이스라엘 족속이요 베냐민 지파요 히브리인 중의 히브리인이요 율법으로는 바리새인이요 열심으로는 교회를 박해하고 율법의 의로는 흠이 없는 자라"(빌 3:5-6)

바울은 학문적으로도 신분적으로도 유대인 중에서 뛰어난 인물이었습니다. 어디에 내놓아도 부족함이 없습니다. 오히려 사람들에게 자랑하고도 남을 이력입니다. 세상적으로만 보면 말이죠.

"나는 유대인으로 길리기아 다소에서 났고 이 성에서 자라 가말리엘의 문하에서 우리 조상들의 율법의 엄한 교훈을 받았고"(행 22:3)

그리고 바울은 로마 시민권자였습니다. 그는 부러울 것도 아쉬울 것도 없는 최고의 유대인이었습니다. 그 당시 이스라엘에서 상위 1% 정도에 드는 사람이었을 것입니다.

"천부장이 와서 바울에게 말하되 네가 로마 시민이냐 내게 말하라 이르되 그러하다"(행 22:27)

바울의 회개

이 바울이 회개하고 예수 믿을 수 있겠습니까? 더구나 그는 오히려 교회를 탄압하고 기독교 신자들을 체포하기 위해 모든 충성을 다하던 사람이었습니다. 그것이 하나님을 정말로 사랑하는 방법이라는 일념으로 모든 열심을 기독교 박해에 쏟아 붓던 사람이었던 것입니다. 그런 바울이 어떻게 기독교의 뼈대를 세운 위대한 사도가 될 수 있겠습니까? 그런데 다른 시각으로 보면 사실은 바울은 모든 조건이 완비된 사람이었습니다. 하나님의 일, 곧 그리스도의 복음을 전파하는 데 있어서 최적화된 사람이 바로 바울이 아니겠습니까? 특히 이방 세계에 그리스도의 복음을 전파하는 데 있어서 바울만큼 적합한 사람은 없었습니다.

고넬료를 통하여 이방선교의 문을 연 베드로를 말할 수도 있겠지만, 베드로는 세계선교의 핵심이 될 수 있는 사람은 아니었습니다. 예수님의 수제자요 그의 신앙고백 위에 교회가 세워졌고 그 당시 기독교의 가장 우선 되는 지도자였지만, 세계 모든 사람들에게 다가가기에는 경험이 너무 없었고 이방세계와 접촉한 적도 별로 없었기 때문에 세계선교에는 한계가 있을 수밖에 없었다는 말입니다. 그리고 바울이 이방선교의 중심이 된 또 다른 이유는 모태에서부터 믿은 사람보다 뒤늦게 성인이 되어서 믿은 사람의 비신자에 대한 이해도가 월등한 것과 같은 이치라고 할 수 있습니다.

저도 27세 때 예수님을 믿었는데 어릴 때부터 믿은 사람보다 비신자들의 마음에 대한 이해가 훨씬 깊은 것을 발견하게 됩니다. 또한 성인이 되자말자 목회자의 길로 들어간 사람보다 사회생활을 어느 정도 경험하고 나서 목회자가 된 사람들이 비신자에 대한 이해도가 훨씬 크다는 사실도 발견할 수 있습니다. 어느 것이 더 좋다는 차원의 이야기가 아니라 사역의 방향에 대한 이야기입니다.

하지만 바울이 세계선교에 최적화된 사람인 것은 맞지만 그 이야기는 바울이 예수님을 믿을 때 할 수 있는 이야기입니다. 청년 사울이 사도 바울이 되기 위해서는 하나님의 부르심이 절대적으로 필요하다는 것은 기본 중의 기본입니다. 그렇게 사도로 쓰임 받으려면 우리가 지금 살펴보고 있는 주제, 곧 하나님과의 두 번째 만남이 필요합니다. 그런데 바울은 지금 하나님과의 첫 번째 인격적인 만남조차도 없는 사람입니다.

하나님과 민낯으로 만나지 못하고 하나님의 일에 중요하게 쓰임 받을 수 있는 사람은 없습니다. 아무리 바울이 율법적으로 완전한 지식을 가지고 있고, 하나님을 사랑하는 일에 있어서는 타의 추종을 불허할 정도로 열심이고, 로마의 시민권자이며, 세계선교에 탁월한 자질을 가지고 있더라도 하나님과 벌거벗고 만나는 경험이 없이는 절대 쓰임 받을 수 없습니다. 아무리 탁월해도 하나님과의 만남이 필수적입니다.

우리 신앙인들도 마찬가지입니다. 물론 예수 믿고 회개하고 구원받고 천국 백성으로서 살아가는 신앙인은 많지만 이 땅에서 불러주신 하나님의 은혜를 깊이 깨닫고 그리스도인답게 살아가기를 원한다면 하나님과의 두 번째 만남은 반드시 거쳐야 할 관문입니다. 상황에 따라서 다양한 형태로 나타날 수는 있지만 이 두 번째 만남을 경험한 사람과 그렇지 않은 사람 사이에는 현격한 차이가 있습니다.

거듭날 때의 그 첫 경험이 없이는 하나님의 자녀, 참 그리스도인이라고 할 수 없는 것과 마찬가지로, 하나님과의 두 번째 만남을 통하여 자신을 완전히 포기하는 경험이 없이는 하나님의 일을 온전하게 마지막까지 감당하기 어렵습니다. 혹시 그렇게 보일 수 있을지는 모르겠지만 자신과 하나님의 관계에서는 아무런 유익이 없기 쉬운 것입니다. 기독교 신앙이란 하나님과의 관계라는 사실을 생각하면 이 두 번째 하나님과의 만남은 너무나도 중요한 것입니다.

하나님의 사명을 감당하기 이전에 하나님의 마음, 하나님의 뜻을 깨닫고 신앙인답게 하나님과 교제하며 참된 평안과 기쁨을 누리면서 살기 위해서는 어떤 식으로든 반드시 하나님과의 두 번째 만남이 있어야 합니다. 좀 더 강력한 표현을 하자면, 어떤 식으로든 하나님과의 두 번째 만남이 이루어지지 못한 사람은 아직은 진정한 의미의 신앙인, 참된 그리스도인이라고 할 수 없습니다.

오해하지는 마십시오. 그렇다고 하나님과의 두 번째 만남을 경험하지 못한 사람이 구원받지 못했다는 것은 아닙니다. 이것은 그런 말과는 다른 이야기입니다. 우리가 하나님과 민낯으로 만나야 한다고 해서 모두가 극한 고난과 기가 막힌 수렁을 거쳐야 하는 것은 아닙니다. 성령님의 시대에는 그런 과정이 있을 수도 있고 없을 수도 있습니다. 그런 육체적, 상황적 과정 없이도 심령의 고난을 통해서도 얼마든지 하나님과 만남이 가능할 것입니다.

볼 수 없는 하나님과의 만남

여기 사도 바울을 통하여 우리는 하나님과의 두 번째 만남을 위한 전혀 다른 수단도 있다는 사실을 알게 됩니다. 이럴 때 우리는 하나님의 일하시는 방식에 대해 궁금증이 더해질 수 있습니다. 전혀 예상치 못하게 급작스럽게 모든 조건을 버리고 두 번째 만남의 기회를 허락하시는 하나님을 볼 수 있기 때문입니다. 바울의 경우에서 우리는 또 다르게 일하시는 하나님을 만날 수 있습니다.

바울에게 언제 주님께서 나타나셨습니까? 예수 믿는 사람들을 체포하러 가는 길에 나타나십니다. 다른 때도 얼마든지 가능한데 왜 하필 이 때였을까요?

> "사울이 주의 제자들에 대하여 여전히 위협과 살기가 등등하여 대제사장에게 가서 다메섹 여러 회당에 가져갈 공문을 청하니 이는 만일 그 도를 따르는 사람을 만나면 남녀를 막론하고 결박하여 예루살렘으로 잡아오려 함이라"(행 9:1-2)

그것도 바울이 거의 목적지에 도달했을 즈음에 갑자기 주님께서 임하십니다. 상황이 그렇게 만드는 것이 아니라 주님께서 주님의 의지를 따라 갑자기 역사하시는 것입니다.

> "사울이 길을 가다가 다메섹에 가까이 이르더니 홀연히 하늘로부터 빛이 그를 둘러 비추는지라"(행 9:3)

너무나도 급작스러울 뿐만 아니라 하나님의 주권이 바울의 의사와는 관계없이 임하시는 모습을 보면 어쩌면 운명론에 빠질 수도 있을 정도가 아닌가 생각됩니다. 물론 바울의 내적인 심령의 변화가 어떻게 요동치고 있었는지에 대해서는 우리는 알 수가 없습니다. 대개 극렬하게 예수님을 반대하던 사람이 오히려 더욱 쉽게 꺾여서 하나님의 사명을 열정적으로 감당하고 있는 경우를 자주 보곤 하니까요.

하기는 성경 속의 모든 인물들을 볼 때 순전히 자기의지만으로 하나님과 결정적으로 만난 사람은 없었다고 볼 수도 있습니다. 물론 그 과정 속에는 자유의지를 따라 이리저리 행하다가 결국에는 하나님과 만날 수 있는 위치에 서게 되기는 하지만, 전체적인 관점에서 보자면 모두 하나님의 기획 아래 움직여지는 것은 사실인 것 같습니다. 아브라함도 야곱도 모세도 많은 과정을 통하여 자기를 내려놓을 수 있을 그때에 하나님께서 민낯으로 만나주신 것이니까요. 하나님과 사람의 만남은 어느 한 쪽의 의지만으로 결정되는 것이 아니라 복합적으로 작용하는 것 같습니다. 왜냐하면 관계이니까요.

그렇지만 자기 의지와 관계없이 하나님께서 만나주신 사람들 중에 전적으로 하나님의 의지만을 따라 인도함을 받은 사람도 있습니다. 기드온, 삼손, 신약에 와서 세례 요한도 오로지 하나님의 뜻에 의하여 하나님을 만난 사람들이 아닙니까? 그렇게 본다면 모세도 마찬가지입니다. 애초에 아기일 때 하나님에 의하여 선택되었다고 할 수밖에 없는 상황이었으니까요. 그렇기 때문에 주님께서 전적으로 주님의 의지에 의하여 바울을 극적으로 만나주신 것도 완전히 새로운 방식이라고는 할 수 없을 것입니다.

다만, 바울의 경우에는 가장 열심히 주님을 박해하던 사람이기 때문에 그 점에서는 다른 인물과 다르다고 할 수는 있을 것입니다. 제가 여러 번 이야기했듯이 하나님과의 두 번째 만남을 경험하려면 자기의 모든 조건을 다 포기하고 자기의 위치, 수준을 깊이 깨달아야만 가능합니다. 그리고 조금 더 나아가 베드로의 경우를 설명하면서 자기의 실체뿐 아니라 하나님의 본질에 대해서도 인식하고 있어야 비로소 하나님과의 만남은 가능해진다고 했습니다.

그렇다면 바울에게서는 이 모든 조건이 어떻게 단번에 충족될 수 있었을까요? 바로 여기에 사도 바울의 하나님 만남의 원리가 작동할 수 있는 것입니다. 단번에 바울로 하여금 자신의 실체와 그리스도 예수님의 실제를 깨닫게 하시고 바울 자신이 가진 모든 조건을 버릴 수 있게 하신 주님의 은혜를 찬양합니다.

바울의 실체와 하나님의 실체

우선 바울은 자기가 누구인가를 알아야만 했습니다. 이미 여호와 하나님께 대해서는 완벽하게 이해하고 있다고 확신했던 바울이었습니다. 물론 중요한 것은 그 하나님 앞에 서 있는 자기 자신에 대한 인식입니다. 그는 여호와 하나님의 지극히 사랑하시는 일꾼으로 자신을 인식했을 것입니다. 그리고 자신이 하는 일이 하나님을 사랑하는 유일한 길이라고 생각했을 것이고, 다른 선택의 여지가 없었을 것입니다. 어찌 보면 지나친 자기 확신이 오히려 그를 꺾어지게 만드는 수단이 되었을 것입니다.

그는 자신의 입으로 말한 것처럼 베냐민 지파요 히브리인 중의 히브리인이요 율법으로는 바리새인이요 율법의 의로는 흠이 없는 자요 가말리엘의 제자요 신분적으로는 로마 시민권자였습니다. 이런 의식으로 가득했던 바울을 어떻게 하면 무너지게 할 수 있고 어떻게 하면 하나님 앞에서 보잘것없는 존재라는 사실을 깨우치게 할 수 있을까요? 주님은 빛으로 바울에게 오셨습니다.

바울 스스로 자기 존재의 미약함을 깨닫게 할 수 있는 방법은 빛에 비추이게 하는 것입니다. 모세조차도 하나님과 육적으로 대면하지 못한 이유가 어디에 있겠습니까? 하나님은 빛이시기 때문입니다. 태양빛을 만드신 하나님의 빛은 세상의 모든 더러움과 죄악을 태워버릴 수 있습니다. 그 빛이 비치면 아무리 바울이라도 자기 실체를 볼 수밖에 없습니다. 안 보려고 해도 볼 수밖에 없습니다.

갑자기 강렬한 빛이 하늘로부터 바울에게 비칩니다. 이제까지 듣도 보도 못한 너무나도 밝은 빛이었습니다. 태양빛도 어두울 만큼의 강력한 빛이었습니다.

"사울이 길을 가다가 다메섹에 가까이 이르더니 홀연히 하늘로부터 빛이 그를 둘러 비추는지라"(행 9:3)

바울에게 그 빛이 비치는 순간 바울에게 어떤 현상이 나타났습니까? 당연히 눈이 보이지 않게 될 것입니다. 태양빛도 똑바로 쳐다보면 시력이 상하게 되는데, 그 태양을 만드신 하나님의 빛이 비추이면 시력이 어떻게 되겠습니까?

"사울이 땅에서 일어나 눈은 떴으나 아무 것도 보지 못하고 사람의

손에 끌려 다메섹으로 들어가서"(행 9:8)

놀라운 것은 함께 길을 가던 사람들에게도 빛이 비쳤는데 바울만 눈이 안 보이게 된 것이었습니다. 다 같이 있을 때 함께 빛을 보았어도 하나님께서 만나고자 하시는 사람에게만 빛이 작용한 것입니다. 물론 하나님께서 뜻하신 사람을 대하시는 방식을 말하는 것이지만, 다른 의미에서는 신앙은 관계라는 사실을 더욱 확실하게 나타내시는 장면이었습니다.

"왕이여 정오가 되어 길에서 보니 하늘로부터 해보다 더 밝은 빛이 나와 내 동행들을 둘러 비추는지라 우리가 다 땅에 엎드러지매"(행 26:13-14下)

바울은 사흘 동안 앞이 전혀 안 보일 뿐 아니라 음식도 전혀 먹을 수가 없었습니다. 여호와 하나님께 대한 충성으로 똘똘 뭉쳐있던 율법적 자존심 덩어리인 바울이 비로소 자기 자신의 실체를 느끼기 시작한 것입니다. 이미 바울은 하나님을 위하는 일이라면 목숨조차도 초개같이 버릴 수 있는 사람이었습니다. 그러니 자기 자신의 실체를 깨닫게 된다면 벌거벗고 하나님을 만날 수 있는 하나의 조건을 충족시키게 되는 것입니다. 그렇게 바울은 자기 자신에 대해서 가지고 있던 정체성을 깨뜨려버리게 되었습니다.

이번에는 하나님의 진짜 실체를 깨달아야 할 순간이 왔습니다. 주님께서 실체를 드러내십니다. 바울이 자신의 실체를 들여다보는 일과 하나님께서 실체를 드러내시는 일은 거의 동시에 일어날 수 있습니다.

"땅에 엎드러져 들으매 소리가 있어 이르시되 사울아 사울아 네가 어찌하여 나를 박해하느냐 하시거늘"(행 9:4)

후에 바울은 법정에서 자신을 변론하면서 이 때의 상황을 더 상세하게 설명합니다.

"우리가 다 땅에 엎드러지매 내가 소리를 들으니 히브리 말로 이르되 사울아 사울아 네가 어찌하여 나를 박해하느냐 가시채를 뒷발질하기가 네게 고생이니라"(행 26:14)

여기에서 우리가 다시 생각해 보아야 할 것은 주님께서 바울에게 인격 대 인격으로 나타나셨다는 사실입니다. 마치 얼굴과 얼굴을 맞대고 대화하듯이 그렇게 말씀하셨습니다. "너의 그 열심이 쓸 데 없는 짓을 하게 만들고 있구나." 하는 말씀입니다. "가시채를 뒷발질하기가 네게 고생이니라."는 말씀이 중요한 이유는 이미 주님께서 바울이 하는 모든 일을 알고 계시고, 네가 아무리 열심히 해도 하나님께는 아무 것도 아닐 뿐만 아니라 오히려 쓸데없는 고생만 하는 것이라는 사실을 바울로 하여금 깨닫게 해주는 말씀이기 때문입니다. 곧 바울로 하여금 자신의 실체를 들여다보라는 말씀입니다.

아그립바 왕 앞에서 변론한 내용을 조금 더 들어가 봅니다. 바울의 증언에서 우리는 하나님의 정체성을 드러내시는 모습을 볼 수 있습니다. 바울이 그토록 박해하던 바로 그 예수님이라는 것입니다.

"내가 대답하되 주님 누구시니이까 주께서 이르시되 나는 네가 박해하는 예수라"(행 26:15)

마침내 주님께서 아무 것도 보이지 않는 바울에게 음성으로 나타나셨습니다. 바울이 그토록 미워하고 그 추종자들을 체포하려고 남들 다 쉬는 정오에도 시간을 아껴가며 추격했던 그 예수가 바로 하나님이셨던 것입니다. 이 예수님은 어떤 예수님이십니까? 부활하신 예수님이십니다. 바울은 자신이 부활하신 예수님을 만난 일로 인하여, 그리고 직접 사명을 받은 일로 인하여 자신을 사도라고 지칭하게 된 것입니다. 베드로나 다른 사도로부터 안수 받음으로 사도 된 것이 아니라 주님께로부터 직접 부르심을 받았다는 것입니다.

"일어나 너의 발로 서라 내가 네게 나타난 것은 곧 네가 나를 본 일과 장차 내가 네게 나타날 일에 너로 종과 증인을 삼으려 함이니"(행 26:16)

하나님과의 두 번째 만남

곧 이어서 주님께서 바울에게 나타나신 목적을 말씀해주십니다. 사실상 여호와 하나님의 뜻과 계획을 펼치기 위해 교회를 핍박하였던 바울에게는 방향만 살짝 바꾸면 되는 일이기는 했습니다.

"이스라엘과 이방인들에게서 내가 너를 구원하여 그들에게 보내어 그 눈을 뜨게 하여 어둠에서 빛으로, 사탄의 권세에서 하나님께로 돌아오게 하고 죄 사함과 나를 믿어 거룩하게 된 무리 가운데서 기업을 얻게 하리라 하더이다"(행 26:17-18)

9장에서는 주님을 만난 지 사흘 후에 아나니아를 통하여 하신 말씀인데 바울의 변론에서는 자신이 직접 그 자리에서 들은 것으로 이야기하고 있습니다. 그러나 그것은 이방인들에게 불필요할 수도 있는 부분을 생략한 것이라고 볼 수 있으며, 중요한 것은 이 과정을 통하여 드러나야 할, 주님이 어떤 분이시고 자신이 어떤 위치에 있으며 앞으로 어떤 사람이어야 하는지에 대한 정체성이 아니겠습니까?

바울은 누구입니까? 여호와 하나님께서 인류를 사탄의 권세에서 놓여나게 하사 죄 사함과 천국유업을 얻게 하는 데 사용하실 종이라는 것입니다. 이것이 바울이 모든 조건을 다 버리고 벌거벗은 채 주님과 만난 이야기였습니다. 이것은 신기하게도 신약 성도들의 구원 이야기와 일치할 수 있습니다. 바울은 이미 하나님을 만난 사람입니다. 교리적으로 거듭난 상태냐 아니냐를 떠나서 하나님과의 만남이라는 주제로 바라본다면 동일한 원리가 작용할 수 있는 것입니다.

바울은 이미 하나님을 믿고 있었습니다. 추상적인 하나님, 자신만의 방식으로 믿고 있는 하나님을 말하는 것입니다. 열심과 충성심은 있는데 믿음의 대상에 대한 인식이 잘못되어 있었습니다. 겉으로 보면 아닌 것 같지만 사실은 지극히 현실적이고 자기중심적으로 하나님을 믿고 있었던 것입니다. 예수님의 공생애 기간 동안 지속적으로 추진하시던 일이 바로 이 율법적인 하나님의 틀을 깨시는 것이었습니다. 이스라엘 사람들이 자기들의 하나님으로 오해하고 있었던 그 그릇된 인식을 깨는 것이었습니다.

우리들도 비록 거듭났다고는 하지만 자기중심적인 신앙을 탈피하지 못하면 이런 하나님만을 믿게 되는 것입니다. 현세적이고 물질적이고 자기중심적으로만 믿는 하나님. 바울이 바로 이런 믿음의 틀 속에 갇혀 있었습니다. 그런데 자기가 철석같이 믿고 있던 여호와 하나님의 틀에서 탈출하게 만드는 것이 예수님께서 하신 일입니다. 그래서 바울에게 부활하신 예수님을 만난 일은 하나님과의 두 번째 만남인 것입니다.

이 두 번째 만남의 과정이 이루어지기 전에는, 열심히 충성하는데 사실은 하나님을 제대로 모릅니다. 말씀대로 행하는데 거의 율법적인 행위와 크게 다르지 않습니다. 처음 거듭날 때 만난 하나님만을 열심히 믿으면 자기 확신이 강할 수 있는데 그 확신이 다른 사람에 대한 분별로 이어질 수 있습니다. 그러니까 누구보다 열심히 충성하는데 자신이 기준이 되는 경우입니다. 바울의 경우와 너무나도 흡사하지 않습니까?

아마도 예수님을 만나기 전의 바울은 성령으로 거듭난 상태가 아닐 것입니다. 그래서 신약성도들의 거듭남과 같은 상태는 물론 아니었습니다. 다만 원리적으로 볼 때 마치 거듭난 상태이면서도 여전히 율법적, 추상적, 자기중심적으로 믿고 있는 성도에게서 나타나는 특징이 바울에서 발견된다는 말입니다. 그리고 거듭난 상태의 믿음에서 두 번째 하나님을 만났을 때 나타나는 현상이 바로 바울이 예수님을 만나는 과정에서 고스란히 발견된다는 것입니다.

물론 교리적으로 볼 때 바울은 이 때 거듭나게 됩니다. 그러니까 한편으로 보면 바울은 하나님과의 첫 번째 만남과 두 번째 만남을 동시에 경험하고 있는 것인지도 모릅니다. '두 번째 만남'이라는 말도 성경에 나타나는 신앙의 선구자들의 일생 가운데에서 일관되게 보이는 특징을 발견하고 그 원리를 설명하기 위한 용어입니다. 아무튼 그렇게 해서 바울은 하나님과의 두 번째 만남을 경험하게 됩니다.

직접 주신 사명

그것은 마치 세례 요한을 부르시면서 주신 사명과 일맥상통합니다.

"선지자 이사야의 책에 쓴 바 광야에서 외치는 자의 소리가 있어 이르되 너희는 주의 길을 준비하라 그의 오실 길을 곧게 하라 모든 골짜기가 메워지고 모든 산과 작은 산이 낮아지고 굽은 것이 곧아지고 험한 길이 평탄하여질 것이요 모든 육체가 하나님의 구원하심을 보리라 함과 같으니라"(눅 3:4-6)

어떻습니까? 표현은 다르지만 내용은 동일하지 않습니까? 세례 요한에게 주시는 '주의 길을 준비하라'는 말씀과 바울에게 주시는 '사탄의 권세에서 하나님께로 돌아오게 하시겠다'는 말씀이 동일한 것이 아니겠습니까? 사람은 다르고 주신 말씀도 차이가 있을 수 있지만, 결국 하나님을 두 번째로 만난 사람에게 주시는 말씀은 동일한 방향이고 똑같은 목적을 가지고 있습니다. 우리가 하나님과 정식으로 만나게 된다면 우리 인생의 목적이 달라지고 푯대로 삼은 방향이 달라집니다. 모든 것이 하나님중심으로 변하게 됩니다.

물론 우리는 하나님을 두 번째 만난 사람 중에서도 가장 극적인 반전의 주인공이 사도 바울이라는 사실을 인정할 것입니다. 사도 바울이야 말로 신약시대 사명자의 모델이며 우리가 배우고 도전받아야 할 신앙인이라고 할 수 있습니다. 오직 주의 길을 예비하는 일에 모든 초점을 맞추었던 세례 요한과 함께 바울은 우리가 그리스도의 복음을 전파하는 일을 어떤 열심으로 섬겨야 하는지를 제시한 최상의 모델입니다.

바울은 스스로 그리스도의 복음을 전하기 위해서 받아야만 했던 고난들을 친히 설명한 바가 있습니다.

"내가 수고를 넘치도록 하고 옥에 갇히기도 더 많이 하고 매도 수없이 맞고 여러 번 죽을 뻔하였으니 유대인들에게 사십에서 하나 감한 매를 다섯 번 맞았으며 세 번 태장으로 맞고 한 번 돌로 맞고 세 번 파선하고 일 주야를 깊은 바다에서 지냈으며 여러 번 여행하면서 강의 위험과 강도의 위험과 동족의 위험과 이방인의 위험과 시내의 위험과 광야의 위험과 바다의 위험과 거짓 형제 중의 위험을 당하고 또 수고하며 애쓰고 여러 번 자지 못하고 주리며 목마르고 여러 번 굶고 춥고 헐벗었노라"(고후 11:23-27)

그럼에도 불구하고 오직 주님의 몸 된 교회를 염려하는 생각이 떠나지 않는다는 것입니다. 어떻게 평생 동안 그렇게 하나님의 사명만을 생각할 수 있는지는 참으로 불가사의한 일일 수도 있습니다만, 아무튼 사도 바울은 예수님을 만나는 순간부터 오로지 그리스도의 복음만을 생각하는 위대한 사도였습니다.

"이 외의 일은 고사하고 아직도 날마다 내 속에 눌리는 일이 있으니 곧 모든 교회를 위하여 염려하는 것이라"(고후 11:28)

그 어떤 방해나 박해나 고난이 기다리고 있더라도 오직 그리스도의 복음을 전파하는 일에서는 중단이나 낙심이나 포기가 없는 바울입니다. 자신을 조금도 돌보지 않고 오직 예수님만 생각하는 바울인 것입니다. 아마도 사도 바울은 예수 그리스도의 마음, 하나님의 뜻을 누구보다도 깊이 깨달은 사람일 것입니다. 그 마음을 너무나도 잘 알기에 자기 자신을 조금도 돌아보지 않을 수 있었을 것입니다. 그렇다면 어떻게 이런 일이 가능합니까? 어떻게 바울은 하나님의 마음을 이렇게까지 깊이 지속적으로 간직할 수 있는 것일까요?

그렇게 할 수 있는 원동력은 물론 하나님과 두 번째 만남을 너무나도 강하게 경험한 일입니다. 물론 하나님과 두 번째 만났다고 해서 모두 바울이 되는 것은 아닙니다. 바울은 바울 한 사람이지 또 다른 바울이 있을 수가 없습니다. 다만 사람에 따라 다양한 환경에서 여러 가지 형태로 만나주시는 하나님의 은혜와 주신 분량을 따라 충성할 뿐입니다. 하지만 그것만으로 결국은 인간에 불과한 바울이 모든 것을 이겨낼 수 있었을까요?

바울의 기쁨

문득 바울에게 기쁨과 행복한 마음이 얼마나 있었을까를 생각하게 됩니다. 하나님을 두 번째 만났고 자신의 실체를 처절하게 깨달았고 정확한 하나님의 마음과 계획을 깨달았다고 해서 일평생을 사도 바울처럼 오로지 복음만을 바라보고 사명을 감당할 수 있는 것은 아닙니다. 바울의 마음속에는 또 다른 기능을 할 수 있는 그 무엇인가가 분명히 있을 것입니다. 저는 그것을 기쁨이라고 보고 있습니다.

바울이 신이 아니고 사람일진대 무한대로 거듭되는 박해와 환난과 고통을 무작정 견딜 수는 없습니다. 하나님을 두 번째 만난 사람에게 기쁨이 없다면 그것은 무엇인가 잘못 된 것이 아니겠습니까? 하나님의 사명을 열심히 감당하고 있는데 만약에 속에서 기쁨이 없다면 빨리 자기점검을 해봐야 할 것입니다. 무엇인가 지나치거나 모자란 것이 분명히 있을 것이고, 그것이 아니라면 하나님과의 두 번째 만남을 아직 경험하지 못한 것일 수도 있으니까요.

그러면 바울은 어떤 기쁨으로 모든 사명을 감당했을까요? 바울은 먼저 모든 견딤과 오래 참음의 근원이 기쁨인 것을 말합니다. 물론 견딤과 오래 참음에 이르게 하신 것은 그리스도의 영광의 능력입니다만, 실제적으로 그런 흐름들을 원활하게 만들어주는 것은 기쁨이라는 것입니다. 예를 들면 윤활유 같은 기능이라고 할 수 있을까요?

> "그의 영광의 힘을 따라 모든 능력으로 능하게 하시며 기쁨으로 모든 견딤과 오래 참음에 이르게 하시고"(골 1:11)

하지만 원천적으로 바울의 기쁨은 하나님의 뜻을 따르는 데에서 찾을 수 있습니다. 어떤 열매나 결과가 아니라 하나님의 뜻을 따르는 그 일 자체가 기쁨이라는 것입니다. 사실 그리스도인에게 있어서 하나님의 뜻을 따라가는 기쁨이 없다면 그 사람은 어쩌면 그리스도인이 아니거나 병든 그리스도인일 수 있을 것입니다.

> "나로 하나님의 뜻을 따라 기쁨으로 너희에게 나아가 너희와 함께 편히 쉬게 하라"(롬 15:32)

그와 함께 바울에게 큰 기쁨을 안겨주는 것은 전도의 열매인 성도들입니다. 아무 것도 모르는 사람들에게 복음을 전파하여 거듭난 백성들이 되는 그것이 바울에게 엄청난 위로와 기쁨이 됩니다. 마치 가정에 신생아가 탄생하는 것과 같은 기쁨이라고 할까요? 아기가 태어나면 온 집안의 기쁨이 되지 않습니까? 기쁘라고 해서 기뻐질 수 있는 것이 아닙니다.

> "나는 너희를 향하여 담대한 것도 많고 너희를 위하여 자랑하는 것도 많으니 내가 우리의 모든 환난 가운데서도 위로가 가득하고 기쁨이 넘치는도다"(고후 7:4)

성도들끼리 서로 사랑하는 일도 바울의 기쁨을 충만하게 만들어줍니다. 이것은 곧 교회가 바로 세워지는 것을 뜻합니다. 교회는 곧 부르심 받은 사람들의 모임이니까요.

"각각 자기 일을 돌볼뿐더러 또한 각각 다른 사람들의 일을 돌보아 나의 기쁨을 충만하게 하라"(빌 2:4)

"형제여 성도들의 마음이 너로 말미암아 평안함을 얻었으니 내가 너의 사랑으로 많은 기쁨과 위로를 받았노라"(몬 1:7)

그래서 성도들을 위해서 기도할 때에도 바울은 기쁨으로 간구합니다. 바울의 기쁨은 영적인 열매로 나타날 때 더 큰 힘을 얻게 됩니다. 물론 전도의 열매만이 바울의 기쁨은 아닙니다. 성도들의 믿음이 성장해 나갈 때 바울은 너무나도 큰 기쁨을 맛보게 됩니다.

"간구할 때마다 너희 무리를 위하여 기쁨으로 항상 간구함은"(빌 1:4)

"그러므로 나의 사랑하고 사모하는 형제들, 나의 기쁨이요 면류관인 사랑하는 자들아 이와 같이 주 안에 서라"(빌 4:1)

하지만 기쁨의 근원은 어디까지나 성령께서 주시는 것입니다. 어떤 성취를 이루었다고 해서 그것만으로 기쁨을 맛본다면 어쩌면 육신적인 기쁨에 머무르는 것일 수 있습니다. 육신적인 기쁨은 어떤 것이 이루어졌을 때 크게 맛볼 수 있지만 잠시 후면 사라져버립니다.

"또 너희는 많은 환난 가운데서 성령의 기쁨으로 말씀을 받아 우리와 주를 본받은 자가 되었으니"(살전 1:6)

어떤 의미에서 바울의 사역은 바로 이 기쁨을 위하여 감당하고 있는지도 모릅니다. 왜냐하면 예수님께서도 기쁨을 위하여 십자가를 참으셨기 때문입니다. 사도 바울도 기쁨을 위하여 아들 디모데를 보기를 원한다고 하였습니다.

"믿음의 주요 또 온전하게 하시는 이인 예수를 바라보자 그는 그 앞에 있는 기쁨을 위하여 십자가를 참으사 부끄러움을 개의치 아니하시더니 하나님 보좌 우편에 앉으셨느니라"(히 12:2)

"네 눈물을 생각하여 너 보기를 원함은 내 기쁨이 가득하게 하려 함이니"(딤후 1:4)

그렇다면 우리 그리스도인들이 과연 무엇을 기뻐해야 할지가 더욱 명확해집니다. 대개 어떤 소망이 이루어지면 크게 기쁘하게 되고 성공하면 기쁨을 맛보게 됩니다만, 세상에서의 그런 기쁨은 잠깐이고 성령님께서 주시는 참 기쁨은 샘물처럼 솟아오르게 됩니다. 사도 바울의 기쁨의 내용들이 우리 그리스도인들의 참 기쁨의 내용이 되어야 할 것입니다. 그리고 그것은 하나님을 두 번째로 만난 사람에게서 발견할 수 있는 기쁨이 되는 것입니다.

두 번째 만남이 반드시 필요합니다.

성도가 진정으로 하나님중심으로 변화되려면 하나님과 두 번째 만나야 합니다. 물론 우리는 어떤 식으로든 하나님을 만난 사람들입니다. 환경 때문에 만났든, 질병 때문에 만났든, 아니면 인생의 근본적인 문제 때문에 만났든 우리는 이미 하나님을 만난 사람들입니다. 그것은 우리가 우리 죄를 짊어지신 예수 그리스도를 만났다는 이야기입니다. 그것은 성령님께서 하신 일이고, 성령님의 감동으로 신앙생활을 시작한 것이 분명합니다.

그렇지만 그렇게 성령님의 감동으로 말미암아 자기 죄를 고백하고 회개하여 죄 사함 받고 거듭난 백성으로 교회에 다니면서 살다가 천국에 가는 것으로 우리 신앙인의 삶이 마무리되는 것은 아닙니다. 그렇다면 예수님께서 십자가에 못 박히셔서 물과 피를 다 쏟으시고 우리를 위해 당하신 희생이 너무나도 값싼 것이 됩니다. 아무리 구원이 공짜라고 해도 아무 희생 없이 그저 믿음 하나로 달랑 천국에 가는 것으로 생각한다면 그것은 너무나도 하나님의 은혜를 가볍게 보는 것이 될 뿐입니다.

천국이란 하나님과의 영원한 사랑의 교제가 이루어지는 곳인데, 이 땅에서 산다는 이유로 사랑이 넘치시고 풍성하신 하나님과 아무런 교통도 없이 살아도 아무렇지 않다면 그것은 참된 신앙이 아닙니다. 자기 마음대로 세상을 살고서도 하나님께서 항상 내 편이 되어주신다는 생각으로 하나님께 나아와 복을 달라고 구하는 신앙이라면 그것은 우리가 나아가야 할 신앙의 방향과는 너무나도 거리가 먼 이야기가 되는 것입니다.

그런데 불행하게도 많은 신앙인들이 그런 신앙으로 세상을 살고 있습니다. 자기중심적인 신앙에서 헤어나지 못하고 있습니다. 그렇게 그리스도인답게 살아가고 있는 모델을 찾아보기도 힘들지만, 그런 모델이 있어도 전혀 알아채지도 못합니다. 그런 사람이 있으면 별난 사람으로, 우리들과 차원이 다른 사람쯤으로 치부해 버립니다. 목회자도 마찬가지이고 성도도 마찬가지입니다. 용서하십시오. 그렇지 않은 많은 분들도 물론 많이 계십니다.

제 이야기는 우리 기독교 신앙의 정체성이 바뀌어야 한다는 것입니다. 그런 수준 높은 모델이 있다고 해서 모든 신앙인이 그렇게 살 수 있는 것은 아닙니다. 그러나 참된 신앙의 방향과 목표를 제시해 줄 수 준 높은 신앙인들이 많이 필요하다는 이야기입니다. 그런데 그런 신앙인으로 지속적으로 변화되기 위해서는 하나님과의 두 번째 만남을 경험해야 한다는 이야기입니다.

신앙인이 하나님과 민낯으로 만나지 않으면 근원적인 변화는 불가능합니다. 하나님과의 벌거벗은 만남이란 자기의 참모습을 가지고 하나님 앞에 서는 것을 뜻합니다. 어떤 사물을 볼 때 10살 때 보는 것과 20살, 30살 때 보는 것이 전부 다릅니다. 경험하고 나서 보는 것과 처음 만나는 것도 전혀 다를 수 있습니다. 인격의 수준을 말하는 것이 아니라 자신을 빨리 발견해야 한다는 이야기입니다. 자신을 알고 나서 하나님을 바라보고 세상을 바라보면 모든 것이 다르게 보입니다.

신앙인이라면 누구나 하나님을 만난 사람인 것은 틀림이 없습니다. 제가 이 책에서 언급하고 있는 대상은 이미 성령으로 거듭난 하나님의 백성들입니다. 꼭 두 번째 하나님을 만나는 경험을 똑 부러지게 당해야 하는 것은 아닙니다만, 그와 유사한 경험은 반드시 가져야 할 것입니다. 자기 껍데기를 다 벗기고 하나님을 만나지 않으면 근원적인 만남이 아닙니다. 저는 지금 자기 조건 다 버리고 자기 실체를 깨닫고 하나님의 실체를 만난 것을 두 번째 하나님과의 만남이라고 말하고 있습니다. 수많은 신앙인들이 그렇게 하나님과 만나는 사람들이 되기를 정말 간절하게 소원합니다.

이 글들을 쓰면서 성령님의 조명을 누구보다 간절하게 원했습니다. 제가 제 수준에서 기독교 신앙인들에게 드리는 권면이 아니라 성령님께서 꼭 주고 싶으신 말씀을 제 글에 담게 해달라고 간절하게 기도하면서 글을 썼습니다. 그것은 곧 그리스도인의 성화의 과정과 동일하다는 것을 뜻합니다. 모든 그리스도인이 전부 성화의 단계에 이를 수 있는 것은 아니라고 생각합니다. 하지만 적어도 교회에 출석하는 그리스도인들의 신앙의 목표, 삶의 목표가 하나님과의 두 번째 만남, 곧 성화에 있어야 하는 것은 분명합니다. 하나님께서 원하시는 우리 삶의 한 축이 바로 변화이니까요.

[생각해 보십시오]

1. 바울은 원래 어떤 사람이었습니까? (빌 3:5-6)

2. 바울은 하나님을 사랑하는 열심으로 어떤 일을 하게 됩니까? (행 8:3)

3. 바울의 율법적 자만심을 깨뜨리기 위해 주님은 어떤 방법을 택하셨습니까? (행 26:13-14)

4. 그런데 해보다 더 밝은 빛을 비추신 시점은 언제였습니까? (행 9:1-2)

5. 결국 바울은 벌거벗고 주님을 만납니다. 주께서 어떤 말씀을 먼저 주셨습니까? (행 26:14)

6. 바울이 자기를 깨달았을 때 주님은 어떤 말씀을 하셨습니까? (행 26:15)

7. 바울이 하나님과의 두 번째 만남을 가진 후에 어떻게 변했습니까? (고후 11:23-27)

8. 두 번째 만남을 가진 바울의 지치지 않는 사역의 원동력은 무엇입니까? (골 1:11, 딤후 1:4)

9. 바울은 이 기쁨을 누구로부터 배웠습니까? (히 12:2)

10. 당신은 주로 어떤 것으로부터 오는 기쁨을 누리고 있습니까?

15. 두 번째 만남을 위한 신앙법칙

　성경의 위대한 신앙인들이 하나님을 두 번째로 만나야 하겠다는 의식을 가진 것은 물론 아닙니다. 다만 이분들의 삶의 전체 과정을 살펴볼 때 공통적으로 하나님과의 결정적인 만남과 같은 현상을 발견할 수 있었습니다. 여러 차례 하나님의 지시나 감동을 따라 사명을 감당했지만, 여전히 변화되지 못한 모습을 보이다가 어떤 결정적인 순간에 하나님과의 관계가 갑자기 확 열리는 그런 순산입니다. 이것을 하나님과의 두 번째 만남이라고 이름붙인 것입니다.

　그런데 두 번째 만남을 의식하든 그렇지 않든 이 두 번째 만남을 보다 가까이 하거나 그 시기를 앞당길 수 있는 신앙적 습관은 있을 것 같습니다. 우리가 성경 속에서 만난 열네 분의 위인들처럼 어떤 극단적인 경험을 하는 경우도 있습니다. 그리고 그런 극단적인 경험이라고 할 수 있는 구체적인 체험이 없어도 두 번째 만남을 통하여 얻을 수 있는 영성을 가지고 있는 사람들도 있을 수 있습니다.

　하지만 어느 쪽이든 그 사람의 신앙의식이 하나님과의 두 번째 만남을 가져올 수 있는 가능성을 결정지을 수 있을 것 같기는 합니다. 하나님과의 두 번째 만남이 필요한 이유는 이상적인 형태의 신앙을 몰라서가 아닙니다. 성경공부나 제자훈련이나 설교나 경건서적 등을 통해서 우리가 접할 수 있는 신앙지식들은 너무나도 다양합니다. 하지만 그렇게 얻어진 신앙지식이 그냥 지식에 그치고 도전이 되지 못하기 때문에 우리의 삶에 제대로 적용되기 어려운 것이고, 그렇기 때문에 두 번째 만남을 강조하게 되는 것입니다.

모든 신앙인들이 이 두 번째 만남을 경험하는 것은 아니지만, 그래도 두 번째 만남, 곧 진정한 그리스도 신앙인으로 성장하기 위해서는 일정한 신앙법칙이 존재할 수 있을 것 같습니다. 곧 두 번째 만남을 위한 신앙법칙이라고나 할까요? 하나님과의 두 번째 만남이 전혀 극적인 상황에서 이루어지는 경우도 있지만, 그럴 경우에도 심령 내부에서는 하나님과의 두 번째 만남을 위한 기본 바탕이 깔려 있을 것으로 생각됩니다. 사도 바울처럼 말입니다.

일상적인 신앙 환경 가운데에서 어떤 신앙법칙이 우리를 하나님과의 두 번째 만남으로 이끌어줄 수 있을까요?

자신의 모자람을 바라보십시오.
(교만한 마음은 자기 자신을 망칠 뿐입니다.)

자신의 부족함, 연약함, 온전하지 못함, 죄인 된 모습을 스스로 의식하고 있어야 합니다. 많은 경우에 뭔가를 이루어놓은 사람들은 자신의 부족함을 느끼기보다는 자신의 성취를 자랑하기 쉽습니다. 하지만 그런 자랑들은 철저하게 세상적인 가치관에 따르는 결과일 뿐입니다. 보이지 않는 가치가 아니라 눈에 보이고 손으로 잡을 수 있는 것들에 대한 가치를 더 크게 생각할 때 나타나는 현상입니다. 물론 하나님과의 첫 만남, 곧 거듭남을 경험한 사람들 안에서 하는 이야기입니다.

비록 그 첫 만남이 세상에서 그리스도께로 방향을 바꾸고 가치관을 바꾼 혁명적인 사건이었지만 그럼에도 불구하고 사람은 여전히 자기중심적일 수밖에 없습니다. 아직은 자기 자신의 실체를 정확하게 모르고 하나님의 마음도 확실하게 알 수 없기 때문입니다. 그래서 두 번째 만남을 가져야 하는데, 첫 만남 이후로 하나님의 일을 열심히 감당하고 있는 사람은 그 일이 곧 자신이라고 생각하게 되고 무엇인가 이루어놓은 것이 생기면 그 성취가 곧 자신이라고 착각하게 되는 것입니다.

하지만 자신이 대단한 사람이라고 생각하는 한 그에게 두 번째 하나님은 절대로 나오시 않으십니다. 자기 자신이 뭔가 된 사람이라고 착각하는 순간 그것이 하나님 앞에서 엄청난 교만의 죄가 된다는 사실을 전혀 깨닫지 못하기 때문입니다. 교만한 사람에게는 하나님의 징계가 있을 뿐입니다. 왜냐하면 그 교만을 깨뜨리셔야 하기 때문입니다. 물론 하나님의 무관심으로 종결되는 수도 있습니다. 무관심은 하나님의 가장 강력한 징계수단입니다.

"대저 만군의 여호와의 날이 모든 교만한 자와 거만한 자와 자고한 자에게 임하리니 그들이 낮아지리라"(사 2:12)

신앙적으로 성숙하다는 것은 하나님의 음성을 듣는다거나 신비한 능력을 가지는 것을 뜻하지는 않습니다. 물론 신앙이 성숙한 분들 가운데에 그런 은사적인 능력이 강한 분들도 있는 것은 사실입니다. 그러나 신앙적으로 성숙한 분들을 보면 대개는 겸손한 것을 알 수 있습니다. 겸손하다는 것은 자기 자신을 낮출 줄 아는 것이며 자기 자신의 죄성을 느끼고 있다는 증거가 될 수 있습니다. 그래서 신앙적으로 성숙한 사람은 자신의 작은 죄와 허물에 대해서도 아주 민감합니다. 왜냐하면 하나님의 절대성, 하나님의 의를 알고 있기 때문입니다.

"교만은 패망의 선봉이요 거만한 마음은 넘어짐의 앞잡이니라"(잠 16:18)

다른 신앙인들이 볼 때에는 완전하고 경건하며 마치 성인처럼 보일지라도 그 사람 자신은 하나님 앞에 여전히 죄인입니다. 신분적으로 의인이지만 육신을 입고 있는 이상 우리는 온전한 의인일 수 없습니다. 신앙이 성숙한 사람은 바로 이 점을 알고 있는 것입니다. 이런 점에 대한 깨달음이 없으면 그 사람은 교만해지기 쉽습니다. 어려울 때에는 겸손한 것 같다가 뭔가 좀 잘 되고 자랑할 만한 일이 생기면 교만해지기 쉬운 것입니다.

"사람의 마음의 교만은 멸망의 선봉이요 겸손은 존귀의 길잡이니라"(잠 18:12)

교만한 사람이 하나님을 두 번째로 만날 수 없는 이유 중 하나는 교만하면 간절함이 없어지기 때문입니다. 하나님과의 만남에는 간절함이 클수록 가능성이 더 커지는 법인데 교만한 사람은 하나님을 향한 절박함이 없습니다. 완전히 자기중심적인 시각이 교만으로 이어지는 것인데, 자신이 우주의 중심이 되면 하나님조차 안중에 없어지게 되는 것입니다. 비록 곤고한 입장에 처하더라도 간절함은 생기지 않는 법입니다. 낮아짐이 없이는 간절함도 생길 수 없습니다.

"주께서 곤고한 백성은 구원하시고 교만한 눈은 낮추시리이다"(시 18:27)

하나님께서 사람을 택하실 때 무엇을 보시겠습니까? 그 마음, 그 중심을 보실 것 아니겠습니까? 사람은 겉으로 드러나는 현상만을 보게 되지만 하나님은 겉으로 보이는 그런 모습에는 관심이 없으십니다. 오직 그 사람의 마음, 곧 낮추어진 마음을 찾으시는 것입니다. 사람은 위로 솟아오른 사람을 보게 되지만 하나님은 보이지 않게 낮아진 마음을 찾으십니다. 그리고 보이지 않아도 하나님은 다 아십니다.

"여호와께서는 높이 계셔도 낮은 자를 굽어 살피시며 멀리서도 교만한 자를 아심이니이다"(시 138:6)

그러므로 자신이 이룩한 성과를 찾지 말고 마음속에 들어있는 보이지 않는 허물, 죄, 연약함, 부족함, 미련함을 들여다보아야 합니다. 하나님의 은혜는 물이 성질처럼 낮은 곳으로 흐릅니다. 자기를 낮출수록 하나님의 은혜는 더욱 크게 나타나는 법입니다. 그리고 그렇게 자기 연약함을 생각하는 그 자리에 하나님은 두 번째로 나타나십니다.

"그러나 더욱 큰 은혜를 주시나니 그러므로 일렀으되 하나님이 교만한 자를 물리치시고 겸손한 자에게 은혜를 주신다 하였느니라" (약 4:6)

누구의 탓으로 돌리지 마십시오.
(하나님이나 환경이나 사람들을 원망하지 마십시오.)

교만한 사람의 특징이기도 하겠으나 자기중심적인 사람에게는 모든 일을 다른 사람의 탓이나 하나님 탓으로 돌리는 성향이 있습니다. 그런 사람들은 잘 되면 자기가 잘 한 것이요 잘못되면 하나님이 도와주지 않아서 그렇게 된 것이라고 원망하게 됩니다. 결국 원망하는 사람들은 자신의 위치나 한계를 모르는 사람들이고, 그런 사람에게는 하나님께서 나타나실 수가 없습니다. 성경은 그런 사람을 미련한 사람이라고 말씀합니다.

"사람이 미련하므로 자기 길을 굽게 하고 마음으로 여호와를 원망하느니라"(잠 19:3)

물론 우리는 이미 복음 안에 들어와 있는 분들을 대상으로 이야기하고 있습니다. 이미 성령님의 능력으로 하나님을 만났고 거듭남을 경험하였지만, 마치 어린아이가 어른을 이해할 수 없는 것처럼, 신앙이 자라지 않으면 여전히 자기중심적인 신앙을 가질 수밖에 없습니다. 여러 가지 신앙체험을 통하여 자라가지만 자기 속에 신앙이 갇혀있으면 어려운 상황이 왔을 때 그 이유를 외부로 돌리게 됩니다. 자기중심적인 신앙, 곧 어린아이와 같은 신앙은 시야가 몹시 좁습니다.

그런데 하나님은 원망하는 사람을 너무나도 싫어하십니다. 예를 들어 출애굽한 이스라엘 백성들에게 진노하셨을 때가 언제였습니까? 우상 숭배했을 때와 원망했을 때였습니다. 우상숭배야 믿음이 없거나 믿음의 본질을 잃어버린 사람들에게서 나타나는 현상이지만, 원망은 하나님의 온갖 은혜를 다 체험한 사람들에게서 나타나는 것이 아닙니까? 아예 불신자라면 따질 일이 없겠지만 원망하는 성도를 하나님은 너무나도 싫어하시는 것입니다. 결국 그들은 원망 때문에 망할 수밖에 없습니다.

"여호와께서 들으시기에 백성이 악한 말로 원망하매 여호와께서 들으시고 진노하사 여호와의 불을 그들 중에 붙여서 진영 끝을 사르게 하시매"(민 11:1)

원망은 자기합리화이기 때문에 온갖 핑계를 다 끄집어내고 없던 사실도 끌어내게 됩니다. 더구나 원망은 전염성이 아주 강합니다. 자기 혼자만 망하는 것이 아니라 다른 수많은 사람들을 끌어들여 함께 망하게 만듭니다. 이렇게 원망하는 사람들에게는 하나님이 나타나기는 하시지만 멸망시키기 위해 나타나십니다. 두 번째 만남을 위해서가 결코 아닙니다.

"그들 가운데 어떤 사람들이 원망하다가 멸망시키는 자에게 멸망하였나니 너희는 그들과 같이 원망하지 말라"(고전 10:10)

믿음이 성숙한 사람은 하나님을 원망하지 않습니다. 왜냐하면 믿음 좋은 사람은 하나님을 절대 신뢰하기 때문입니다. 하나님을 너무나도 사랑하기 때문에 어떤 어려움이 오든지 뭔가 이유가 있다는 사실을 잘 압니다. 만약에 스스로가 생각하기에 억울한 느낌이 들거나 도저히 이해할 수 없는 상황에서라도 자기 자신에게서 허물을 찾으려고 합니다. 원래 자기의 모습을 생각하고 하나님을 원망하지 않습니다. 하나님을 원망하는 일이 얼마나 큰 죄인가를 알고 있습니다.

"이 모든 일에 욥이 범죄하지 아니하고 하나님을 향하여 원망하지 아니하니라"(욥 1:22)

하나님을 원망하지 않는 것은 물론이고 믿음이 성숙한 사람은 사람도 원망하지 않습니다. 이스라엘 백성들이 모세를 원망하는 모습을 보면 참 안타깝습니다. 모세를 원망하는 것이 하나님을 원망하는 것이라는 사실을 그들은 깨우치지 못합니다. 그런데 특히 사람에 대한 원망은 하나님께 대한 원망과는 달리 겉으로 드러나게 되어 있습니다. 사람끼리 부딪치게 되어 있습니다.

앞서 원망은 전염성이 아주 강하다고 말했지만 그것은 당사자와 직접적인 관련이 없는 사람들에게서 생기는 현상이고, 원망의 직접 대상자에 대해서는 그것과는 전혀 다른 현상이 나타나는데, 그것은 하나님 안에서의 사랑의 교제가 막혀버리게 되는 것입니다. 곧 하나님의 사랑이 혈액순환처럼 흘러가지 못하게 만든다는 것입니다. 알다시피 혈액순환이 악화되면 거의 모든 질병을 유발하는 원인이 됩니다. 그래서 사람에 대한 원망이나 미움이나 관계악화가 생기면 교회가 몹시 어려워집니다.

타인을 원망하는 사람은 자기 한 사람으로 말미암아 하나님의 사랑의 통로가 막혀버린다는 사실을 모릅니다. 이웃사랑의 본질은 형제사랑이든 타인사랑이든 하나님 사랑의 통로가 되는 것입니다. 이웃은 사랑하라고 주신 것이지 원망하라고 주신 것이 아닙니다. 이웃을 자기 자신처럼 사랑해야 하는 이유도 바로 여기에 있습니다. 신앙인들은 서로서로 연결되어 있는 사랑의 통로들입니다.

"원수를 갚지 말며 동포를 원망하지 말며 네 이웃 사랑하기를 네 자신과 같이 사랑하라 나는 여호와이니라"(레 19:18)

그래서 신앙이 성숙한 성도들은 오히려 자신의 삶 가운데에서 다른 사람으로부터 원망 들을 만한 일이 있었나 깊이 돌이켜보게 됩니다. 그럴 때 하나님은 두 번째로 만나주시는 것입니다. 물론 이런 정도의 신앙을 가진 사람이라면 이미 두 번째 하나님을 경험한 사람일 확률도 높습니다만, 적어도 하나님과의 두 번째 만남을 원하는 의식과 그것을 이룰 수 있는 방향에 대한 의식까지는 있어야 한다는 말씀입니다.

"그러므로 예물을 제단에 드리려다가 거기서 네 형제에게 원망들을 만한 일이 있는 것이 생각나거든 예물을 제단 앞에 두고 먼저 가서 형제와 화목하고 그 후에 와서 예물을 드리라"(마 5:23-24)

원망은 어리석은 것입니다. 다른 사람의 잘못을 지적하고 그것을 고치려고 애를 쓰는데 자기 자신의 변화에는 관심이 없다면 그 사람은 원망하는 사람일 확률이 높습니다. 왜냐하면 잘못된 모든 것이 사람 탓이요, 환경 탓이요, 제도 탓이요, 정치 탓이요, 하나님 탓이라고 생각하는 사람들이 자신이 아니라 다른 사람들이나 외부 환경을 고치려고 하게 마련이고, 그런 사람들은 하나님을 원망하기 쉬운 사람들이기 때문입니다.

자신의 기준을 절대화하지 마십시오.
(자신을 표준삼아 사람들을 판단, 정죄하지 마십시오.)

바리새인들의 특징은 자신들의 잣대로 세상을 분별하고 비판하고 정죄하는 데 있습니다. 물론 그 기준이라는 것은 하나님께서 제정하신 율법이라고 그들은 생각합니다. 하나님의 기준이라고 확신하는 것입니다. 하지만 그 기준이라는 것은 모세가 직접 확립한 율법이 아니라 사람이 만들어낸 613개 조항입니다. 문제는 그 조항 자체가 아니라 그 조항을 모든 백성들에게 들이대며 판단하고 정죄하면서 죽이고 살리는 권한을 만들었다는 것입니다.

우리의 현실 속에서는 비록 구약에서처럼 사람을 살리거나 죽이는 것은 아니지만 자신만의 잣대로 사람들을 나누어서 그들을 정죄하면서 온갖 상처와 분열을 일으키는 경우가 많이 있습니다. 대개 이런 경우는 많이 가진 사람, 높은 사람, 성공한 사람, 유명한 사람이기가 쉽습니다. 많은 경우에 문제가 되는 것은 크고 많고 높고 넓은 것을 가진 사람들로부터 비롯되지 않습니까? 가진 것 없고 배운 것 모자라고 실력도 부족한 사람들로부터는 이런 문제가 잘 나오지 않습니다.

물론 많이 가지고 있고 많이 배우고 높은 자리에 있다는 그 사실 자체가 잘못된 것은 아닙니다. 하지만 내가 저 사람보다 옳다, 의롭다, 능력 있다, 성공했다고 생각하는 순간 우리는 비판의 늪에 빠지게 됩니다. 정죄의 늪에 빠지면 결코 자기 자신을 볼 수가 없고, 자기 자신을 볼 수 없으면 두 번째 하나님과는 절대로 만날 수가 없습니다.

> "그들이 모여 의인의 영혼을 치려 하며 무죄한 자를 정죄하여 피를 흘리려 하나 여호와는 나의 요새이시요 나의 하나님은 내가 피할 반석이시라"(시 94:21-22)

오늘날 이런 현상은 많이 배우고 높은 자리에 있는 사람들에게서만 일어나는 일은 아닙니다. 정치적 확신에 차서 자신의 경험이나 견해가 절대적인 것처럼 생각하게 되는 현상들도 비일비재합니다. 그것은 평범한 사람들의 견해라기보다는 직접적인 이해관계가 걸려있는 정치인들과 그 관련자들의 일방적인 주장인 경우가 대부분입니다. 문제는 자신의 정치적 견해가 아니라 그 정치견해를 절대화하는 것입니다. 자신은 100% 옳고 상대편은 100% 잘못되었다고 비난하는 것이 문제인 것입니다. 아무튼 사람은 자기 생각을 절대화하려는 경향이 있습니다.

물론 사람은 다른 사람의 잘못을 비판할 수 있습니다. 어떻게 사람이 그런 판단을 하지 않고 살 수 있겠습니까? 하지만 그 비판이라는 것은 자신이 똑같은 상황에 처한다면 그런 잘못을 범하지 않으리라는 보장이 없다는 사실을 알고 행하는 것이어야 합니다. 다른 사람을 비판하기 어려운 이유가 자신도 똑같이 될 가능성이 있기 때문이라는 것을 알아야 합니다. 사람이 모두 죄인이라고 하는 것도 지금 당장 눈앞에서 죄를 저질렀기 때문이 아니라 동일한 상황이 되면 똑같은 죄를 짓게 되기 때문이 아니겠습니까?

"그러므로 남을 판단하는 사람아, 누구를 막론하고 네가 핑계하지 못할 것은 남을 판단하는 것으로 네가 너를 정죄함이니 판단하는 네가 같은 일을 행함이니라"(롬 2:1)

사실 우리가 비판이나 정죄의 덫에 빠지기 쉬운 이유는 그 기준, 잣대라는 것이 똑같지 않을 수 있기 때문입니다. 자신에게 들이대는 잣대와 타인에게 들이대는 잣대가 각각 다르다면 그 잣대는 절대로 올바른 분별의 기준이 될 수 없습니다. 그런데 사람이 정확하게 동일한 잣대로 자기 자신과 타인을 잴 수 있을까요? 그렇게 할 수만 있다면 그런 기준으로 자신을 분별하면 좋겠죠.

"비판하지 말라 그리하면 너희가 비판을 받지 않을 것이요 정죄하지 말라 그리하면 너희가 정죄를 받지 않을 것이요 용서하라 그리하면 너희가 용서를 받을 것이요"(눅 6:37)

이 세상의 모든 판단은 여호와 하나님의 몫입니다. 사람이 보기에는 자기가 다 옳은 것 같아도 상황에 따라 감정이 변하고 판단이 변하는 사람이 최종 판단자가 될 수 없습니다. 타인과 지도자의 불법과 부정을 정죄하고 공격하는 사람들은 그 대상자의 심령을 거의 알지 못하고 자기들 기준에서 무조건적으로 비난합니다만, 사람의 심령을 아는 분은 하나님 밖에는 없습니다. 그렇기에 하나님의 심판은 무서운 법입니다. 자기 잣대로 함부로 사람을 비판하고 정죄하는 사람에게는 무서운 결과가 따라올 수 있음을 알아야 합니다.

"이런 일을 행하는 자를 판단하고도 같은 일을 행하는 사람아, 네가

하나님의 심판을 피할 줄로 생각하느냐"(롬 2:3)

그런데 사람이 자기 자녀들한테는 자신에게보다 더 느슨한 잣대를 내밀게 됩니다. 자녀가 혹시 죄를 지어도 타인에 대한 잣대를 대려고 하지 않고 긍휼의 잣대를 들이대게 됩니다. 그것이 누구의 잣대인지 아십니까? 바로 하나님의 또 다른 잣대입니다. 물론 하나님의 공의의 심판은 무섭습니다. 하지만 그 무서운 심판 뒤로 하나님은 긍휼의 잣대를 내미셨습니다. 그리고 무서운 공의의 잣대는 그의 아들 예수 그리스도께 들이대셨습니다. 그것을 아는 사람은 비판과 정죄의 잣대를 다른 사람에게 함부로 들이밀지 않는 법입니다.

"그가 여호와를 경외함으로 즐거움을 삼을 것이며 그의 눈에 보이는 대로 심판하지 아니하며 그의 귀에 들리는 대로 판단하지 아니하며"(사 11:3)

자기 기준을 절대화해서는 안 되는 이유는 자신이 세운 그 기준에 자기 자신이 걸릴 수 있기 때문입니다. 기준을 다르게 적용한다면 자신은 모를 수 있어도 다른 사람들은 다 느낍니다. 사람이 느끼는데 하나님께서 모르시겠습니까? 제사를 원하지 않으신다는 말씀은 그 제사에 자비가 빠져있기 때문입니다. 제사 자체가 하나님의 자비 덕분에 이루어진 것인데 그 제사에 자비가 빠진다면 그것은 제사가 아닙니다. 하나님은 자비를 원하십니다.

"나는 자비를 원하고 제사를 원하지 아니하노라 하신 뜻을 너희가 알았더라면 무죄한 자를 정죄하지 아니하였으리라"(마 12:7)

타인을 자신과는 다른 잣대로 비판하고 정죄하는 사람은 하나님이 만나주시기 힘듭니다. 대개 이런 사람들은 아주 좁고 완고한 기준을 가지고 있습니다. 그런데 다른 면에서는 자신이 훨씬 심하다는 사실을 전혀 모릅니다. 대부분 타인에게 상처를 주는 것은 언어입니다. 마음 속으로도 비판하는 것은 좋지 않습니다만, 말로 드러내어 표현을 하는 것은 더더욱 금해야 합니다.

"네 말로 의롭다 함을 받고 네 말로 정죄함을 받으리라"(마 12:37)

하나님과의 두 번째 만남을 소망하는 사람이라면 타인의 죄에 관해 관심을 가질 것이 아니라 하나님 앞에서 자기 자신의 죄에 관심을 가지고 예민하게 반응할 수 있어야 합니다. 다른 사람의 죄는 다른 사람이 하나님께 대하여 책임질 일입니다. 물론 사회의 죄악에 대해 침묵하라는 말은 아닙니다. 죄가 있으면 당연히 벌을 받으면 됩니다. 다만 자기 자신부터 섬섬해보라는 말씀입니다. 하나님은 우리가 다른 사람의 죄를 지적하는 일을 좋아하지 않으십니다. 왜냐하면 우리 자신도 하나님의 공의 앞에 나가면 말할 수 없이 큰 죄인이기 때문입니다.

고난을 피하려고 하지 마십시오.
(고난 속에서 하나님은 우리를 만나러 오십니다.)

사람은 항상 상황 가운데에 놓여있게 됩니다. 그런데 사람은 상황에 따라서 마음이 바뀌게 되고 바뀐 마음을 따라 결정하고 싶은 욕구가 따라오게 되어 있습니다. 상황이 어려우면 하나님을 찾게 되고 상황이 풀리면 세상을 찾게 되는 것이 인간의 인지상정일 것입니다. 그런데 상황이 어려울 때 하나님을 찾게 되는 것이 인간의 마음이라면 그럴 때 그 어려움을 피하려는 것도 인간의 또 다른 성향일 것입니다.

이 어려운 상황 곧 고난, 연단 같은 상황을 피하려고 하면 하나님과의 두 번째 만남은 실패할 수밖에 없습니다. 하나님은 고난의 자리를 지키는 사람에게 두 번째로 나타나십니다. 왜냐하면 성도는 고난을 통해서만 성장할 수 있으며, 고난의 자리를 지키기 위해서는 믿음이 있어야 하는데 하나님께서는 그 믿음을 찾아오시기 때문입니다.

"고난당한 것이 내게 유익이라 이로 말미암아 내가 주의 율례들을 배우게 되었나이다"(시 119:71)

환경의 어려움과 고난을 참고 견뎌야 하는 이유는 사람은 고난이나 환난을 당할 때에 하나님을 간절하게 찾게 되기 때문입니다. 신앙인에게 있어서 간절함, 절박함은 환경을 이겨낼 수 있는 필요충분조건인데, 모든 것이 충족된 상태에서는 간절함이 사라집니다. 하나님은 이것을 너무나도 잘 아시기 때문에 성도가 믿음이 식어지거나 환경을 피하려고 하면 고난을 선물로 주시는 것입니다.

"그들이 그 죄를 뉘우치고 내 얼굴을 구하기까지 내가 내 곳으로 돌아가리라 그들이 고난 받을 때에 나를 간절히 구하리라"(호 5:15)

그런데 마음이 식어서 하나님으로부터 멀어진 사람만 고난을 당하는 것은 아닙니다. 하나님의 뜻대로 살려고 애를 쓰는 사람에게도 고난은 자주 찾아옵니다. 하나님의 뜻은 세상을 거슬러 올라가는 것이기 때문입니다. 일부러 고난을 당할 필요는 없지만 믿음으로 하나님의 편을 선택하면 자연스럽게 고난은 따라오게 되어 있습니다. 그런데 하나님은 바로 그 때 함께 해 주시는 것입니다.

"의인은 고난이 많으나 여호와께서 그의 모든 고난에서 건지시는도다"(시 34:19)

"내가 알거니와 여호와는 고난당하는 자를 변호해 주시며 궁핍한 자에게 정의를 베푸시리이다"(시 140:12)

성도는 두 번째 하나님을 꼭 만나야 합니다. 특히 사역자들은 하나님과의 두 번째 만남이 반드시 필요합니다. 그렇지 않으면 세상에 드러나 보이는 물량적인 가치를 추구하게 되거나 자기 유익을 도모하게 되어 있습니다. 그런데 그 하나님을 다시 만나기 위해서는 고난을 피해서는 안 됩니다. 고난을 떠나버리면 결코 하나님을 만날 수가 없습니다. 만약에 고난을 피하게 되면 육적인 성도로 그쳐버리거나 억지로 당하는 고난을 체험하게 될 것입니다. 그것을 성경은 '징계'라고 말씀하고 있습니다.

> "무릇 징계가 당시에는 즐거워 보이지 않고 슬퍼 보이나 후에 그로 말미암아 연단 받은 자들은 의와 평강의 열매를 맺느니라"(히 12:11)

징계를 받더라도 하나님을 만나야 합니다. 징계이든 아니든 고난과 환난이 힘든 것은 사실이고 피하고 싶은 것은 인지상정입니다. 하지만 그리스도인의 고난은 그 고난으로 그치는 것은 결코 아닙니다. 고난을 통하여 얻을 수 있는 것이 너무나도 유익하고 마지막에는 영광이 따라오게 되어 있습니다. 많은 고난과 환난이 힘든 것은 사실이지만 그것은 주님께로 더 가까이 가는 지름길임을 잊어서는 안 됩니다.

> "그러므로 너희에게 구하노니 너희를 위한 나의 여러 환난에 대하여 낙심하지 말라 이는 너희의 영광이니라"(엡 3:13)

특히 고난에 대해서 이야기할 때 의를 지키기 위한 고난은 곧 그리스도의 고난에 참여하는 것임을 기억해야 하겠습니다. 결코 자기 혼자서만 억울하게 당하는 것이 아닙니다. 세상의 시각으로 보면 헛된 것처럼 보일 수도 있겠지만 하늘나라의 영광의 시각으로 보면 그것은 필수 코스입니다. 우리가 받는 고난 때문에 사람들이 무시하고 손가락질

하고 비난할지라도 오히려 그 비난 때문에 주님께서는 우리를 더욱 사랑하시는 것입니다. 왜냐하면 그리스도와 함께 받는 비난이기 때문입니다.

"사랑하는 자들아 너희를 연단하려고 오는 불 시험을 이상한 일 당하는 것 같이 이상히 여기지 말고 오히려 너희가 그리스도의 고난에 참여하는 것으로 즐거워하라 이는 그의 영광을 나타내실 때에 너희로 즐거워하고 기뻐하게 하려 함이라"(벧전 4:12-13)

교만하지 않고 겸손하며, 원망하지 않고 감사하며, 타인을 비판하지 않고 자신을 돌아볼 줄 안다고 해도 고난의 자리를 지키지 못하고 떠나버린다면 하나님을 만날 수 없습니다. 부분적인 은사나 기도응답 등을 통하여 일하시는 하나님이시지만, 두 번째 만남에서처럼 곧 자신의 정체성을 깨달을 수는 없기 때문입니다. 고난을 당해야 자신의 부끄러움과 부족함과 연약함과 미련함을 절실하게 깨달을 수 있습니다. 고난과 환난이 주님만을 바라보는 간절한 소망을 우리에게 가져다줍니다.

"다만 이뿐 아니라 우리가 환난 중에도 즐거워하나니 이는 환난은 인내를, 인내는 연단을, 연단은 소망을 이루는 줄 앎이로다"(롬 5:3-4)

다만 꼭 하나님을 만나기 위한 과정으로만이 아니라 예수 그리스도를 주인으로 믿는 우리들에게는 그 고난의 과정을 통해서만 그리스도의 영광에 동참할 수 있게 되는 것입니다. 세상에서 영광을 많이 받을수록 주님과 함께 받을 수 있는 영광은 멀어집니다. 환난과 고난은 연단이 되고 그 연단을 인내로써 견뎌내는 것은 그리스도와 함께 고난을 받는 것이요, 그렇게 그리스도의 고난에 동참한 성도들은 그리스도와 함께 영광을 받을 뿐 아니라 하늘나라의 상속자가 되는 것입니다.

"자녀이면 또한 상속자 곧 하나님의 상속자요 그리스도와 함께 한 상속자니 우리가 그와 함께 영광을 받기 위하여 고난도 함께 받아야 할 것이니라"(롬 8:17)

어떤 경우에도 어려움을 피하기 위해 세상의 수단에 의지한다면 주님께서 임하실 수가 없습니다. 세상이 너무 물량적, 수량적인 기준을 추구하고 있고 세상과 똑같은 사고방식이 성도를 지배하는 시대이지만, 그래도 깨어있는 성도는 믿음 때문에 오는 고난이나 환난을 그리스도인이 당연히 받아야 할 것으로 여기면서 견뎌 나가야 합니다. 하나님께서 바로 그 시점에서 일하신다는 사실을 너무나도 잘 알고 있기 때문입니다. 좋은 그리스도인이란 하나님께서 일하실 수 있도록 자기를 비우고 고난의 자리를 지킬 수 있는 성도를 말하는 것입니다

"우리가 잠시 받는 환난의 경한 것이 지극히 크고 영원한 영광의 중한 것을 우리에게 이루게 함이니"(고후 4:17)

목표가 아니라 과정에 집중하십시오.
(외적인 성과가 아니라 이루어가는 과정을 소중히 여기십시오.)

하나님과의 두 번째 만남을 위한 준비, 마지막으로 과정에 집중하는 마음가짐이 아주 중요하다고 생각합니다. 그것은 우리의 시각 문제이기 때문입니다. 목적지향, 목적중심이 나쁜 것은 아닙니다. 목적은 여러 가지 어려움과 난관들을 극복하게 만들어줍니다. 한 단계 한 단계 목표를 향하여 나아가다 보면 어느덧 목적지에 다다르게 되고 결과가 나오게 되어 있습니다. 하지만 그 결과에 초점을 맞추면 그 결과가 나오기까지 얻을 수 있는 다른 많은 것들을 놓칠 수 있습니다. 특별히 하나님께서 허락하신 사명일 때에는 더더욱 그렇습니다.

사실 하나님께서 일을 허락하실 때에는 언제나 다양하고 복합적인 목적을 가지고 계십니다. 가령 예를 들어 교회를 개척하도록 감동을 주셨다고 하십시다. 이것은 분명한 하나님의 뜻이며 계획이라고 생각하십시다. 그러면 교회를 개척하라고 하신 목적은 1차로 무엇입니까? 믿지 않는 사람들이나 믿다가 상처받은 사람들을 만나서 그들에게 복음을 전하는 것입니다. 2차 목적은 그렇게 교회를 통해 믿음을 가지게 된 사람들을 가르쳐 믿음이 성장하게 만드는 것입니다. 사실 목회자가 가장 집중해야 할 부분이 이 부분일 것입니다.

그렇게 믿음이 성장한 사람들을 통한 3차 목적은 무엇이겠습니까? 지역으로 들어가서 동네를 섬기고 이웃들을 도와줌으로써 예수님의 마음과 하나님의 사랑이 전달되게 하는 데 있습니다. 그리고 그 결과가 될 수 있는 4차 목적은 무엇입니까? 더 많은 섬김과 나눔이 일어나고 이 땅에 천국의 징검다리로서의 공동체를 이루어가는 것입니다. 이것이 교회를 개척하라고 하신 하나님의 뜻입니다. 결코 교회부흥, 숫자가 많이 불어나는 것이 목적은 아닙니다.

그런 양적이고 수적인 부흥은 하나님의 계획이 이루어질 때 자연스럽게 나타나는 결과일 뿐입니다. 아니, 그런 결과가 나타나지 않을 수도 있습니다. 어촌이나 농촌 등 인구가 적은 지역 등에서 어떻게 부흥이라는 결과가 나오겠습니까? 그러나 교회가 외적으로 부흥되지 않았다고 해서 하나님의 계획이 실패한 것이 결코 아닙니다. 그 동안 목회자를 중심으로 행해졌던 그 일 자체가 하나님의 계획입니다.

그렇다고 여기에서 교회 개척의 목적이 전부 마무리되는 것은 아닙니다. 하나님께서 의도하신 대로 교회가 진행되었다고 하십시다. 하나님께서 기뻐하시는 것이 교회가 부흥되는 것보다는 목회의 과정을 받으시는 것처럼, 하나님은 그런 과정 중에서 목회자에게 또한 집중하십니다. 앞에 이야기한 4차 목적이 이루어지는 것으로 목회가 마무리되는 것은 아닙니다. 다른 말로 하면 그런 정상적인 과정을 거쳐서 아름다운 과정목회가 충실하게 진행되었다고 할 때 하나님께서 그 결과를 가지고 그 목회자를 판단하시는 것은 아니라는 말입니다.

하나님께서 그 목회자를 판단하시는 조건은 따로 있습니다. 그 사람의 성장과 성숙입니다. 물론 하나님께서 목회자의 성장과 성숙을 위하여 사람들을 보내고 사라에 만들어 일꾼으로 사용하시는 것은 결코 아닙니다. 우리가 주변에서 흔히 듣는 말 중에 인간관계로 인한 어려움을 만날 때 누군가를 훈련하기 위해서라고들 합니다만, 그렇다면 훈련하게 만드는 그 어떤 상대방은 도대체 누구입니까? 그럼 그 상대방은 훈련을 위해 사용되는 도구입니까? 성경을 보면 하나님께서 이방인들을 도구 삼아 이스라엘을 징계하고 회개시키고 훈련하는 내용도 자주 나옵니다만, 그것은 어디까지나 영적인 원리로 볼 때 그렇다는 것이지 현실적으로 어떤 사람을 도구로 하여 사람을 훈련하시지는 않습니다.

그럼에도 불구하고 우리는 어떤 과정을 통하여 훈련되어가고 있습니다. 목회자로 부르신 것이 그 목회자만을 위해서는 절대로 아닙니다만, 목회의 참된 의미를 가지고 과정들을 신실하게 펼쳐나가다가 보면 목회자 자신이 엄청나게 변화되는 것을 무수히 경험하고 있습니다. 그래서 하나님께서 교회개척을 명하셨다고 할 때 별도의 목적은 바로 목회자 자신이라는 사실을 알아야 합니다.

목회자는 목회의 과정을 통하여 가장 빨리, 많이 성장할 수 있는 사람입니다. 성숙할 수 있는 무수한 기회들이 주어지기 때문입니다. 수십 년 목회를 훌륭하게 감당했는데도 목회자가 변화되지 못한 모습을 그대로 보여준다면 그 목회자로 인하여 교회는 성장했을지 몰라도 목회자 자신은 불행할 수밖에 없습니다. 그렇기 때문에 목회자가 성장, 성숙하지 못하면 하나님께 오히려 큰 죄를 짓게 되는 것입니다.

목회자가 성취해낸 눈에 보이는 결과물이 그 목회자의 수준은 아닙니다. 어쩌면 그 목회자의 낮은 수준으로 인하여 오히려 성도들의 성장이 많이 나타날지도 모릅니다. 목회자가 성도를 변화시키는 방법에는 두 가지가 있는데 하나는 부정적인 방법이고 다른 하나는 긍정적인 방법입니다. 목회자의 훌륭한 믿음과 삶의 태도가 성도들이 본받고 싶게 만들어 성장하게 할 수도 있고 부정정인 목회자 밑에서 인내하고 기도하느라고 애쓰는 동안 성도를 성장하게 만들 수도 있을 것입니다. 그러니까 하나님은 교회에 모여드는 성도들의 성장과 성숙 이외에 또 다른 목적은 바로 목회자 자신이라는 것입니다.

이야기가 길어졌습니다만, 하나님은 교회를 통하여 수많은 영혼들을 구원하고 변화시키는 목적들 이외에 목회자가 그러한 과정을 통하여 변화된 모습을 나타내기를 원하십니다. 수많은 부딪침을 통하여 목회자의 믿음이 성장하고 목회자 아내의 믿음도 더욱 성장하게 되며 목회자 자녀들의 어릴 때부터의 삶 가운데 살아계신 하나님과 늘 동행하는 방법을 가르쳐 주고 그러한 목회자 자신의 삶을 통하여 주변에 영향을 주는 것입니다. 물론 이렇게 완벽하게 하나님의 목적에 부합되는 사람이 어디에 있겠습니까? 하지만 하나님의 목적을 인식하고는 있어야 한다는 것입니다.

과정이 영성입니다.

그리스도인에게는 목적이나 성과보다는 과정이 훨씬 중요합니다. 세상에서는 목적이 좋으면 과정을 무시하는 경우도 있겠지만 믿음 안에서는 결코 그렇지 않습니다. 신앙인에게는 과정이 생명입니다. 과정 하나하나에 집중한다면 하나님께서 함께하실 것이고, 결과에 연연하지는 않지만 결과까지도 책임지시는 분이 우리 하나님이십니다. 신앙의 과정이 바로 꽃입니다. 인내를 통하여 향기를 흩날리는 꽃입니다. 그 결과가 열매일 뿐입니다.

성경에서는 신앙인 최고의 복은 바로 하나님과의 동행이라고 말씀합니다. 성경 초기에 에녹과 노아가 하나님과 동행했다고 말씀하고 있습니다.

> "에녹은 육십오 세에 므두셀라를 낳았고 므두셀라를 낳은 후 삼백 년을 하나님과 동행하며 자녀들을 낳았으며"(창 5:21-22)
>
> "이것이 노아의 족보니라 노아는 의인이요 당대에 완전한 자라 그는 하나님과 동행하였으며"(창 6:9)

에녹과 노아는 하나님과 동행함으로써 전혀 예상치 못한 엄청난 복을 받았습니다. 하나님과 동행하는 복은 하나님과의 동행이라는 그 자체의 놀라운 복과 함께 세상에서도 온전히 구별하여 구원하시는 결과를 가져오게 되어 있습니다. 에녹은 산 채로 하늘나라에 들려올라갔고, 노아는 인류가 멸망하는 상황에서 자신과 가족들만 구원 받았습니다.

"에녹이 하나님과 동행하더니 하나님이 그를 데려가시므로 세상에 있지 아니하였더라"(창 5:24)

"지면의 모든 생물을 쓸어버리시니 곧 사람과 가축과 기는 것과 공중의 새까지라 이들은 땅에서 쓸어버림을 당하였으되 오직 노아와 그와 함께 방주에 있던 자들만 남았더라"(창 7:23)

신앙인은 늘 과정 가운데 어디쯤엔가 서 있는 사람들입니다. 과정을 한두 개 뛰어넘을 수는 있을지 모르겠지만 과정을 무시하고는 결코 참다운 신앙인이 될 수 없습니다. 하지만 많은 경우에 지나치게 눈으로 볼 수 있고 손으로 만질 수 있는 결과에 집중합니다. 결과에 집중하면 성장을 전혀 기대할 수 없습니다. 물론 실패한 결과로 인하여 한 단계 성장할 가능성이 있기는 하지만 너무 오래 걸리고 힘들고 어렵습니다. 누릴 수 있는 아주 많은 부분들을 놓쳐버리게 됩니다. 결과에 치우치면 어쩌면 다소 기형적인 성장을 가져올지도 모릅니다.

그리스도인의 삶의 과정, 헌신의 과정은 바로 하나님과의 동행을 의미합니다. 하나님과의 동행이 빠져버린 과정은 정말 아무것도 아닙니다. 그냥 자기 멋대로 사는 것과 무엇이 다르겠습니까? 아주 선한 목적을 가지고 행한다고 해도 과정이 적절하지 못하면 하나님은 외면해버리십니다. 적절하지 못한 그 과정을 심판하십니다. 하나님께서 결코 동행하실 수 없습니다. 성경의 수많은 사람들이 하나님과의 동행, 하나님께서 함께 하심이 결여될까봐 무척 고심한 흔적들이 있습니다.

모세는 하나님과의 동행이 빠져버린 가나안 입성에 아무 의미도 둘 수 없었습니다. 하나님께서 진노하셔서 가나안 입성의 약속은 지키시지만 함께 가지는 않겠다고 하셨을 때 모세는 하나님께 간구함으로써 하나님의 동행의 약속을 받아내었습니다.

"너희를 젖과 꿀이 흐르는 땅에 이르게 하려니와 나는 너희와 함께 올라가지 아니하리니 너희는 목이 곧은 백성인즉 내가 길에서 너희를 진멸할까 염려함이니라 하시니"(출 33:3)

"이르되 주여 내가 주께 은총을 입었거든 원하건대 주는 우리와 동행하옵소서 이는 목이 뻣뻣한 백성이니이다 우리의 악과 죄를 사하시고 우리를 주의 기업으로 삼으소서"(출 34:9)

다윗은 큰 죄를 범했을 때 지은 죄로 말미암아 하나님께서 떠나버리실 것을 몹시 염려했습니다. 주의 성령이 떠나지 않으시기를 간구하는 내용이 시편 51편입니다.

"주의 얼굴을 내 죄에서 돌이키시고 내 모든 죄악을 지워 주소서 하나님이여 내 속에 정한 마음을 창조하시고 내 안에 정직한 영을 새롭게 하소서 나를 주 앞에서 쫓아내지 마시며 주의 성령을 내게서 거두지 마소서 주의 구원의 즐거움을 내게 회복시켜 주시고 자원하는 심령을 주사 나를 붙드소서"(시 51:9-12)

신앙인의 사역의 과정도 하나님과의 동행, 하나님의 함께하심입니다. 그 과정은 무시하면 안 되는 정도가 아니라 필수적으로 집중해야 합니다. 결과를 바라보면 힘이 듭니다. 결과가 잘 안 이루어지면 힘이 빠지고 속이 상하고 열등감에 빠질 수 있습니다. 반대로 결과가 크게 나타나면 교만해지거나 게으름에 빠지거나 간절함이 사라집니다. 물론 잘 되는 것은 좋은 일입니다. 성도가 잘 되기를 바라지 않는 목회자가 어디에 있겠습니까? 그러나 과정이 무시된 결과는 완전히 거품이라는 사실도 함께 알아야 합니다.

진정한 복은 일이 잘 풀리게 되는 것도 아니고 어려움을 넘기는 것도 아니고 합격하는 것도 아니고 병을 고치는 것도 아닙니다. 진짜 복은 하나님과 함께 하는 것, 하나님과의 동행입니다. 성경에 나오는 축도는 전부 하나님과 함께하심을 축복한 말씀입니다.

"평강의 주께서 친히 때마다 일마다 너희에게 평강을 주시고 주께서 너희 모든 사람과 함께 하시기를 원하노라"(살후 3:16)
"주 예수 그리스도의 은혜가 너희와 함께 하고"(고전 16:23)

성경에는 하나님과 동행한 사람, 하나님과 함께한 사람들의 이야기로 가득 채워져 있습니다. 그런 과정을 소중하게 여겨야 합니다. 과정을 소중하게 여길 때 하나님은 우리와 동행하시고 그 동행을 기뻐하시고 우리에게 평안을 주시고 형통의 복을 주십니다. 그리고 과정에 집중하는 삶을 사는 사람들에게 하나님은 두 번째 만남을 위해 나타나주십니다.

하나님과의 두 번째 만남을 위하여

이 장에서 제가 지금까지 이야기한 내용은 어떻게 보면 하나님과의 두 번째 만남을 경험한 사람들의 특징처럼 보이기도 합니다. 자신의 모자람을 바라보십시오. 누구의 탓으로 돌리지 마십시오. 자신의 기준을 절대화하지 마십시오. 고난을 피하려고 하지 마십시오. 목적이 아니라 과정에 집중하십시오. 이런 권면들은 쉽게 말해서 다음과 같습니다. 교만하지 말고 겸손해야 합니다. 원망하지 말고 감사해야 합니다. 판단하거나 정죄하면 안 됩니다. 고난을 지름길로 여겨야 합니다. 결과를 추구하지 말고 하나님과의 동행을 추구하십시오.

그런데 이렇게 완벽하게 할 수 있는 사람은 없습니다. 하지만 그렇기 때문에 오히려 이런 권면 혹은 원칙들을 가슴깊이 새기고 있어야 할 것입니다. 왜냐하면 우리가 아직 그런 신앙인이 아니기 때문입니다. 이미 그런 신앙인이 되어 있다면 굳이 지적하여 권면할 필요가 없습니다. 이런 권면들은 잘 아는 것 같지만 사실 자기 앞에 닥치면 의식하기 힘든 내용들일 수 있습니다. 다른 사람들이 이런 현상을 보이면 분별은 잘 하지만 우리 자신의 실제 모습은 깨닫기가 쉽지 않습니다. 설교는 잘 하고 충고는 잘 하지만 자기 자신에 대해서는 너무나 관대한 우리들입니다.

사실은 다섯 가지 권면과는 정 반대의 모습이 바로 우리들입니다. 조금 잘 되면 겸손하지 못하고 자기도 모르게 교만해집니다. 조금 안 풀리면 하나님만을 믿고 끝까지 감사하지 못하고 하나님과 주변 환경과 다른 사람들 핑계를 대거나 원망을 쏟아냅니다. 자기 의견과 반대되는 사람을 만나면 경청하고 인정해주는 것이 아니라 자신만의 기준으로 비판하거나 정죄하기 쉽습니다. 고난이나 어려운 문제를 만나면 그 자리에서 하나님의 도우심을 구하고 참고 인내하는 것이 아니라 그것을 피할 길을 찾는 데 여념이 없습니다. 결과가 목적이 아니라는 것을 잘 알면서도 눈으로 보이는 결과를 쫓아가고 추구하고 따라가려고 합니다. 이것이 우리들의 모습입니다.

하나님을 두 번째로 만나려면 자기 자신의 이런 못난 모습들을 처절하게 깨달아야 합니다. 자신이 얼마나 교만할 수 있고, 얼마나 원망의 대가일 수 있으며, 얼마나 고난 받기를 싫어하며, 얼마나 비난과 정죄의 말을 쏟아놓을 수 있고, 얼마나 하나님과의 동행을 무시하고 급하게 결과만을 추구하는 사람인지를 철저하게 깨달아야 합니다. 그럴 때 하나님은 두 번째 만남을 허락하시는 것입니다.

자신이 두 번째 만남을 경험하고 싶다고 해서 저절로 되는 것은 아닙니다. 자기 주도적이든 하나님 주도적이든 또는 환경 주도적이든 관계없이 우리는 하나님 앞에 서 있는 우리 자신의 추악한 모습을 깨달아야 합니다. 그렇게 사형당해 죽어야 할 정도로 큰 죄인 된 우리의 본질을 알 수 있을 때 하나님과의 두 번째 만남의 조건이 충족되는 것입니다. 자신을 발견할 수 있도록 끊임없이 말씀의 거울로 자신을 비춰 보는 사람이 진정 복된 사람입니다. 그것이 그리스도인의 성화의 과정인 것입니다.

맺는 말 : 아름다운 변화를 위하여

모든 생물은 성장하기 위해서 일련의 힘든 과정을 통과하게 됩니다. 조류나 파충류는 알에서 부화되어 밖으로 나와야 하고, 뱀은 계속 자라나기 위해 껍질을 벗는 탈피를 해야 합니다. 특히 그런 과정들을 명확하게 볼 수 있는 경우를 우리는 곤충에서 발견할 수 있습니다. 우리가 자주 눈으로 볼 수 있는 곤충(성충)들은 어떤 결과물들입니다. 그 완전한 생명체 곤충이 되기 위해 이전의 생명체가 거쳐야 하는 과정을 통과해야 비로소 성충이 되는 것입니다.

누에와 신앙성장

저는 그 곤충 중에서도 누에의 성장과정을 주목해 보았습니다. 누에의 성장과정이 마치 신앙인의 성장과정과 흡사하게 느껴지기 때문입니다. 누에의 일생도 알에서 시작합니다. 알에서 깨어난 누에의 애벌레를 개미누에라고 하는데 몸의 색이 개미처럼 까만 상태입니다. 개미누에를 1령 누에라고 하는데, 한 잠을 자고 나서 허물을 벗어내면 흰색으로 변합니다. 이렇게 허물을 벗으면 2령 애벌레가 됩니다.

이후로 누에의 애벌레는 차례대로 3령, 4령, 5령 누에가 되는데, 마치 사람의 나이와도 비슷합니다. 누에의 나이는 잠을 한 번 더 자고 허물을 한 번씩 벗을수록 숫자가 올라갑니다. 5령 누에, 곧 허물을 네 번 벗은 누에는 5령 누에가 되는데 7일 동안 뽕잎을 먹고 8일째부터는 먹기를 중단하고 고치를 짓게 됩니다. 고치를 다 짓고 나서 그 안에서 번데기가 되면 일 주일 정도 지나서 고치를 뚫고 나방이로 변신하여 나오게 됩니다. 알이나 애벌레나 번데기와는 전혀 다른 모습으로 변화되는 것입니다.

누에의 한살이가 신앙인의 성장과 비슷하다고 해서 사람이 육적으로 누에처럼 허물을 벗거나 모양이 완전히 변하는 것은 물론 아닙니다. 하지만 영적으로는 얼마든지 적용이 가능합니다. 알을 뚫고 개미누에가 나오듯이 신앙인이 탄생됩니다. 거듭남, 구원의 과정은 알에서 애벌레가 나오는 것과 같아서 많은 상황을 이겨냈을 때 가능해집니다. 알 자체가 생명일 수 있지만 개미누에로 탄생했을 때 비로소 살아있는 생명으로 인정되는 것과 비슷합니다. 그리스도인도 여기에서부터 신앙인의 생명을 시작하게 됩니다.

누에가 몇 번인가의 잠을 자는 과정을 통하여 몸이 굵어지고 길어지는 것처럼 신앙인도 몇 번인가의 어려운 신앙적 과정을 겪으면서 믿음이 성장하게 될 것입니다. 그런데 중요한 것은 허물을 벗지 않으면 더 이상 자랄 수 없다는 것입니다. 신앙인은 누에가 때를 따라 허물을 벗는 것과 비슷한 과정이 있게 마련인데 자기의 아집이나 경험이나 욕심이나 지식을 허물 벗듯이 벗어버려야 영적으로 계속해서 성장할 수 있습니다. 그것을 깨지 못하고 벗어버리지 못하면 신앙은 더 성장하지 못합니다. 그래서 신앙인에게는 삶의 과정이 있는 것이고 고난과 환난도 주어지는 것이며 환경이나 사람을 통하여 껍질을 벗어버릴 수 있도록 하나님께서 기회를 허락하시는 것입니다.

그런데 누에가 허물을 벗으려면 반드시 잠을 자야 합니다. 나이에 따라 잠자는 시간은 다르지만 허물을 벗기 위해서는 반드시 잠을 자야 합니다. 마치 신앙인들이 연단의 과정 중에서 그것을 말없이 견딜 수 있어야 하는 것과 비슷하지 않습니까? 또 어떤 의미에서는 말씀을 소화시키는 과정과도 비슷합니다. 누에는 잠을 잠으로써 소화시키지만 신앙인은 말씀을 실천함으로써 소화가 이루어집니다. 소화하는 과정은 인내와 연단을 이겨내는 것과 같습니다. 물론 영적인 의미에서 그렇다는 말입니다.

누에가 4번의 허물벗기를 해야 하는 것은 무엇을 말합니까? 연단의 과정이 거듭 일어난다는 의미입니다. 누에는 허물을 벗을 때마다 키가 자랍니다. 물론 몸의 두께도 달라집니다. 결코 한꺼번에 5령과 같은 몸으로 변화되지 않습니다. 뽕잎을 많이 먹는다고 해서 몸이 더 자라는 것은 아닙니다. 반드시 네 번의 허물벗기를 통하여 5령의 나이가 되어야 합니다. 신앙인의 연단도 한 번에 끝나지 않습니다. 신앙의 성장 정도에 따라 거기에 알맞은 연단이 주어집니다. 신앙이 깊은 사람은 깊은 사람대로, 신앙이 어린 사람은 어린 사람대로 그것을 이겨낼 수 있을 정도의 연단이 주어집니다.

이것을 저는 하나님과의 만남이라고 표현합니다. 잠을 한 번 잘 때마다, 허물을 한 번 벗을 때마다 하나님은 우리를 만나주러 오십니다. 허물을 벗어버리지 않으면 하나님을 만날 수가 없습니다. 자기 허물을 벗어던질 때마다 하나님은 오십니다. 아니 하나님께서 오시는 것이 아니라 자신이 하나님을 깨달아 알게 되는 것입니다. 어떤 사람은 한두 번의 허물벗기를 통하여 신앙이 성숙되기도 합니다. 또 다른 사람은 대여섯 번의 허물벗기가 이루어져야 신앙이 성숙됩니다. 신앙의 과정은 허물벗기의 과정입니다. 자신의 육적인 모습을 하나하나 벗어버리면서 영적인 몸집도 커가게 됩니다.

중요한 점 중의 하나는 누에가 이렇게 자라가는 동안 지속적으로 뽕잎을 먹어야 한다는 것입니다. 잠을 자고 허물을 벗는 시간 동안만 뽕잎을 먹지 않을 뿐이고 나머지 시간 동안에는 계속해서 뽕잎을 먹습니다. 얼마나 왕성하게 먹느냐 하면 잠실에 들어가면 누에들이 뽕잎을 갉아먹는 소리가 사각사각 들려올 정도입니다. 신앙인이 말씀을 중단하면 결코 계속 자랄 수가 없습니다. 어떤 방식으로든 신앙인은 말씀을 듣고 읽고 묵상하고 훈련하는 일을 계속해야 합니다. 말씀을 지속적으로 대하지 않으면 허물벗기에 실패하고 결국 죽을 수밖에 없습니다.

누에는 허물을 못 벗으면 죽으면 되지만 신앙인은 죽지도 않고 점점 교회의 걸림돌로 남게 됩니다. 허물벗기를 실패하면 신앙인은 계속 자라지 못합니다. 그냥 그 신앙 상태로 머물러있게 되고 그것이 고착화되면서 다른 신앙인을 비난하고 정죄하고 공격하게 됩니다. 그렇게까지는 아니더라도 다른 사람에게 괴로움이 되고 자신도 너무나 괴롭게 되는 것입니다. 또한 허물벗기에 어려움을 겪는 다른 성도들까지 혼란스럽게 만들거나 그들을 함께 끌어들임으로써 교회 공동체를 훼방하게 됩니다. 말씀을 지속적으로 먹어야 허물벗기가 이루어질 수 있고, 허물벗기에 성공해야 주님께 더욱 가까이 할 수 있고 주님의 몸 된 교회에 큰 유익을 줄 수 있는 것입니다.

신앙의 번데기가 되어야

그렇게 5령의 누에처럼 몇 번의 허물벗기를 통하여 신앙이 성장하여 이제 더는 자라지 않는 상황이 생기게 됩니다. 물론 5령의 애벌레가 되어서도 왕성하게 뽕잎을 먹어치워야 합니다. 마찬가지로 신앙이 성장할수록 말씀은 더욱 활발하게 섭취되어야 합니다. 같은 말씀이지만 받아들이는 내용과 깊이가 전혀 달라져야 합니다. 말씀을 다 안다는 것은 있을 수 없습니다. 하나님 말씀의 크기와 깊이와 넓이와 높이는 겨우 그 정도가 아닙니다. 말씀을 알아 가면 알아 갈수록 더 깊어지고 풍부해지는 것이 정상입니다.

그런데 그렇게 왕성하게 뽕잎을 갉아먹던 5령의 애벌레가 일 주일 후에는 갑자기 먹이활동을 중단합니다. 하루 동안 그 좋아하던 뽕잎은 거들떠보지도 않고 고치를 지을 장소를 찾게 됩니다. 먹이를 중단하니까 몸이 차츰 투명해지기 시작합니다. 그리고 자리를 잡고 입에서 비단 실을 뽑아내기 시작합니다. 자기 몸 속에서 무려 1.5km나 되는 비단실을 토해내기 시작합니다. 어디에 그렇게 많은 실을 품고 있었는지 짐작조차 되지 않습니다. 마치 그 동안 그렇게 탐욕스러우리만치 먹어치웠던 뽕잎들을 다 쏟아내는 것만 같습니다. 그렇게 일 주일 정도 실을 쏟아내어 고치를 다 지으면 그 속에서 번데기가 되어버립니다.

번데기가 된다는 것은 이제까지 1령에서 5령까지의 애벌레 상태와는 전혀 차원이 다릅니다. 계속해서 왕성하게 뽕잎을 먹어치우면서 몇 번의 잠을 자다 깨면서 허물을 벗는 힘든 과정을 거치더라도 애벌레는 애벌레입니다. 그 애벌레 상태에서는 절대로 나방이가 되지 못합니다. 반드시 번데기가 되어야 합니다. 번데기로서 존재하기 위해서는 고치를 지어야 합니다. 5령의 애벌레가 된 것도 결국 번데기가 되기 위한 과정일 뿐입니다. 2령, 3령, 4령 등 좀 더 몸집이 커지게 된 것에 머무르려고 하면 더 이상 생존할 수가 없습니다.

기독교 신앙인의 목표는 일단 이 번데기와 같은 상태가 되는 것입니다. 번데기가 되면 자신이 할 수 있는 일이 아무 것도 없습니다. 외부의 자연조건이 해결해주기를 기다릴 수밖에 없습니다. 자유의지로 되는 것이 아니라 하나님께 대한 전적인 의지에 모든 것을, 심지어는 생명까지도 맡겨야 하는 상태가 되는 것입니다. 하나님께 대한 완전한 신뢰, 완전한 의지가 아니면 번데기가 된 것이라고 말할 수 없습니다. 누에의 번데기가 고치 안에서 무작정 기다리는 것처럼 전적으로 하나님께 모든 것을 맡길 정도가 되는 것이 우리 신앙인들의 삶의 목표가 되어야 하지 않겠습니까?

그러면 어떻게 이런 상태가 되겠습니까? 실을 뽑아내는 과정이 있어야 가능하게 됩니다. 마치 이제까지 먹은 것을 다 토해내듯이 신앙인의 온갖 것을 다 내려놓아야 합니다. 다 쏟아버려야 합니다. 자기 내적인 욕심, 자기도 모르게 깊숙한 곳에 자리 잡은 교만, 그럴 듯한 얼굴로 계속 쓰고 있었던 가면도 벗어버려야 합니다. 아예 걸치고 있던 옷들도 다 벗어던지고 벌거벗어야 합니다.

그렇게 모든 것을 쏟아놓고 보면 참 별 것 아닌 존재가 되고 맙니다.

하나님 아니면 아무 것도 아닌 존재라는 사실을 철저하게 깨우쳐야 합니다. 어떻게요? 누에가 실을 뽑듯이 전부 다 쏟아내었을 때 가능해지는 것입니다. 저는 이 순간을 하나님과의 두 번째 만남이라는 용어로 표현합니다. 몇 번인가 잠을 자고 허물을 벗어도 애벌레는 애벌레입니다. 알에서 개미누에가 나오는 것과 같이 전혀 다른 모습이 되는 것이 아닙니다. 작은 것과 큰 것, 까만색과 흰색의 차이일 뿐입니다. 그래서 알에서 개미누에가 되는 것을 하나님과의 첫 번째 만남이라고 한다면, 애벌레에서 번데기가 되는 것을 하나님과의 두 번째 만남이라고 부르는 것입니다.

누에 애벌레가 잠을 자고 허물을 벗는 것과 같이 성도가 겪는 신앙 성장의 과정도 하나님과의 만남이 분명합니다. 하지만 하나님과의 첫 번째 만남이나 두 번째 만남과는 분명한 차이가 있습니다. 하나님과의 만남은 분명하지만 일대일의 만남이 되기에는 많이 부족합니다. 하나님께서 성도를 돌보시기 위해 찾아오시는 만남입니다. 그래서 그것은 일종의 일방적인 만남이라고 할 수 있습니다. 아직까지 성도는 자기중심적일 수밖에 없기 때문입니다. 자기 위치에서만 세상과 이웃과 하나님을 바라보기 때문에 하나님과의 진정한 대화가 이루어질 수 없습니다.

5령의 누에가 몸 안에 있던 실을 다 뽑아내고 나면 애벌레는 번데기로 변화합니다. 5령의 누에가 약 7cm 정도의 크기였는데 실을 다 뽑고 나면 불과 3cm 남짓한 크기의 번데기로 줄어들게 됩니다. 게다가 꼼짝도 못합니다. 물론 건드리면 몸을 꿈틀대는 정도의 반응 정도는 보이지만 기어갈 수도 없고 굴러갈 수도 없습니다. 이것이 실을 다 뽑고난 이후의 모양입니다. 신앙인도 마찬가지입니다. 자기 속에 있는 모든 악한 것을 다 뽑아버리면 존재가 확 줄어듭니다. 지극히 겸손해지게 됩니다. 자기 의지로 어떤 일을 시도하지 않습니다. 주변의 반응에 일일이 대꾸하지 않습니다. 그런 것들은 이제 아무 것도 아닌 것이 됩니다.

오로지 고치 안에서의 삶에만 집중하게 됩니다. 자기 의지가 거의 사라집니다. 반응도 거의 없어집니다. 하나님 안에서만 만족할 수 있게 됩니다. 별로 필요한 것도 없어집니다. 지금까지 그토록 열심히 뽕잎을 먹어치웠는데 이제는 그런 것도 필요가 없습니다. 오직 자신의 내적 변화에만 초점을 맞추게 됩니다. 하나님의 품 안에서 하나님께서 변화시켜 주시기만을 소원하게 됩니다. 그런데 자기도 모르게 번데기의 몸이 변화됩니다. 일 주일 동안 아무 것도 먹지도 않고 무엇을 하지도 않았는데 이제는 거의 나방이가 되어 있는 것입니다. 이제 고치를 뚫고 나가서 날개를 펼치기만 하면 되는 상태로 변화됩니다.

이 번데기와 같은 상태가 그리스도인의 최고의 상태가 되는 것입니다. 신앙의 선진들은 전부 이런 상태가 되기를 소원했습니다. 제가 설명한 것과 똑같은 방식, 동일한 언어는 아니지만 신앙적으로 이런 상태가 될 것을 소망했습니다. 이런 번데기가 되기 위해서는 실을 뽑아내는 과정, 곧 하나님과의 두 번째 만남이 반드시 필요한 것입니다.

실을 뽑을 수 있는 단계까지 오는 것도 물론 힘들겠지만 실을 뽑는 과정도 많이 힘들 것입니다. 자기를 드러내야 하니까요. 성공했던 모든 것도 포기해야 하니까요. 인간적으로 성취했던 것들도 다 내려놓아야 하니까요. 유명하고 인정받고 명예로웠던 모든 것도 다 버려야 하니까요. 그런데 힘들어도 내려와야 합니다. 속상해도 버려야 합니다. 아까워도 포기해야 합니다. 왜냐하면 그렇게 하지 않으면 번데기가 될 수 없으니까요. 5령까지 왔기 때문에 번데기가 어떤 것인지 잘 알고 있습니다. 그래서 기꺼이 실을 전부 뽑아버리는 것입니다. 그 과정이 하나님과의 두 번째 만남인 것입니다.

날개를 활짝 펼치기 위해

어려운가요? 네. 어렵습니다. 몹시 어렵습니다. 꼭 그런 번데기와 같은 신앙인이 되어야 하나요? 물론입니다. 하지만 목사나 전도사가 아니면 굳이 그럴 필요까지 없지 않습니까? 아닙니다. 모습은 달라도 모든 그리스도인은 그렇게 변화되기를 소원해야 합니다. 그건 그렇고 과연 번데기와 같은 신앙인이 될 수 있기나 한 것인가요? 물론 가능합니다. 그리고 사실 일정한 성장을 이룬 성도는 부분적으로 또는 때때로 번데기와 같은 신앙 상태일 때가 많이 있습니다.

예를 들어 예수님의 산상수훈 중에서 팔복을 생각하면 제 말이 맞는다는 것을 알 수 있을 것입니다. 팔복의 주인공은 어떤 상태라고 말씀하십니까? 심령이 가난하고 애통하고 온유하고 의에 주리고 목마르며 긍휼히 여기고 마음이 청결하며 화평하게 하고 의를 위하여 박해를 받는 사람들인데, 성도들은 그런 팔복의 주인공들이 되기 위해 힘써야 하는 것으로 생각합니다. 그러면서 그렇게 높은 신앙의 경지에 들어가는 일은 불가능하다고 생각합니다. 하지만 우리가 거꾸로 생각해보면 팔복은 신앙인이 추구해야 하는 하늘나라의 가치가 아니라 그리스도인이라면 이미 가지고 있는 가치라는 것을 알아야 합니다.

사실은 우리가 예수님을 제대로 영접하는 즉시 우리는 이미 팔복의 주인공들이 다 되어 있습니다. 생각해보십시오. 심령의 가난이란 하나님 없으면 죽겠다는 상태를 말하는데, 예수님을 영접한다는 말은 이미 하나님 없이는 살 수 없다는 고백이 전제되어 있는 것이 아니겠습니까? 그러니까 우리가 예수님을 믿는 그 순간에 우리는 이미 심령이 가난한 상태가 되어 있는 것입니다. 애통하는 사람도 마찬가지입니다. 심령이 가난해져서 하나님을 찾다가 믿게 된 사람은 이내 자신의 죄악된 심령을 발견하게 되고 자신의 죄 때문에 애통할 수밖에 없게 되는 것입니다.

그리고 자신이 죄인임을 고백하면서 심히 애통하는 사람은 지극히 겸손해질 수밖에 없고 그리고 자기 의지가 사라지게 되니까 하나님께 무릎 꿇게 되는데 이때는 온유한 심령이 될 수밖에 없습니다. 온유한 심령이 되어 하나님의 뜻에 모든 것을 맡길 때 어떤 현상이 나타납니까? 하나님의 의로 자신을 채우고 싶게 되기 때문에 의에 주리고 목마른 상태가 주어지는 것입니다.

그렇게 내적으로 채워진 상태에서 바깥을 바라보게 되는데 사람에 대해서는 긍휼한 마음이 생기게 됩니다. 그러면서 세상과 사람을 바라볼 때 청결하고 순수하고 깨끗한, 곧 투명한 마음이 되고, 사람들 사이에 갈등이 생기고 싸움이 일어나려고 할 때 적극적으로 화평하게 만드는 역할을 하게 됩니다. 마지막으로 하나님과 사람들을 향한 믿음의 시선이 주님과 같은 시각이 되어 박해를 받으면 그 박해를 이겨내게 되는 것입니다.

팔복이란 우리가 추구하고 나아가야 할 이상향이 아닙니다. 이미 그리스도인이라면 팔복을 전부 경험한 사람들입니다. 물론 우리가 경험한 이런 은혜들이 완전한 것은 아닙니다. 뭐가 뭔지 그 의미도 파악하기 전에 우리에게 은혜로 다가온 것입니다. 그렇기 때문에 우리가 경험한 것이 팔복의 전부는 아닙니다. 더 깊고 넓고 높은 놀라운 진리들이 숨어있습니다. 우리는 그러한 깊은 영성에 도달해야 합니다. 다만 우리가 경험한 팔복들을 잃어버리지 않도록 애써야 함을 말하는 것입니다.

우리는 충분히 그 복들을 누릴 수 있습니다. 이미 맛보았습니다. 경험했습니다. 지금도 부분적으로 경험하고 있는 복들입니다. 다만 그 복들이 우리의 삶에서 특수한 것이 아니라 보편적이 되도록 해야 합니다. 힘든 문제를 만나면 하나님 앞에 가난한 심령이 되고, 실수를 해서 죄를 깨달으면 애통하게 되며, 그렇게 힘이 빠지면 하나님 앞에서 지극히 온유한 성도가 되고, 이제는 하나님의 의를 사모하고 목말라하게 됩니다. 이것이 우리가 가끔 혹은 자주 경험하고 있는 내적인 요소들이 아닙니까?

마찬가지입니다. 영적인 번데기가 되는 것도 우리가 가끔 혹은 자주 경험하고 있는 상태들 중 일부분입니다. 다만 그것이 특별한 경우가 아니라 우리 신앙인들의 일상이 되어야 합니다. 그런 상태에 도달할 수 있어야 하고 도달할 수 있습니다. 목회자만 그런 것은 아닙니다. 물론 목회자들은 다 이런 영성에 도달해야 하지만 일반 성도들도 얼마든지 그렇게 될 수 있습니다. 성경의 말씀은 우리가 할 수 없는 것을 하라고 하지 않으십니다. 우리가 할 수 없는 것이 있다면 성령께서 도와주심으로써 할 수 있게 해 주시는 것입니다.

그리스도의 장성한 분량에까지

사실은 어쩌면 성도들이 영적인 번데기가 되기가 더욱 쉬울 수도 있습니다. 왜냐하면 일반적으로 성도들은 순종을 잘 하기 때문입니다. 말씀이나 교훈을 순수하게 받아들이기 때문입니다. 사역자들은 오히려 사역에 갇혀서 청결하게 자기 마음을 바라보지 못하는 경우가 많을 수 있습니다. 늘 가르치는 입장이기 때문에 오히려 더 성장하기 어려울 수도 있습니다. 성경에서도 어떤 때는 사역자들이 하나님의 반대편에 서고 일반 신앙인이 크게 쓰임 받을 때가 많이 있지 않습니까?

물론 누구나 마음만 먹는다고 쉽게 될 수 있는 것은 아닙니다. 의지만 가지고 하나님을 두 번째로 만날 수는 없습니다. 다만 하나님을 만날 수 있는 마음가짐이나 필요한 준비를 할 수는 있다는 말씀입니다. 전혀 준비가 되어 있지 않은 상태에서 두 번째 하나님을 만난 것 같은 장면이 성경에 나올 수는 있지만 그럴 때에라도 심령의 준비는 하나님께서 다 해 놓으신 상태였다고 생각합니다. 준비된 심령에게 하나님께서 두 번째로 나타나시고 더 깊은 교제의 세계로 이끄시며 이 땅에서 하나님과 동행하는 사람들이 되게 하실 것입니다.

그런 과정은 몹시 어렵게 느껴지거나 우리와 관계없는 것처럼 생각될 수도 있습니다. 비록 팔복처럼 우리가 이미 경험했다고는 하더라도 어떻게 보면 다른 차원의 신앙세계일 수 있으니까요. 하지만 예로 제시한 누에를 보면 어떻게 느껴질까요? 누에가 몹시 어려워할까요? 아니요. 하나도 어려워 보이지 않습니다. 그것은 그냥 누에의 일상입니다. 어떤 누에든지 다 겪어야 하는 누에의 삶입니다. 번데기가 되기까지, 그리고 번데기에서 고치를 뚫고 나와 어미 나방이가 되어 날개를 말리고, 그 다음에 짝을 찾아 알을 낳기까지 그것이 어떤 누에의 특별한 삶이 아니라 모든 누에들의 일상의 모습들인 것입니다.

저는 오래 전에 누에의 모든 삶의 과정을 자세하게 살펴본 일이 있었습니다. 우리 신앙인들은 누구나 번데기처럼 하나님께만 전적으로 맡기고 동행하는 그런 사람들이어야 하고 그런 신앙인이 될 수 있습니다. 다만 신앙인으로서 지향해야 할 푯대만은 더욱 명확하게 바라볼 수 있어야 할 것입니다. 그것이 하나님과의 두 번째 만남일 수 있기를 바랍니다. 하나님과의 두 번째 만남이 있어야 다른 차원의 성숙한 신앙인의 세계로 들어갈 수 있기 때문입니다.

사도 바울은 모든 성도들이 그런 차원에까지 도달할 것을 염원하였습니다. 그것을 바울은 '그리스도의 장성한 분량이 충만한 상태'라고 이야기했습니다. 그렇게 되는 것만이 세상에서 온전한 승리를 이룰 수 있게 하기 때문입니다. 모든 신앙인들이 그리스도의 장성한 분량이 충만한 성화의 과정까지 이르기를 소원합니다.

"우리가 다 하나님의 아들을 믿는 것과 아는 일에 하나가 되어 온전한 사람을 이루어 그리스도의 장성한 분량이 충만한 데까지 이르리니 이는 우리가 이제부터 어린아이가 되지 아니하여 사람의 속임수와 간사한 유혹에 빠져 온갖 교훈의 풍조에 밀려 요동하지 않게 하려 함이라"(엡 4:13-14)